U0499391

国家自然科学青年基金项目"国企高管激励契约组合的设计、作用机理与治理后果研究：基于分类改革的视角"（项目编号：72002011）

张霖琳◎著

中国国有企业高管晋升评价激励机制的执行及后果研究

ZHONGGUO GUOYOU QIYE GAOGUAN JINSHENG PINGJIA JILI JIZHI DE ZHIXING JI HOUGUO YANJIU

中国财经出版传媒集团
经济科学出版社
Economic Science Press
·北京·

图书在版编目（CIP）数据

中国国有企业高管晋升评价激励机制的执行及后果研究/张霖琳著. -- 北京：经济科学出版社，2024.10.
ISBN 978-7-5218-6377-2

Ⅰ. F279. 241

中国国家版本馆 CIP 数据核字第 2024X2N710 号

责任编辑：武献杰　杜　鹏　常家凤
责任校对：孙　晨
责任印制：邱　天

中国国有企业高管晋升评价激励机制的执行及后果研究

张霖琳◎著

经济科学出版社出版、发行　新华书店经销

社址：北京市海淀区阜成路甲 28 号　邮编：100142

编辑部电话：010 - 88191441　发行部电话：010 - 88191522

网址：www. esp. com. cn

电子邮箱：esp_bj@ 163. com

天猫网店：经济科学出版社旗舰店

网址：http：//jjkxcbs. tmall. com

固安华明印业有限公司印装

710 × 1000　16 开　13.5 印张　210000 字

2024 年 10 月第 1 版　2024 年 10 月第 1 次印刷

ISBN 978 - 7 - 5218 - 6377 - 2　定价：99.00 元

（图书出现印装问题，本社负责调换。电话：010 - 88191545）

（版权所有　侵权必究　打击盗版　举报热线：010 - 88191661

QQ：2242791300　营销中心电话：010 - 88191537

电子邮箱：dbts@ esp. com. cn）

前　言

　　2018～2020 年，国务院国企改革领导小组办公室启动国企改革"双百行动"，全面落实"双百企业"的经理层成员选聘权、业绩考核权、薪酬管理权等主要职权，践行激励机制的改革措施。国企激励机制的完善，是新一轮国企改革中，建立中国特色现代国有企业制度的关键。建立与国企功能定位相适应的高管人事和分配制度，成为完善中国特色国有企业管理人才激励制度的核心环节。

　　本书关注中国情境下国有企业高管晋升评价激励机制的实际执行及相关经济后果。经济学家拉齐尔在《人事管理经济学》（*Personnel Economics for Managers*）（1998）中言明，经济学的核心就是激励。中国国有企业激励机制的形成，离不开特定制度土壤，其人事与薪酬激励实践深受转型过程中市场化力量与非市场化力量的影响。如何"做对激励"（getting incentives right），激发国有企业高管合理作为，一直是国有企业微观层面公司治理的主要议题，也是每一轮国有企业改革的关键。鉴于社会公平以及确认代理人边际产出的客观困难，2003 年国资委成立后，国有企业逐步形成以高管职位升降竞争为主、有限薪酬为辅的多元化激励体系。但由于数据收集整理难度大，现有文献还缺乏对中国国有企业高管晋升评价以及激励效果的系统研究：（1）中国国有企业高管职位变动在制度上有何统计特征？（2）中国国有企业高管职位晋升评价激励体系的实际执行效果如何？（3）制度引导行为，中国国有企业高管在此晋升评价激励报酬规则下，经营与非经营行为有何偏好？是否较好地实现了国有企业的经济与政治目标？

　　本书收集整理中国国有 A 股上市公司董事长、总经理与党委书记的离任去向与职业升降数据，区分中央企业与地方国有企业、垄断行业国有企业与竞争行业国有企业：首先，统计国有企业高管职位变更的经济事实；其次，检验国有企业高管职位晋升评价激励体系的实际执行效率；最后，依据考评实践，综合国有企业高管前任及同行的职业晋升信息，构建晋升评价激励机制的关键治理指标——晋升期望与职业思量（career concerns），动态估算高管个人晋升收益与晋升成本，并选择投资抉择与捐赠偏好，作为观察国有企业高管经营行为、非经营政治行为的窗口，实证检验"不确定的晋升收益"对国有企业高管代理行为的治理效果。研究发现：

第一，国有企业高管职位变更与升降，表现为"不确定的晋升收益"广泛存在的统计特征：（1）国企高管的离任去向集中于国企系统，以单一国企集团内的同级和上级企业单位为主，呈现出"体制内流动，集团内流动"的特点。（2）行政级别越高的国企高管，被降职的概率越小；同时，基于我国官员管理体制及"同级调动"原则，"政商互通"在低级别国有企业——市县级国企中相对常见。（3）从任期结构上看，非常规离任者居多，国企高管的任职预期不确定性程度较高。

第二，国有企业高管职位晋升评价激励机制的实际执行效果，取决于监管主体的独立性与外部信息环境：（1）中央企业高管晋升主要依赖任职期间的业绩表现及个人能力；地方省属和市县级国企高管依赖政治关系资源或政策性负担的承担实现晋升，晋升评价体系在央企和地方国企被差异化执行。（2）相较于市场化程度较低的垄断行业国有企业，竞争行业国有企业高管的晋升评价相对有效。

国有企业高管晋升评价激励机制的设定及执行，直接影响国企高管对个人未来晋升概率（晋升期望）与任职预期（职业思量）的判定，并导致差异化的投资抉择与捐赠偏好。

第三，关于投资选择：总体上，（1）为强化竞争优势，晋升期望高的国企高管会加大任职内投资水平，包括内生投资与并购投资，积极扩张。（2）由于并购耗时长、项目复杂、风险大并且审批严格，高晋升预期的国企高管偏好内生投资为主的稳健型扩张。（3）尽管晋升前景乐观的国企高管存在过度投资冲动，但投资机会敏感性并未降低，投资质量整体较高。

（4）考虑晋升可能耗费的时间成本，任职预期（职业思量）会对投资偏好与投资效率进行负向调节。（5）区分监管主体独立性与外部竞争环境发现：央企高管的内生投资与并购投资扩张行为比地方国企高管审慎，上述（1）、（2）、（3）在中央企业中表现更缓和；央企高管的投资决策质量整体高于地方国企高管，表现为过度投资程度较弱，投资机会敏感性更强。（6）受限于外部竞争条件，垄断行业国企高管表现出更强的内生投资冲动，而竞争行业国企高管相对偏爱并购投资，且归因于严峻的外部生存环境，其投资决策质量不显著高于垄断行业国企高管。

第四，关于捐赠偏好：（1）受职业晋升期望激励，中央企业与地方省属及市县级国有企业高管有较强的偏好进行慈善捐赠以强化个人晋升优势，捐赠的概率、频次与规模整体较高。（2）受任职预期与职业生涯的时间成本约束，前述晋升期望与慈善捐赠的敏感性关系会减弱。（3）上述（1）与（2）在地方国有企业中表现更明显。（4）结合企业经营产出质量进一步发现，中央企业与地方省属、市县级国有企业慈善公益的实践效率也不同，前者表现为"社会担当"，后者主要是积累晋升资本的"形象工程"。

综上所述：（1）国有企业高管晋升评价体系的执行效率，以及该评价激励体系对国企高管投资行为与慈善公益行为的治理效果，依赖监管主体独立性及外部竞争信息环境。（2）国有企业高管会评估内外部监控环境，对现有国有企业高管晋升评价激励机制作出应激反应，相机调整经营与非经营政治行为，强化晋升优势。

本书将法玛（1980）、霍尔姆斯特罗姆（1982a，1982b，1982c，1999）、吉本斯和墨菲（1992）有关代理人在外部经理人市场活跃条件下基于声誉的职业思量研究，延展至晋升激励驱动的内部劳动力市场研究，将文献中难以有效度量的未来长期收益（如市场声誉、晋升收益与职业思量等）概念化并实证估算，为经典理论模型提供了实证检验证据（霍尔姆斯特罗姆，1986；车等，2017）。同时，首次严谨且完整描述了中国国有企业高管的职业升降现状，为国企高管激励研究作出了基础性贡献，对国有企业高管薪酬激励与在职消费的公司治理文献作了有益补充，也为我国国企高管激励约束制度改革提供了直接的经验证据。而设定晋升期望与职业思量两个变量，综合考虑晋升期望收益与所耗时间成本两个维度，避免使用结果变量导致的内生性问题（陶然等，2010）和采用薪酬差距度量内部晋升激励的间接性（张兆国等，2014），研究结论更稳健。

最后，"鉴往知来思改革"。本书通过梳理过往国有企业高管晋升评价激励机制的实际执行情况与经济后果，为未来国有资产监管关系调整和国有企业分类管理改革思路提供了可资借鉴的经验证据。

张霖琳

2024 年 6 月

目　录

第1章

导 言

1.1 选题背景

2013 年党的十八届三中全会通过《中共中央关于全面深化改革若干重大问题的决定》（以下简称《决定》），2015 年 8 月中共中央、国务院印发《关于深化国有企业改革的指导意见》（以下简称《指导意见》），两个文件的出台意味着新一轮国有企业深化改革重新拉开序幕。实际上，从 1978 年国营企业放权让利开始，国有企业市场化革新至今已有 40 余年。

作为中国渐进式改革的重要组成部分，围绕产权及双向、多层级委托代理关系等问题，国有企业改革数次引发理论界的广泛讨论，如吴敬琏的"市场化理论"与厉以宁的"股份化理论"，张维迎的"产权理论"与林毅夫的"公平竞争环境理论"等，这些讨论阶段性地推动了中国国有企业改革的实践进程。国有企业历经市场化革新，从上至下，从产权结构调整至经营权利与责任的重新配置，其体制与机制发生了深刻的变化（夏立军和陈信元，2007；李政等，2008；辛清泉等，2009；张霖琳等，2015）。过往改革，无论是"放权让利""建立现代企业制度"抑或"抓大放小""战略重组"，核心目的均在于重塑政企关系，变国有企业为"商业盈利模式操作的法人自治实体"（盖纳，1970）。宏观层面上，国有资产追求保值增值，市场竞争力增强已成不争事实。但微观企业治理层面，国有企业改革虽然解决了经营者的短期激励问题，长期激励及选拔尚存在几多争议（张，2006；辛清泉和谭伟强，2009）。

政企分开，建立现代企业制度，是国企改革早就提出的目标。1999年《中共中央关于国有企业改革和发展若干重大问题的决定》首次明确提出"对企业及企业领导人不再确定行政级别"，2000年、2001年中央再次重申该要求，北京、广州及上海等地相继也出台类似规定，旨在"去行政化"。2003年9月，国资委发布招聘公告，首次面向海内外公开招聘央企高管，借以推进国有企业干部选拔任用制度的市场化改革。但实际上，大部分国有企业高管仍由各级党组织直接委派，享有行政级别并与政府部门互通有无。政府股东主要负责国有企业管理者的选任、考核与奖惩，国有企业"三会一层"的契约化权责架构可发挥的作用空间有限（郑红亮，1998；潘红波等，2008）。国有企业受政府"管人、管事"，承担许多政策性负担，导致缺乏反映经理人能力与努力程度的充分信息指标；同时，国有企业高管还享有隐性行政级别，难以有效参与市场竞争。

为纠正上述市场化偏差，《决定》与《指导意见》从国有资产监管与国有企业人事管理体制入手，对国有企业进行"分类管理"与"混合所有制"尝试，并鼓励国有企业"合理增加市场化选聘比例，建立职业经理人制度，尤其在主业处于充分竞争领域的商业类国有企业中，推行企业经理层成员任期制和契约化管理"，进一步理顺政企关系，优化国有企业的监管与公司治理结构。

"鉴往知来思改革"。通过厘清现有国有企业高管职位变更与升降激励机制的执行事实，提炼若干规律性特征，可以为各级国有资产监督管理委员会调整现有激励机制提供经验证据，进一步明确国有企业公司治理与高管激励实践的改革方向，完善国有企业现代企业制度的建设。本书的理论价值还在于扩展和深化了国有企业高管激励研究的内容，为理解中国经济发展的微观基础——国有企业的治理结构及经营、非经营行为提供了新的制度性解释，也为研究中国资本市场情景下国有企业公司治理的文献提供数据基础，建立起国有企业高管行为逻辑的理论分析框架，帮助理解国有资产微观经营管理过程中出现的各种治理问题。最后，为那些国有企业占据重要经济地位的国家，革新国有企业经理人考评制度提供了参照。

1.2　现象观察与研究问题

国有企业公司治理是国有企业改革的重要内容，而国有企业的信息与激励问题向来是改革的难题。围绕国有企业经理人绩效考评与能动性激励，改革历经创新。借鉴缪文卿（2006）的划分方式，国有企业激励机制历经放权让利激励（1979～1992 年）、年薪制激励（1992～2002 年）与业绩考核激励（2002 年至今）三个阶段，也是年度考核制向承包制、任期制的转变，固定工资向年薪制、中长期激励方式转变的过程。

2003 年国务院国有资产监督管理委员会成立以来，先后出台《企业国有资产监督管理暂行条例》（2003）、《中央企业负责人经营业绩考核暂行办法》（2003，2006，2009，2012，2016）、中央企业负责人经营业绩考核办法（2019），第十一届全国人民代表大会常务委员会第五次会议通过《中华人民共和国企业国有资产法》（2008），将国有资产监管权力回收至各级政府下属国资委手中，各级国资委协同平级党委组织，负责所辖国有企业的人事考评与调度，于年末及高管任职期末，依照考评办法，综合评估国企高管任职期间的经营表现及政治、社会表现，决定薪酬奖惩与职位任免。同时，由于薪酬管制及股权激励形式化，追求职位晋升实现更大范围内的"控制权回报"成为国有企业高管最重要的激励期望（周其仁，1996；黄群慧，2000；陈冬华，2005；陈等，2013）。

然而，限于数据收集与整理困难，过往国有企业高管变更与隐性激励文献依照西方高管变更情景范式，侧重测度高管"变更—业绩"敏感度，主要研究国有企业高管的业绩考评（菲尔思等，2006；卡托和龙，2006a，2006b；常和王，2009；宋德舜和宋逢明，2005；姜付秀等，2014），并未刻画清楚国有企业高管职位变更的经济实质与激励机制的实施后果。实际上，与民营企业市场化高管离任现象不同，国有企业高管变更是个动态连续的复杂过程，涉及任职年龄、任期、个人资质与工作经历、变更时点、离职去向及职位升降多方面，需综合考量。国有企业高管变更受组织人事调任影响，不可预期并伴随职位升降，不可完全借鉴民营企业高管变更过程中"离任—留任""常规离任—非常规离任"的分类及变更业绩敏感度的刻画，需结合高管的职位升降判定考评机制的执行效率。因此，有必要理清基于职位升降的国有企业高管晋升评价激励机制在经济现实中的实际执行效果，并"窥一斑知全豹"，借以明白国有企业高管差异化的经营管理行为。

本书关注国有企业高管晋升考评激励机制的执行效率与激励效果，为直观上对此有所认识，收集并整理若干国有企业高管职业发展与企业经营行为的案例，通过横向与纵向文本分析，启发初步思考，为后面大样本实证分析提供初步证据。尽管企业 CEO 行事风格通常带有较强的个人固定效应（伯特兰和肖尔，2003），但激励机制的设定直接影响 CEO 的经营行为，尤其在政府负责国有企业高管人事任免的情境下。

本书收集并统计了国有企业高管的选聘、考评及离任数据，考虑国有企业监管主体的动机与外部信息环境差异，区分中央企业与各级地方国有企业、垄断行业国有企业与竞争行业国有企业，结合案例进一步明确研究问题：

第一，国有企业高管的晋升激励经济事实。中央企业与地方省属、市县级国有企业，竞争行业国有企业与垄断行业国有企业高管职位任免与升降有何激励特征与统计规律可循？是否存在系统性差异？

第二，国有企业高管晋升评价激励机制考评体系的实际执行效率。参照国有企业高管考评条例，国有企业高管职位晋升评估与激励体系的实际执行效果如何？是否因实际控制人层级与外部竞争信息环境而存在执行偏差？如何表现？

第三，国有企业高管晋升评价激励机制的治理效果。上述晋升评价激励机制对国有企业高管的风险偏好以及经营、非经营决策行为产生怎样的影响？治理的机理是什么？对国有企业特有的代理问题治理效果如何？是否较好地实现了国有企业的经济与政治目标？

1.3 研究思路

德·弗拉贾（1993）区分国有企业经理人激励机制这一信号传递系统为经营绩效评估体系与代理人激励体系，后者有效性依赖前者，两者同时受国有企业内部治理与外部环境影响（林毅夫和李周，1997）。本书加以借鉴，分"考评"与"激励"两部分，区分国有企业监管主体独立性与外部竞争环境，综合评估国有企业高管晋升评价激励机制的治理效果。

第一，为确认"考评"体系的执行效力，根据晋升激励理论与国有企业高管职务任免绩效考评的实践惯例，首先建立国有企业高管职位升降与考评指标的因果关系函数，这里除法规条例规定的显性指标外，亦不可忽视隐性考核指标；进一步，考虑主要调节效应，如国有资产委托主体的监管动机与外部竞争信息环境，检验国有企业考评效率的系统差异。这部分的难点有二：一是归纳统计国有企业高管离任去向与职位升降数据；二是确定考评指标。

第二，国有企业身兼经济、政治、社会多重任务，本书分两步骤鉴定不确定晋升收益对国有企业高管经营、非经营决策行为的影响。第一步，建立数理模型，推演国有企业高管晋升期望与任职预期对其风险偏好及行为选择的激励约束后果。第二步，大样本实证分析，分三小节检验委托人与代理人之间的目标相容程度，而有效估计不确定晋升收益是关键环节。激励体系是委托人对代理人行为表现评价后的支付函数，涉及"如何支付"与"激励效果"两方面。国有企业高管晋升评价激励机制作为一种隐性激励手段（拉齐尔和罗森，1981；周黎安，2007），其对国有企业代理人的支付价格主要通过职位晋升实现，但由于监管主体与代理人缺乏显性契约，晋升收益类似于看涨期权，存在不确定性。好的是，国有企业高管群体的职务任免与考评属于公共信息，尽管部分信息难以有效观察，但

"评价"体系仍客观可考据。现任国有企业高管可参考类似行业、同地区前任高管职业发展轨迹与决策表现，形成个人晋升合理预期。这意味着，控制其他影响因素，可采用前述职位升降评估模型，估算晋升期望并设定预期任期，衡量国有企业高管任职的潜在收益与不确定性。关键实证思路如下。

（1）经营行为：检验晋升期望与职业思量对国有企业高管投资决策的影响。投资行为作为核心经营行为，直接影响企业未来现金流量，反映高管的风险偏好与经营风格，关乎资产的保值增值效率（詹森和麦克林，1976）。本书分别从投资水平、投资方式偏好、投资机会敏感度以及投资效率角度，区分中央企业与地方省属、市县级国有企业，垄断性国有企业与竞争性国有企业，探究国有企业高管的经营决策逻辑，验证激励效果。

（2）非经营行为与产出质量：检验国有企业高管受不确定晋升期望激励，对非经营政治行为的重视程度与完成效率。社会公益是国有企业社会责任的内生要求，也是高管积累个人声望与晋升资本的重要方式（郑志刚等，2012），但社会责任过多则无益经营目标，也造成高管经营产出与其努力程度之间关系充满噪声。国有企业高管践行社会公益是否无损企业产出质量的实证分析，有助于进一步鉴定清楚"激励"体系的治理效果。

图 1-1 描绘了本书的研究思路。值得关注的是，对国有企业改革与经理人激励实践的回顾，构成了本书的现实基础。与多层次委托—代理关系及隐性激励契约理论一起，属于书中规范研究范畴。利用上市公司年报、国泰安数据库、Wind 数据库、新浪财经与谷歌搜索等公开信息，本书通过手工收集数据，构建国有企业高管变更与职位升降的数据库，借助案例研究、描述性统计与单变量差异检验、相关系数与计量模型回归技术、事件研究等统计方法，实证分析国有企业高管晋升评价—激励机制的差异化执行效率与治理效果。

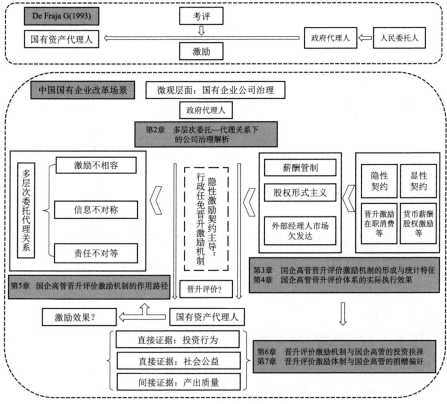

图 1 - 1　本书研究思路

1.4　研究框架

图 1 - 2 为本书的研究框架。共分八个章节，除第一章外，其余七个章节详细内容结构如下：

第 2 章搭建本书的理论与文献分析框架。首先寻根溯源，在经典委托—代理问题（贝勒和米恩斯，1932；詹森和麦克林，1976）的框架下，明确国有企业委托—代理问题的经济实质。其次，建立国有企业高管激励问题的理论讨论逻辑。以国有企业产权架构与多层次委托—代理关系为起点，有秩序纳入相关经济理论中，如隐性契约理论（implicit contract theory）、晋升锦标赛理论（rank-order tournament theory）及高层梯队理论、职业生涯关注理论与期望理论（career concerns theory & expectancy theory），将可能的研究问题具象化。最后，回顾过往国有企业代理问题与激励机制的相关文献，以此为基础，阐明本书的研究价值，同时奠定下文的文献基础。

第 3 章为制度背景介绍。在回顾过往国有企业改革与激励机制调整实践的基础上，选取国有上市公司高管变更事件作为研究对象，通过统计央企、地方省属、市县级国有企业高管的选聘、考核与职位升迁数据，归纳晋升激励机制特征，为实证分析作制度与数据准备。具体而言，研究发现，第一，国企高管的离任去向集中于国企系统，尤其是单一国企集团内，市场化选聘比例平均不足 4%，国有企业人事管理表现出典型的"内部人流动"特点；第二，离任高管的职位调动"升多降少"且升降之间的业绩级差小；第三，从任期结构上看，非常规离任者居多，高管任职预期的不确定性较大。

第 4 章重在探究国有企业高管职位晋升评价体系的执行效果及其有效执行的前提条件。国有企业高管职位晋升机制是国有企业高管激励的重要制度安排，其执行效果直接影响激励效力。通过整理中央与各级地方国有企业董事长、总经理及党委书记离任后的去向及升降数据，参照各级国资委对所辖国有企业高管绩效考核的规定，分析发现，央企高管晋升依赖业绩表现及个人能力；而地方省属和市县级国企高管依赖非业绩的政治关系资源或政策性负担的承担而获得晋升，晋升评价体系在央企和地方国企被差异化执行，即监管独立性影响晋升机制的执行效果。此外，相较于市场化水平信息化环境较弱的垄断行业国有企业，竞争行业国有企业高管的晋升机制相对有效执行。

第 5 章为数理模型推导与关键治理指标构建，旨在推演国有企业高管不确定晋升收益与其风险偏好及决策行为之间的数学逻辑关系。基于前述制度背景与理论讨论，考虑国有企业高管个人的职业生涯成本与收益，构建以努力水平 e 为自变量的效用函数，一阶最优求导后求得基本关系。然后，基于第 4 章数据分析思路，构建晋升评价—激励机制的核心治理指标，并确定大样本实证检验的技术路线。

　　第 6 章以投资行为为例，从资产投资、投资偏好及投资决策质量的角度，讨论了国有企业高管晋升期望与职业思量在央企与地方国企，竞争性国企与垄断国企中的差异化激励后果。通过收集并整理国有上市公司高管的离职去向、职位升降与投资并购数据，研究发现：（1）总体上，晋升期望高的国企高管会加大任职内投资水平，积极扩张以强化竞争优势，其任中内生投资水平与并购投资水平更高，实施并购的概率更大，次数更多。（2）但考虑到晋升可能耗费的时间成本（职业思量），任职预期越长，投资冲动越缓和。（3）高晋升预期的国企高管同时采用内生投资与并购投资扩张的可能性更大，但前者投资规模普遍高于后者，国企高管偏好内生投资为主的稳健型扩张，而职业思量对该投资偏好进行了负向调节。（4）央企高管的内生投资与并购投资扩张行为比地方国企高管审慎，上述（1）、（2）、（3）在中央企业中表现更缓和；受限于外部竞争条件，垄断行业国企高管表现出更强的内生投资冲动，而竞争行业国企高管相对偏爱并购投资。（5）央企高管的投资决策质量整体高于地方国企高管，表现为过度投资程度较弱，投资机会敏感性更强；而竞争行业国企高管受限于严峻的外部生存环境，投资决策质量不显著高于垄断类国企高管。

　　第 7 章引入国有企业高管社会公益实践，从非经营行为角度，综合企业经营成果，在第 6 章的基础上，强化对晋升评价—激励机制治理效果的认知。通过收集国有企业高管的职位变更与慈善捐赠数据，研究发现：（1）受晋升期望激励，中央企业与地方省属及市县级国有企业高管有较强的慈善捐赠偏好，捐赠的概率、频次与规模整体较高。（2）受职业生涯时间成本约束，上述（1）中晋升期望与慈善捐赠的敏感性会减弱。（3）上述（1）与（2）在地方国有企业中表现更明显。（4）结合企业经营产出质量发现，中央企业与省属、市县级国有企业慈善公益的实践效率也不同，前者表现为"社会担当"，后者主要是积累晋升资本的"形象工程"。

　　第 8 章为研究结语，在本书研究发现的基础上提出政策建议，指明研究局限性，并讨论了国有企业高管绩效评价、激励机制调整及其他经济行为未来可能的研究方向。

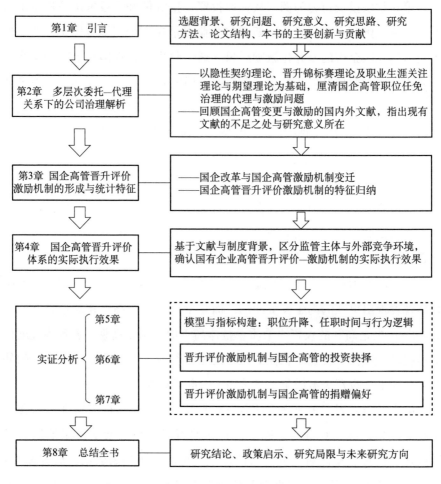

图 1-2　本书研究框架

1.5　主要创新与贡献

如何激励国有企业高管努力工作，有效降低代理成本，在实现国有资产保值增值的同时，亦兼顾社会效益，一直是国有企业公司治理与国企改革的重要内容。本书首次系统研究了国有企业高管晋升评价激励机制的实践现状与经济后果，具有重要的理论与政策启示，表现在：

第一，从研究主题上讲，本书将法玛（1980），霍尔姆斯特罗姆

（1982a，1982b，1982c，1999），吉本斯和墨菲（1992）有关代理人在外部经理人市场活跃条件下基于声誉的职业思量研究，延展至晋升激励驱动的内部劳动力市场研究，深化了理论内涵。基于中国特色的国有企业高管晋升评价制度安排，本书利用独有的国企高管职业升降数据，将文献中难以有效度量的未来长期收益（如市场声誉、晋升收益与职业思量等）概念化并实证估算，为经典理论模型提供了实证检验证据（霍尔姆斯特罗姆，1986；车等，2017）。

第二，从研究内容上讲，本书严谨且完整描述了中国国有企业高管的职业升降现状，揭示了国有企业高管晋升激励的实施情况，为国有企业高管激励研究作了基础性贡献。同时，结合国有资产监管体制与外部市场运营环境，探究了国有企业高管评价晋升激励机制有效执行的主客观条件，从监管独立性及行业市场化条件角度给出了直接经验证据，为当前国企改革提供了可能的努力方向。在此基础上，本书进一步区分国有企业类型，从管理层的投资决策偏好、社会公益担当与会计政策选择角度探究晋升激励机制的治理效果，将晋升激励纳入到国有企业管理层的激励与约束框架中，深化了对国企高管隐性激励机制的认知，对国有企业高管薪酬激励与在职消费的公司治理文献作了有益补充。职务任免激励是重要的隐性激励制度安排，一定程度上直接塑造了国企高管的风险偏好与决策倾向。本书有关国企高管晋升激励机制的研究更为根本，为国企高管激励研究作出了基础性贡献，也为我国国企高管激励约束制度改革提供了直接的经验证据。

第三，从研究方法上看，本书收集并描述性分析了国有企业高管的职业升降事实，补充了过往文献的数据空白，也加深了研究者与政策制定者对晋升激励的整体认知；而设定晋升期望与职业思量两个变量，综合考虑晋升期望收益与所耗时间成本两个维度，使研究结论更加全面可靠。动态估算国企高管的晋升预期，避免使用结果变量导致的内生性问题（陶然等，2010），也避免了采用薪酬差距度量内部晋升激励的间接性（张兆国等，2014），研究结论更稳健。

第四，本书从理论上初次探究了中国情景下各类国有企业差异化慈善公益实践的动因及经济效率，一方面，"向前"将慈善捐赠的动机研究扩展至高管激励层面，区别于过往女性董事、高管个人特质、企业家身份及公司治理结构的研究视角（威廉姆斯，2003；许年行和李哲，2016）。另一方面，"向后"将国有企业高管晋升激励的经济后果从公司财务行为领域（张兆国等，2014；陈仕华等，2015）延展至社会责任领域，丰富了文献。回应经济现实中国有企业慈善捐赠的若干争议的同时，也有助于启发决策层新的思考。

第五，本书研究结论进一步帮助厘清当前国有企业改革微观层面的治理难题。尤其，在建立新型国有资本监管关系以及国有企业分类管理改革的现实背景下，关于央企高管与地方国企高管、竞争性国企高管与垄断性国企高管差异化行为逻辑的研究结论，为未来调整国有企业高管激励规则提供了有益启发。

第**2**章

多层次委托—代理关系下的公司治理解析

本章意在搭建本书理论分析框架，并明确本书研究在文献中的位置。首先，在经典委托—统代理问题（伯利和米恩斯，1932；詹森和麦克林，1976）的框架下，明确国有企业委托—代理问题的经济实质。其次，建立国有企业高管激励问题的理论讨论逻辑。以国有企业产权架构与多层次委托—代理关系为起点，有秩序纳入相关经济理论，如隐性契约理论、晋升锦标赛理论（rank-order tournament theory）、职业生涯关注理论与期望理论（career concerns theory & prospect theory），将可能的研究问题具象化。最后，回顾过往国有企业代理问题与激励机制的相关文献，以此为基础，阐明本书的研究价值，同时奠定本书的文献基础。

2.1 国有企业委托—代理问题

2.1.1 传统企业委托—代理问题

委托—代理关系源于资源所有者（委托人）对代理人的权利托付行为，伴随社会化大生产与劳动分工而生，见于各种形式，例如选民与政府官员、地主与佃农、保险公司与客户、厂家与经销商、股东与经理人等。企业组织中委托—代理关系的产生与企业形态的发展密切相关。与私人业主制与合伙制企业（partnership）组织结构不同，现代股份制企业（corporation）的股东分散，所有者与管理者角色不同，企业所有权与控制权开始分离，以两权分离为特征的现代企业委托—代理关系形成。伯利和米恩斯（1932）在《现代公司与私有财产》一书中，选择 20 世纪初美国大型非金融公司为观察样本，系统研究了股权高度分散化条件下，公司内部权力结构的变化，并讨论了所有权与控制权之间可能的利益分歧。

事实上，亚当·斯密早在 1776 年《国民财富的性质和原因的研究》中已提及上述道德风险问题："无论如何，由于这些公司的董事们是他人钱财而非自己钱财的管理者，因此很难设想他们会像私人合伙者照看自己钱财一样地警觉，所以，在这类公司事务的管理中，疏忽和浪费总是或多或少地存在的。"与古典经济学与新古典经济学将企业主要视作纯粹的生产组织不同，科斯（1937）从"交易成本"出发，重新阐释了企业的缘起与边界，认为企业是对原有市场契约有效替代的各种要素契约的联结。随后，一批学者包括阿尔钦和德姆塞茨（1972），威廉姆森（1981，2002a），张五常（1983），拉詹和津加莱斯（1998），周其仁（1996），从交易成本、契约、资产权利角度，深化了企业性质的研究内容。以此为鉴，现代公司组织架构中，持有资本（非人力资本）的所有者与人力资本的持有者——经理人在企业内部形成了委托—代理关系契约，而二者之间的利益冲突也即新制度经济学分析框架下的委托—代理问题"第一类代理问题"。

在两权分离的公众公司，所有者与经理人作为委托—代理关系契约的签约主体——委托人与代理人，双方目标效用函数与风险偏好不同，作为追求自身利益最大化的"经济人"，所有者追求资本保值增值，自身财富最大化，而代理人则倾向于牺牲较少的闲暇时间获取更多的个人物质或非物质回报，例如更高的薪酬、奖金、在职消费抑或较大的经营规模、权力地位与社会名望等（威廉姆森，1963）。同时，由于资本所有者可以在外部资本市场进行多样化投资组合以降低资金风险，所有者风险偏好相对中立，而作为代理人的管理层在任职企业的专业化人力资本投资，出于职业安全顾虑，管理层更偏好较稳定的业绩增长，厌恶风险。上述事实意味着，在有效的激励约束机制缺失的情况下，代理人有较强的自利动机，追求个人效用最大化而牺牲委托人的利益。

而受限于有限理性及契约本身的交易成本（阿克洛夫，1970，1982；

斯彭斯和泽克豪泽，1971；斯蒂格利茨和韦斯，1981；西蒙，1955，1969，1977），兼之，不确定性与企业风险的客观存在（奈特，1921），委托人与代理人在签订契约、契约执行以及事后契约处理时，代理人会借助自身信息优势地位，利用委托—代理关系契约的不完善性，发生机会主义行为，损害企业价值，背离所有者权益。一方面，所有者与经理人之间存在显著的信息不对称，管理层出于"自利"考虑，事前可能向所有者隐藏"私人信息"，或者受条件约束，所有者了解管理层的信息渠道有限，收集真实信息的成本过高，产生事前机会主义行为，即"逆向选择"现象，例如，经理人少报利润或隐瞒企业实际生产销售能力，争取"利己而不利委托人"的业绩目标。同样，契约签订之后，经理人利用自己的经营信息优势，隐藏不良行为，如偷懒、懈怠、额外在职消费增加个人效用，通过操纵财务信息抑或借口外部干扰性因素，夸大任职期间的经营表现等。另一方面，委托—代理契约本身及相关信息也是不完备的（格罗斯曼和哈特，1986；哈特和莫尔，1990），所有者与管理层契约双方不可能合理预估未来出现的全部偶然事件及相关经济后果，并拟定在委托—代理关系契约中，或者说当所有者与管理层未来对缔结的契约条款产生争议时，中立的第三方如法院或仲裁机构，无法进行可靠验证。这时，事前的所有权配置，尤其是剩余控制权，即原有契约中未明确规定活动的决策权就显得尤为重要，直接影响契约参与人事后讨价还价的既得利益状态（张维迎，1996）。企业所有者是合同收益权的持有者，即拥有剩余索取权，是企业风险的终极承担者。企业剩余是不确定的和未经保证的，而管理层作为剩余控制权的持有人，由于不承担终极风险成本，在进行生产经营决策时，极有可能"损公肥私"，使股东财富受损。

詹森和麦克林（1976）采用代理成本概念，从理论上，对两权分离企业制度下委托人与代理人之间利益冲突进行了系统、深刻的讨论。在詹森和麦克林（1976）的分析框架下，代理成本源于所有者为降低代理关系中的利益不一致而发生的一切相关支出，包括：监督成本，委托人为激励与监控代理人努力工作而发生的监督支出（the monitoring expenditures by the principal），包括观察与计量代理人努力水平而发生的约束成本，以及为敦促代理人努力工作的薪金报酬激励成本；保证成本（bonding cost），代理人保证不采取损害所有者利益行为的成本，以及采取不当行为后，赔偿委托人而发生的成本；剩余损失（residual loss），是代理人在经营决策时，与委托人效用天然分歧而产生福利损失。

随后，围绕第一类代理问题出现了一批实证研究文献，为詹森和麦克林（1976）及法玛和詹森（1983）关于经理人机会主义行为与代理成本的分析提供了经验证据，这其中，包括经理人的薪酬—业绩敏感性研究（pay-performance sensitivity）、经理人在职消费研究、经理人过度投资与堑壕防御行为（entrenchment）研究。以经理人薪酬制定与考核为例，尽管设置合理的薪酬结构是股东激励代理人追求股东价值最大化的重要手段（罗斯，1973），但阿瑞·贝布丘克和弗里德（2003）发现，在公众股东分散的上市公司中，经理人权力约束较小，经理人会通过控制董事会操纵薪酬契约获取超额薪酬，加重股东与经理人之间的代理冲突，科尔和瓜伊（1999）及托西等（2000）等学者以美国公司的经理人薪酬激励为研究对象给出了相关证据。关于 CEO 在职消费研究，耶马克（2006）发现，公司披露 CEO 配备专机事件，资本市场会给予公司股价负向评价。2007 年"次贷危机"爆发，美国社会有关大型企业高管危机期间领取丰厚报酬，生活奢华的舆论讨伐，也再次印证了上述研究发现。为约束公众公司代理人的不当自我激励，美国政府于 2009 年 2 月 4 日颁布了对华尔街的限薪令，对获得政府救助的金融企业高管最高年薪进行了限定。关于经理人的报酬激励，希利（1985）、伯格斯特雷瑟和菲利普蓬（2006）还发现，CEO 会通过操纵应计盈余，锚定奖金分红与股票期权计划以获取私人收益，减弱股票期权的长期激励效果。最后，出于构建个人帝国及职业安全考虑，当公司自由现金流充足，但缺乏有价值投资机会时，CEO 还倾向于积极扩张，通过多元化并购经营过度投资，盲目扩大企业规模，谋取个人私利，而非通过股利分红方式及时汇报股东（哈里斯和拉维夫，1988；施莱弗和维什尼，1989；詹森和墨菲，1990；斯塔尔茨，1990）。

总的来说，传统委托—代理问题源于所有权与控制权的分离，同时由于信息不对称以及契约的不完善性，致使契约中资产的剩余索取权与剩余控制权发生分离，经理人作为有自利动机的代理人，在经营过程中发生机会主义行为，损害企业价值，背离所有者的利益。而所有者为减少代理因为利益冲突造成的财富损失，会设定各种激励约束机制，由此产生的费用支出，即代理成本。因此，现代公司治理中所有者与经理人之间委托—代理冲突解决的关键思路在于，尽可能地以较低的代理成本，实现双方效用目标一致。

2.1.2　国有企业的性质、目标及代理问题

国有企业是不同于其他私有企业、外资企业与合资企业的特殊经济组织形式，在借鉴传统委托—代理理论范式讨论国有企业委托—代理问题之前，需要先弄清楚国有企业的本质特征。

1. 国有企业的性质与多重目标

西方经济学宏观经济领域的政府干预理论与政治经济学中马克思关于公有制的论断，是国有企业建立的重要理论基础。尽管中西方社会国有企业建立的理论基础与初衷不同，但国有企业在国家经济生活中扮演的角色大同小异。经济实践中，各个国家国有企业的组织结构与职能有多种表现形式，理论上国有企业的定义表达不一而足。但比较一致的是，政府全部或部分拥有国有企业的所有权，并按照一定商业规则运营，成为国有企业性质的基本特征（加纳，1970；琼斯，1975）。一般，政府部门作为国家代理人，通过资本投资的方式，持股比例达到一定数额，实现对国有企业的参股和控股。2008 年 10 月 28 日颁布的《中华人民共和国企业国有资产法》按照出资比例，将我国国有企业区分为：国有独资企业、国有独资公司，以及国有资本控股公司、国有资本参股公司四种组织形式，上述股权比例分界与《中华人民共和国公司法》（2005，2013）的划分一致。从财产或企业所有权构成上讲，国有企业的产权归属于民众，由国家机构代为持有，具有公共属性。这意味着，与私有企业追逐利润最大化的唯一目标不同，国有企业除经济目标外，还具有政治与社会等非经济目标。具体表现在如下四个方面：

（1）微观"资产增值"与宏观"经济增长"。国有企业本质上是一个企业组织，投入生产要素，生产有形产品或无形服务，通过市场交换，获得要素报酬是国有企业的内在要求。作为市场竞争主体，利润是国有企业

应对竞争压力，持续生存的必要条件。所以，微观层面上国有资产持续保值增值是国有企业实现其他目标的充分条件，这与私有企业的营利目标一致。虽然经济体制不同，西方资本主义国家的国有企业主要分布在产品或服务具有公共属性的自然垄断行业，而在以公有制为主的我国，国有企业广泛存在于经济生活中，包括竞争行业与垄断行业，国有企业因其庞大的经济分量，成为经济增长的重要力量，其微观经营效率与发展形势，直接影响整体经济态势，包括政府的财政收入。尤其，在私有经济发展不充分，产品市场与金融市场发育缓慢的国家和地区，国有企业通过基础投资建设与金融资本资源配置，成为不发达国家经济增长的重要工具（汉森，1965；卡尔多，1980；弗农和阿哈罗尼，1981；常和辛格，1992）。

（2）宏观经济调控。由于信息不对称、外部性以及公共物品等原因，市场不总是有效的，政府需要借助财政政策或货币政策等工具相机调节与干预经济，促进经济稳定增长（凯恩斯，1937；汉森，1962；斯蒂格利茨，1988）。国有企业就是政府参与和干预经济的重要工具，以法国20世纪50年代的国有化运动为例，第二次世界大战后，法国国内基础设施被毁坏严重，经济遭受重创，法国政府将涉及国家经济安全与战略发展方向的大型工业企业和金融银行收归国有，同时在电信、汽车、石油化工领域建立大型国有企业，得以集中精力生产，恢复和发展经济，摆脱社会困境。

（3）提供公共产品或公共服务。相对于私人产品使用上的可分割性与收益上的独占性（private goods），公共产品（public goods）具有明显的外部性与非排他性，导致市场机制无法有效作用，自利经济人发生免费"搭便车"行为而导致"公地悲剧"（布坎南，1965；哈丁，1976）。由于公共产品消费的排除成本极高，逐利的私有企业并不愿生产，例如国防、义务教育、公路、输气管道、矿务等，而政府或社会承担这部分公共产品或服务的生产供给，则增进社会福利。国有企业作为产权国有的生产部门，可以利用规模经济效应，向公众提供公共产品或服务。

（4）政治、社会责任。除承担部分公共产品生产任务外，国有企业还在事关国家安全战略及高科技行业扮演重要的经济角色。这些行业往往具有重要的战略意义或者研发链条长，资金缺口大，盈利周期长，导致进入门槛高，缺乏资本参与。而考虑到社会整体福利，国有企业通常需要牺牲短期利润，响应国家的产业政策号召，成为这些产业的基础力量，帮助培育具有国际竞争力的支柱产业，并引导产业升级（林毅夫和李志赟，2004）。国有企业的其他社会责任还包括，为促进就业承担的非效率的超额雇员责任以及额外的社会公益义务（曾庆生和陈信元，2006）。以全国扶贫工作为例，自 2002 年各中央企业定点扶贫以来，从选派挂职干部到定点县深入帮扶，中央企业逐步成为扶贫工作的主要力量，其他社会公益活动还包括中央企业"救急难"行动以及支援新疆、西藏等边远地区工作。

以上国有企业公有属性以及多元化但内部相互冲突的目标体系，直接影响国有企业微观治理问题的形成：与政企关系相关联的国有企业行政化治理思路、政策性负担以及预算软约束问题，下面在国有企业委托—代理问题部分将详细讨论。

2. 国有企业委托—代理问题

作为两权分离的企业组织，与私有企业一样，国有企业也存在委托—代理问题，但由于特殊的企业所有权安排，国有企业的委托—代理关系独具特点。第一，国有企业的所有者是全体国民，缺乏终极控制人。由于所有者数目"无限"众多，股权极端分散，国有企业的剩余索取权与剩余控制权分离得更为彻底，实施代理制是国有企业的内在要求。第二，国有企业通过多层级委托—代理关系，使国有资产有所归依与经营管理。中央政府作为初始代理人，受人民股东委托，成为全部国有资产的"名义终极所有人"，形成第一层级委托代理关系："全体人民→中央政府"；中央政府进一步委托所辖中央部委与地方政府，分管部分国有资产，原有委托—代理链条自然延伸，变为"全体人民→中央政府→中央部委或地方政府"；中央部委或地方政府则以实际出资人身份，组建国有资产管理部门，统筹所辖国有资本的投资运营，通过国有资产运营公司持有或直接持有国有企业的股份，委托—代理链条变为"全体人民→中央政府→中央部委或地方政府→国有资产管理部门→（国有资产经营公司）→国有企业"；国有资产管理部门通过行政任免或市场选聘的方式选拔董事长和管理层人员，负责国有企业日常运营决策，国有企业高管成为最终代理人，完成国有资产最终委托任务，委托—代理链条变为："全体人民（初始委托人）→中央政府（中间代理人1）→中央部委或地方政府（中间代理人2）→国有资产管理部门（中间代理人3）→国有资产经营公司（中间代理人4）→国有企业（中间代理人5）→管理层（最终代理人6）"。

国有企业的性质、产权结构、多重目标与多层次的资产代理体制，导致其委托—代理问题要比传统其他类型企业严重得多，代理问题的表现形式也各种各样。

（1）政企不分与政策性负担。政府是国有资产的代理出资人与所有者，享有国有资产收益、参与重大决策和选择管理者等出资人权利。国有企业产权公有，政企联系天然存在于政府与国有企业之间，各级政府通过人事管理与资产投资，实质影响国有企业的经营管理过程，容易导致国有企业公司治理产生行政化取向。另外，国有企业承担非经济目标，这些政治、社会任务直接形成国有企业的战略性和社会性政策性负担，与国有企业的利润目标相冲突，与经理人个人效用目标冲突明显，模糊了国有企业高管努力水平与企业绩效直接的因果联系，使原有国有企业的绩效考核更加困难，同时，也给了预算软约束存在的土壤（林等，1998，1999；白等，2006；林毅夫和李志赟，2004）。政企之间的天然联系使得政府很容易对所辖国有企业产生"父爱主义"（科尔奈，1980），对业绩不好甚至即将破产的国有企业进行财政补贴或贷款支持，导致预算软约束，进一步加剧国有企业的道德风险问题以及宏观财政金融领域的呆坏账问题，造成效率损失。

（2）中间代理人监管动机弱化，国有企业监督效率低下。国有企业所有者实质缺位，致使终极产权的收益与损失无法明确归属，代理人决策失误产生的财产风险找不到最终责任主体，风险收益不对称程度更加严重。而委托—代理链条过长，从上至下纵向信息传递使信息不对称程度极高，方便代理人利用信息优势地位谋求私利，甚至发生代理人之间的串通合谋行为。而中间代理人无法实际享有剩余索取权收益，缺乏监管国有资产运营的有效激励，而信息不透明进一步加剧了上一层级代理人的监督难度与成本支出。同时，代理层级较多也直接导致组织机构臃肿，运营效率低效，代理成本高企。

（3）内部人控制，国有企业领导者缺乏有力的内部制衡力量。青木昌彦（1994）提出"内部人控制"概念，通过对转轨经济社会中社会主义国家国有企业内部组织结构与信息传递的研究发现，由于所有者缺位，导致独立于股东或投资者（外部人）的经理人员利用企业实际控制权，在经营管理过程中独自或联合其他内部关联方如职工谋求私有利益的现象。尽管在我国，董事会、监事会等现代公司治理机制在国有企业中早已建立，但国企高管集体贪腐、薪酬高企、国有资产贱卖和流失等这些机会主义行为仍常见发生，究其原因在于国有企业管理层决策经营权力过大，并缺乏实质制约力量，导致"内部人控制"现象凸显，并成为我国国有企业代理问题的重要表象（青木昌彦和张春霖，1994；青木昌彦和钱颖一，1995；费方域，1996）。

（4）其他延伸问题还包括国有企业高管努力水平的合理测量。客观高效地衡量代理人的工作成果，明确代理人努力水平与公司价值之间的函数关系，是解决代理问题的先决条件（德·弗拉贾，1993）。国有企业在经营过程中，归因于过长的委托—代理链条，观察国有企业高管努力程度的难度较大，成本较高；同时，受行业垄断、政府干预与多目标政策任务等非市场化因素的影响，反映企业经营成果的会计业绩与市场业绩指标存在较大噪音。兼之外部经理人市场不发达，国有企业高管也缺乏横向的"充分信息指标"作绩效考评基准（瓦茨和齐默尔曼，1979；法玛，1980；林等，1998，1999）。

2.2　国有企业代理问题的解决思路

2.2.1　经理人激励—约束机制理论

1. 理论基础与文献回顾

既然所有者与经营者之间目标不一致，信息不对称以及委托—代理关系契约不完善是委托—代理问题产生的根源，那么关键的解决思路就在于：如何设计合理的激励和约束机制，尽可能以低的代理成本实现"激励相容"。因此，理论中关于委托—代理问题的解决办法讨论，一是设定内在激励机制，使代理人成为剩余索取权的受益人，减弱剩余索取权与剩余控制权的偏离程度；二是降低所有者与经营者之间的信息不对称程度，增加信息透明度与约束效力。

阿尔钦和德姆塞茨（1972）认为通过指定一个专门监督人，并赋予其对团队净收入的索取权，可以激励其有效监管团队成员的"偷懒"行为。与之类似，詹森和麦克林（1976）提出，赋予经营者剩余索取权可降低抑或消除现代企业组织中的代理成本。以上从产权结构和财产收益配置角度设定的内部激励机制属于最有激励契约合同的内容，包括工资、绩效奖金、股票期权等经济激励手段，将代理人的经济收入与企业经营业绩绑定。这种最优契约理论实施的前提是企业的当期业绩可以相对准确地度量，尽管代理人的努力程度不可观测，但借助会计指标与市场指标，一定程度上可以反映经理人的能力与努力水平。除此之外，上述契约通常还需要至少满足两个约束条件："激励相容"与"参与约束"，契约的设定不仅要满足委托人的利益，还需要兼顾代理人的利益，且不可低于代理人从事其他活动所获得的期望收益。

墨菲（1985）、考克伦和施密特（1985）及詹森和墨菲（1990）等学者以美国公司为研究样本，实证检验公司薪酬契约设定的有效性，分析薪酬业绩敏感性即高管薪酬变化随公司业绩变化的关联程度。以詹森和墨菲（1990）的研究为例，通过选取 1974～1986 年《福布斯》公布的 2213 名 CEO 薪酬调查数据为研究数据，实证计算了高管薪酬（工资 + 奖金）、股票期权、内部持股比例以及高管离任与公司业绩的关系，发现公司股东财富每变化 1 000 美元，CEO 的财富会相应变化 3.25 美元，薪酬业绩敏感性统计显著，但整体较弱；并且，詹森和墨菲认为是公共或私人的政治约束力量造成了这一后果。但豪布里奇（1994）则从代理人风险规避的角度对经济现实中出现的高低不同的薪酬业绩敏感性现象给出了合理的解释。其他学者还进一步研究了公司不同激励手段报酬结构的设定，同时扩展研究了其他影响委托人—代理人报酬契约有效性的重要因素，包括公司规模、公司内外部组织环境的相似性、市场竞争、公司经营的风险水平与资本结构、公司治理结构如公司产权性质与董事会特征、CEO 持股水平、管理层权力与管理层私有信息等（格尔哈特和米尔科维奇，1990；约翰等，1993；哈米德，1995；霍尔和利布曼，1998；沙费尔，1998；杨等，2000；奇切洛，2005；杜塔，2008；高和李，2015）。

值得注意的是，业绩指标的可靠性与信息含量是有效薪酬激励计划实施的重要前提，代理人绩效指标的选择及操纵也直接影响激励契约的执行效率。希利（1985）、希利等（1987）、加弗等（1995）、霍尔索森等（1995）、吉德里等（1999）等文献发现经理人为获取奖金收入，会进行机会主义盈余操作。德肖等（1996）、贝尼什和瓦尔加斯（2002）、施里夫斯和高（2002）、科恩等（2005）、伯格斯特雷瑟和菲利普蓬（2006）、伯恩斯和凯迪亚（2006）等同时也发现，经理人为提升股价，增加个人财富，会在接近股票期权行权的期间进行盈余重述或盈余管理，尽管会计业绩指标与市场业绩指标存在各种噪声，包括上述经理人对财务信息操纵行为，以及其他经理人不可控的经营风险，例如宏观经济下行或者客户的信用危机等，减弱了绩效指标在激励契约中的作用，是不完美信息（imperfect information）。但良好的公司治理结构与外部竞争环境可以降低绩效指标中的信息噪音，另外，也可以采用相对业绩考评（relative performance evaluation）的办法，合理选择可参照对比的同行业、相似规模公司的业绩，对经理人的业绩表现进行调整，剔除不可控的外界市场或行业环境变化的影响，提高薪酬激励契约的激励效力（墨菲，1999；阿尔布开克，2009；龚等，2011）。霍姆斯特罗姆（1979）理论模型推导发现，借助不同情景中能反映代理人行为或各种自然状态（states of nature）的额外信息，可以改善委托—代理关系的信息系统，提升效率。因此，任何额外的业绩信息，即便存在噪音，也是可以作为薪酬契约设定的参考依据。

除上述年薪、股权、期权等显性经济激励方式外，一定数额的职务消费、未设标准的津贴和补贴等非公开收入，也成为激励代理人努力工作的重要隐性激励手段（阿尔钦和德姆塞茨，1972；拉詹和沃尔夫，2006）。除物质享受外，职务消费代表的权力地位、社会名望也成为显性激励手段的重要补充，尤其在薪酬被管制的情况下（陈冬华等，2005，2010）。当然，主流文献多认为经理人在职消费更多是代理成本的外在表现（詹森和麦克林，1976；詹森，1986；耶尔马克，2006），大额非货币福利通常是经理人在股东监管困难条件下，对公司资源的侵占和对所有者利益的背离。当公司股权比较分散时，由于缺乏有力的股东监管人，经理人权力过大，超额薪酬与超额职务消费现象将更加严重（卢锐等，2008）。

虽然当委托人与代理人之间是单一静态短期博弈关系时，年薪制等风险报酬机制可以激励代理人有效作为，但由于交易次数少，仍难以避免代理人追求自身效用最大化而发生机会主义行为，却不用遭受退出惩罚的"囚徒困境"。而如果委托人与代理人发生多次重复交易关系，处在动态博弈过程中，委托人则会根据代理人过去每一期工作成果判定其努力水平，从而决定是否继续维持合作。一旦委托人发现代理人的不道德行为，将会中断合作关系。在竞争的代理人市场条件下，市场本身具有信息传递与声誉积累机制，代理人的不法行为一经市场发现，会最终影响代理人的未来长期收益。因此，基于代理人市场的声誉与竞争压力考虑，代理人会自觉形成自我激励，作出符合委托人利益的决策（威斯巴赫，1988；德丰德和帕克，1999；胡森和帕里诺，2001；布里克利，2003；帕里诺等，2003；詹特和卡南，2015）。也即，声誉激励与经理人市场激励也是重要的隐性激励手段，只是其激励效力受外部市场充分竞争的程度影响，并随着剩余交易次数的减少，例如经理人职业生涯的缩短，大打折扣，从而需要其他手段如退休计划做补充激励计划。同时，由于控制权变更直接影响经理人的职位，所以资本市场、控制权市场、产品市场也是重要的外部治理机制；其中，资本市场和产品市场是公司控制权市场与经理人市场运行的基础。充分的行业竞争具有筛选与出清机制，持续经营业绩表现差的公司被收购、兼并，业绩不佳的经理人则不仅无法保留当前职位，经理人市场也会对其过往资质重新评估定价；另外，外部竞争也为经理人业绩考评提供了同行业绩作为直接可资参考的市场基准，而活跃在资本市场中的信息中介机构如分析师或审计师利用行业专长，进一步降低信息不确定性与所有者的监督成本（阿尔布开克，2009；卡特等，2009；福尔肯德和杨，

2010）。

霍姆斯特罗姆（1979，1982）还将传统的双边委托—代理关系进行扩展，对多个代理人的情况进行了分析，伯恩海姆和惠斯顿（1985，1986）则提出多个委托人框架，相关的思想与具体激励机制皆有所讨论，这里不再赘述。除了多委托人与多代理人模型外，霍姆斯特罗姆和米尔格罗姆（1991，1994）还研究了多任务条件下代理人的激励问题，这个将放在下面作为多目标特征下国有企业高管激励约束机制的讨论基础。最后，相对薪酬激励与内部劳动市场中的职位晋升激励放在国有企业场景下讨论可能更合适，在下面国有企业部分再继续论述。

2. 激励效果讨论

关于报酬机制激励效果的讨论，一是可从业绩评价体系出发，检验经理人薪酬—业绩敏感性（pay-performance sensitivity）与变更—业绩敏感度（turnover-performance sensitivity），并结合公司内外部治理环境加以分析。二是在公司内部监督治理与外部市场竞争环境一定的条件下，直接研究不同报酬结构，包括考核规则、激励内容并结合经理人的任期时间，对经理人风险偏好与经营决策行为的影响。激励契约评价体系的效率在上面已提及，这里重点讨论行为后果。

怀斯曼和戈麦斯—梅希亚（1998）构建了一个行为代理模型（behavioral agency model），从董事会监督、业绩目标设定、薪酬组合方式、股票期权设定与行为评价体系等内部治理要素的角度，发现代理人会根据各种内部治理设定预估个人当前与未来报酬所得，并相应调整风险承担水平。盖伊（1999）、科恩等（2000）、拉杰帕尔和谢夫林（2002）、米勒等（2002）、科尔斯等（2006）、桑德斯和汉布里克（2007）、洛（2009）等学者从不同的角度研究了股票期权或以权益为基础的报酬手段对经理人的投资偏好与资本结构选择的影响，整体上发现，在控制薪酬业绩敏感性（Delta）与内生性后，CEO 的个人财富与股票价值波动性的关联越强（Velga），CEO 越倾向于实施风险水平较高的竞争政策，公司 R&D 的水平越高，固定资产投资的水平越低，资产负债率越高。

有学者则结合行为经济学中前景理论（prospect theory），从经理人的任职时间与职业发展思量角度，讨论薪酬收益随时间动态变化对经理人决策视野（decision horizon）及行为偏好的影响。吉本斯和墨菲（1992）理论上推导并实证发现，职业发展诉求对临近退休的代理人激励效果会减弱，不如当期的显性激励效果好。德肖和斯隆（1991）实证研究发现，CEO 在最后任职期间，会通过削减可操作性投资支出，如 R&D 支出的方式提高短期业绩表现，损害公司长期价值。德肖和斯隆（1991）将其称为经理人的"决策视野短化"问题（the horizon problem）。魏斯巴赫（1995）提供了相似的研究证据，通过选择 1971～1982 年美国上市公司并购金额在 1 亿美元以上的并购事件发现，在管理层变更之前，不论是临近 65 岁退休还是辞任，该公司发生低价值或不盈利的并购概率更大，但经理人的持股比例会降低该现象。其他同一主题的文献还包括：米尔本等（2001）、诺赫尔和托德（2005）、宋和塔科尔（2006）、戴维森等（2007）、玛塔和比米什（2008）、卡利塔（2009）、严（2013）。

2.2.2　国有企业高管晋升评价—激励机制文献

本质上，国有企业的委托—代理问题与其他类型企业相似，因此可以广泛借鉴传统的激励约束方法。在"股东大会—董事会—监事会—管理层"的现代公司治理组织架构下，受内部监督与外部市场竞争制约的同时，在国有企业内部实施年薪制、绩效奖金计划、期权计划等显性激励办法，以及职务消费、声誉激励与控制权激励等隐性激励手段，降低代理成本。

但不尽然的是，国有企业特定的治理问题会限制上述激励办法有效实施。最突出的问题是，国有企业产权公有，作为多任务载体，反映企业经营成果的业绩指标充满了噪音，国有企业高管的能力、努力程度与公司价值之间的因果联系难以准确度量，致使以业绩指标选择为基础的显性激励机制并不完全适用于国有企业（白等，2000）。同时，政府通过行政任免人事控制国有企业，经营者的选择权利掌握在政府代理人手中，国有企业高管业绩考评受上级政府组织的主观偏好影响，高管任职时间存在不确定性（王珺，2001）且短期化，国有股权流通受限并且具有敏感性，外部资本市场发育不充分，导致以剩余索取权为内容的股权激励与期权激励在国有企业中缺乏实际实行的现实基础。尤其，国有企业高管激励不仅仅是经济效率问题，还需要兼顾社会公平，国有企业高管的年薪设定与股票期权授予皆有一定的金额和数量限制（陈冬华等，2005；辛宇和吕长江，2012），激励作用有限。兼之所有者实质缺位，管理层成为"内部"实质控制人，享有实际控制权，剩余控制权激励及与之相关的隐性职务消费成为国有企业高管重要的激励补充（陈冬华等，2010）。因此，与控制权平台与资源配置范围相关联的国有企业高管职位升降成为主要的激励方式。但鉴于中间代理人无剩余索取权激励，缺乏主动监管动机，并且存在与国有企业高管合谋的冲动，国有企业高管的控制权激励同时也成为高管代理问题恶化的源头，如各种贪污腐败犯罪及受贿谋取个人私利行为。

总的来说，国有企业产权公有、政府管制、多任务目标体系、终极所有人缺位以及委托—代理链条过长的权力架构，使得其激励约束机制设定的关键变为：在保证国有性质稳定，兼顾社会公平的前提下，如何构建执行和监督成本皆低廉且公开透明的评价体系与考核指标，解决国有企业高管能力、努力程度与国有资产保值增值之间因果关联模糊的困境，从而实现有效激励。

拉齐尔和罗森（1981）针对代理人边际产出调查监督成本过高的问题，提出了晋升锦标赛理论模型。晋升锦标赛是相对业绩评价（relative performance evaluation）思想的重要运用，借助业绩评比办法，进一步剔除代理人业绩中的不可控因素或其他无效噪声，低成本筛选出能力突出、努力水平更高的代理人。他认为，可以加大职位之间的薪酬差距，形成晋升激励，激励代理人力争上游，通过对代理人边际产出排序的内部竞争方法，解决代理人的实际努力水平无法有效确认与分割的问题。同时，晋升锦标赛的奖励类似于一个看涨期权，晋升的层级越高，胜出者激励越大（罗森，1986；麦克劳德和马尔科姆森，1988；拉齐尔，1997）。米尔格罗姆和罗伯茨（1992）与拉齐尔（1997）讨论了影响晋升锦标赛激励强弱的条件，认为，当代理人的绝对业绩信息获取成本极高或绝对业绩评价体系受到外部冲击时，晋升激励机制将更有效；另外，晋升激励的强度与代理人晋升前后的激励级差、晋升的概率与未来晋升空间直接相关。

　　文献中关于晋升锦标赛的经验证据分别围绕影响因素、实际实施过程与经济后果展开。艾伦伯格和博格纳诺（1990）以高尔夫比赛为研究样本，实证验证了晋升锦标赛的激励效果，发现薪酬差距的水平与结构会影响选手的比分。而贝克尔和胡塞利德（1992）通过观察赛车发现薪酬差距水平有作用，而薪酬差距结构的影响较小。埃里克森（1999）以 210 家丹麦公司 2600 多位高管为研究样本，实证检验了外部信息环境、锦标赛的参与人数以及薪酬差距水平与结构对公司业绩的影响，为经理人晋升锦标赛理论提供了新的数据支持。泰勒和特罗格登（2002）则以 NBA 联赛为例，研究了逐级薪酬与极差薪酬对球队赛场表现的影响。卡莱等（2009）同时考虑职位晋升为基础的锦标赛与以权益激励为基础的锦标赛，实证发现了CEO 与 VPs 薪酬差距对公司业绩的正向关系，且上述关系在 CEO 临近退休组激励作用更大，而在新上任的 CEO 组正向关系会减弱，尤其当新任CEO 来自于公司外部时。

　　戈尔和塔科尔（2008）构建了一个理论模型，具体分析公司中晋升锦标赛激励对高级经理人（非 CEO）风险行为倾向的影响。在其模型中，渴望晋升的高级经理人为了增加晋升概率会冒险实施风险更高的项目。其中，内在的逻辑在于，高风险伴随高收益，董事会或 CEO 是无法断定项目的高收益是来自于项目经理人的能力还是高的项目风险。给定每个高级经理人都有相同的动机采取高风险项目，纳什均衡的结果就是，在晋升锦标赛激励下，这些高级经理人会采取更高的风险项目。所以，对于高级经理人而言，他们需要权衡高风险带来的可能效用损失成本与晋升概率增加的收益，也即，他们所选择的风险水平随着晋升奖励而变大。基尼和威廉姆斯（2012）选择 1994～2009 年的美国公司为研究样本，实证检验高级经理人晋升激励动机与风险承担行为之间的关系，他们发现，公司晋升激励越大，高级经理人 R&D 的投资水平越高，其他资本支出的规模越低，负债水平越高，公司专业化的程度越高，表明类期权的组织内部 CEO 晋升锦标赛会激励高级经理人通过实施更高风险的公司政策增加公司风险。

　　实际上，对于外部市场竞争不够充分，无法提供可资借鉴的"充分信息指标"，同时多任务的国有企业而言，以职位升降为内容的晋升锦标赛成为重要的激励模式设定。但与传统以薪酬差距激励为主要方式的锦标赛不同时，国有企业高管职位晋升奖励包括的内容更广泛——更高层次的控制权、更多的职务消费以及高一级别的工资。特别是，因为薪酬管制对于国有企业董事长、总经理等核心管理层而言，职位晋升带来的企业、社会资源变化与额外的事业机会激励要远大于内部的薪酬差距激励。

但限于数据收集与整理困难，过往国有企业高管激励的研究主要集中在薪酬激励、在职消费与高管变更上，唯有少数几篇文章关注了国有企业高管的职位晋升激励问题。国有企业薪酬激励与在职消费的研究文献多从代理成本角度讨论激励的有效性，包括公司层面国有企业高管的权力、内部党组织对薪酬制定的影响（吕长江和赵宇恒，2008；权小锋等，2010；马连福等，2013），国有企业冗员对薪酬业绩—敏感性的干扰（薛云奎与白云霞，2008；张敏等，2013）。另一个重要研究角度是从我国市场化改革中市场与政府角色出发，考虑社会公平，在薪酬管制现实背景下讨论国有企业高管与内部职工薪酬差距的激励效率以及在职消费等其他激励手段对薪酬激励的替代、补充性作用（陈冬华等，2005；罗宏和黄文华，2008；辛清泉和谭伟强，2009；刘春和孙亮，2010；沈艺峰和李培功，2010；周权雄和朱卫平，2010；李宝宝和黄寿昌，2012；陆正飞等，2012；辛宇和吕长江，2012；傅颀和汪祥耀，2013；王雄元等，2014）。此外，辛清泉等（2007）研究了国有企业薪酬激励对高管资本投资行为的影响，从实际行为后果而非业绩指标的角度检验了国有企业薪酬契约的经济后果；黎文靖和胡玉明（2012）研究了2003～2010年我国制造业国有企业高管和职工内部薪酬差距对企业投资效率与全要素生产率的影响。

多数国有企业高管变更的文献侧重于测度国有企业高管的"变更—业绩"敏感度（菲尔思等，2006；卡托和龙，2006a，2006b；常和王，2009；宋德舜和宋逢明，2005；姜付秀等，2014），并未区分国有企业高管的职位升降状态，忽略了变更过程中更重要、更本质的内容。事实上，国有企业高管变更受组织人事调任影响，不可预期并伴随职位升降，不可完全借鉴文献中"离任—留任"、"常规离任—非常规离任"的简单分类及变更业绩敏感度的刻画，而需要结合国企高管的任职时间与职位升降性质综合判定。廖理等（2009）、廖冠民和张广婷（2012）初步关注国有企业高管的职位晋升现象，从经营风险与盈余管理角度，研究了国有企业晋升激励的有效性；杨瑞龙等（2013）、刘青松和肖星（2015）及张霖琳等（2015）则详细界定了国有企业高管职位变更的升降状态，参照业绩考核惯例，控制可能的影响因素，实证检验了中央企业与地方国有企业高管晋升评价—激励机制的实施效率；王曾等（2014）则实证研究了国有企业高管在晋升与职务消费之间的偏好选择，步丹璐等（2017）研究发现，国有企业高管的晋升预期同时也影响其薪酬制定及高管与员工的薪酬差距。另外，部分学者关注了国有企业高管晋升激励的经济后果，郑志刚等（2012）通过案例研究的方法，选择地方国有企业高管政治晋升的案例，发现国企高管为增加晋升机会，会通过财务及非财务行为营造"面子工程"增加晋升概率；陈仕华等（2015）同样从政治晋升的角度，发现政治晋升机会大的国有企业高管更容易选择并购成长的方式扩大企业规模，但并购的绩效总体较差；金宇超等（2016）选择2012年的反腐行动作为外部冲击，实证检验国有企业高管政治避险或者晋升动机对其投资决策的影响，研究发现，国有企业高管会根据外部政治环境的变化相继调整投资行为——"投资不足"抑或"过度投资"，从而降低投资效率；周铭山和张倩倩（2016）采用2007~2014年国有上市公司 CEO 变更数据，实证发现晋升会激励国有企业高管专注有效地研发投入并提高研发产出。

综合上述国有企业高管晋升激励的文献可知，不少学者已经注意到国有企业高管职位变更的性质差异，并在研究中根据国有企业高管的离任去向区分了晋升、平调与降职等状态，实证检验了国有企业高管职位升降与企业绩效之间的关系，初步给出了国有企业高管晋升激励评价有效性的经验证据。同时，不少学者也尝试研究了国有企业高管晋升激励机制的若干经济后果证据，关注晋升激励体制下国有企业高管的并购、创新之处等投资行为。但受限于数据样本与研究方法，这些研究要么采用案例研究的分析方法，要么仅仅聚焦政治晋升样本或者设定间接的经济场景进行实证检验，缺乏完整系统的研究框架。尤其值得注意的是，文献中多直接采用国有企业高管职位升降事实设置晋升激励变量，推理国企高管任职期间的投融资行为，这种以升降结果变量倒推国企高管的行为选择，存在极大的内生性，难以有效识别真正的因果关系。

实际上，国有企业人事管理权包括职位考评与调动掌握在政府部门手中，行政任免本身存在不确定性，双方并未设定显性契约（王珺，2001；周黎安，2007），国有企业高管个人无法确认自己任职结束后的离任去向及升降状态。传统晋升锦标赛主要是讨论内部晋升，CEO 与其他非 CEO 职位的激励差距是可观察的，尽管受在任 CEO 任职年龄的影响，但相对确定。而对于面对薪酬管制，追求企业集团内外晋升或者外部晋升的国有企业高管，晋升的概率以及所耗费的时间成本都是不确定的。在自利经济人假设条件下，国有企业高管想要在激烈的内部竞争中脱颖而出，获得主管部门青睐，必须不断加码自己的晋升优势，包括显性的企业业绩、个人教育背景、工作经历以及隐性的政治或社会资本，向考核主体释放能力与努力水平信号。而国有企业高管岗位不定期轮换，内外部约束有限，实质退出机制缺乏，国有企业高管倾向于积极作为，特别是教育背景与工作经历突出、晋升希望大的高管（戈尔和塔克，2008）。

对于身处国有体制内部劳动力市场的国企高管而言，晋升评价激励机制实质上会形成一种不确定性的职业晋升期权，这意味着晋升收益与不确定性的刻画是研究该激励机制经济后果的关键。而评价体系的执行效果则直接影响国有企业高管对当前报酬规则的认知（鲍莫尔，1996），进一步影响激励体系的效用发挥。

因此，构建国有企业高管晋升评价激励机制的理论分析框架，首先需要对高管任职表现的评价体系有总体认知，其次是厘清激励体系的作用机制及国企高管的行为反馈。而评价体系与激励体系的效率则依赖于考评主体或者"中间代理人"的监管动机或监管能力，以及业绩指标选择的合理性，本书结合当前国有资产管理体制安排与国有企业外部市场竞争环境，分中央企业与地方国有企业、垄断类国企与竞争类国企，测算国有企业高管的不确定晋升收益（promotion benefits and career concers），推导并实证检验国有企业高管经营决策行为对晋升评价—激励机制的实际反馈。

2.3 结语

本章在传统委托—代理问题的架构下，围绕国有企业的性质、目标体系与外部竞争环境，阐述了国有企业多层次委托—代理关系的问题实质及具体的表现形式；同时，沿着委托—代理理论的发展脉络，重点回顾了薪酬激励、包括股权激励，在职消费及高管变更的研究文献，并讨论了国有企业特有的激励理论基础与相关文献。最后，在前述文献的基础上，尝试构建国有企业高管晋升评价激励机制的理论分析框架，为下面的详细展开指明了方向。

第 **3** 章
国企高管晋升评价
激励机制的形成与统计特征

　　国有企业改革是经济改革的中心环节，是配套的系统工程，涉及宏观产业布局、组织架构与公司内部责、权、利关系调整等多方面。国有企业高管激励机制作为国企改革的重要内容，受其他改革环节影响。因此，在总结过往国有企业高管激励机制实践经验之前，有必要首先整体回顾国有企业的改革历程，明确每一阶段特定高管激励机制的实施背景。然后，从业绩评价与激励支付安排角度，分阶段讨论激励机制变迁路径，重点分析高管晋升评价激励机制，采用数据描述分析方法，归纳激励制度的基本特征，为下面构建治理指标与实证分析作好铺垫。

3.1　国有企业改革过程

　　国有企业在国民经济中扮演重要角色，经济发展阶段不同，国有企业面临的主要矛盾不同。围绕国有企业改革难题，理论界百家争鸣，建言献策，政策制定者则因时制宜，不断调整改革思路与关键改革举措。国企改革始于困局，起于破冰，并阶段性取得改革成果。

　　遵循中国经济体制改革的发展脉络，根据各阶段主要改革目标、理论依据、关键改革思路与实施措施，国有企业的现代化改革可划分为四个阶段，1978～1984 年，国有企业改革起步，改革从扩大国有企业经营自主权并增加企业留利的"放权让利"开始；1984～1992 年，改革进入转换经营机制的探索阶段，开始股份制试点；1993～2002 年，改革在微观上以建立现代企业制度为核心进行制度创新，宏观上进行体制创新，对国有企业实施战略性改组，调整国有经济结构；2003 年之后，国企改革重在调整国有资产监管体制，完善公司内部治理机制；2012 年党的十八大之后，尤其2013 年党的十八届三中全会之后，中共中央、国务院印发新一轮国企改革的纲领性文件——《关于深化国有企业改革的指导意见》，以期在原有国企改革成果的基础上，进一步优化国有资产管理体制、现代企业制度、市场化经营机制及国有资本布局结构，实现国有企业与市场经济实质相容。

鉴于计划经济时期，国有企业依照行政指令生产管理的经营弊端，1978 年国有企业改革从扩大企业自主权开始，将改革的重点放在调整国家与企业的关系。1979 年国务院发布相关文件，主张扩大国营工业企业的经营自主权，允许企业改变折旧方法，实行流动资金全额信贷并实现利润留成。1979 年 5 月，首都钢铁公司等 8 家大型国企开始扩大企业自主权的试验。之后，放权让利改革在全国广泛展开。1981 年与 1983 年，国营企业进一步实行经济责任制、实施"利改税"改革。1984 年 5 月与 1985 年 9 月，国务院颁发《关于进一步扩大国营工业企业自主权的暂行规定》与《关于增强大中型国营工业企业活力若干问题的暂行规定》，规定扩大企业在生产经营、产品销售、产品价格制定等方面 10 项自主权，继续扩大企业自主权。这一阶段改革的重点在于调动企业和职工的积极性和主动性，激发国营企业经营活力。不少经济学家围绕国有企业的性质与地位争议，提出了有益的思想言论，比较著名的是蒋一苇的"企业本位论"思想。蒋一苇在《"企业本位论"刍议》一文中，深入讨论了社会主义制度下企业的性质，以及国家与企业的关系，认为企业是现代经济的基本单位，必须是一个具有能动性的有机体；企业具有独立的经济利益，社会主义制度下国家与企业的关系应该是一种经济关系，而非行政隶属关系。这一思想引起理论界与决策层的重视，为我国经济体制改革的方向和重点提供了理论依据和政策思路。尽管"放权让利"改革做了有益尝试，一定程度上激发了国营企业的活力，但由于企业的行政附属地位未变，兼之相关企业自主权利并未有效约束，企业存在预算软约束，导致改革并未有效进行下去。

为此，1984 年 10 月党的十二届三中全会通过《关于经济体制改革的决定》，提出了新的国有企业改革目标，旨在变国有企业为自主经营、自负盈亏的商品生产者和经营者。国有企业改革进入第二阶段（1984～1992 年），基于"两权分离"理论，国有企业开始转换经营机制，实行承包经营责任制和租赁经营责任制，给经营者充分的经营自主权，并尝试进行股份制试点改革。1987 年 4 月，中央决定在全国范围内推行承包经营责任制，至 1988 年年底，全国约 90.8% 的企业实行了各种形式的承包制，至 1991 年年底，原有第一轮到期的企业又签订了第二轮承包合同。期间，重要的政策性文件包括 1992 年 7 月国务院颁布的《全民所有制工业企业转换经营机制条例》，规定国有企业享有 14 条经营权。这一阶段国有企业所有权仍属于国家，由于承包时间限制，经营者普遍追求承包期内利润最大化，忽视企业长期发展，造成国有资产流失，使许多国有企业陷入困境。

第一阶段（1978～1984 年）与第二阶段（1984 1992 年）为政策调整时期，国企改革主要围绕放权与激励展开，企业经营者获得部分经营自主权，但国有企业仍是政府部门行政附属单位，企业仍承担职工养老、职工子女教育等社会任务，财政预算上依然软约束，但国有企业开始由计划转向市场，经营积极性初步调动起来。

1993～2002 年，国有企业改革进入攻坚期，长期积累的历史问题造成国有企业整体亏损，国有经济难以为继。这一时期为国有企业改革的第三阶段，重在制度重建，包括：调整国有经济的战略布局，从整体上搞好国有资本，对国有企业进行战略性改组与企业制度创新。1993 年 11 月党的十四届三中全会通过《关于建立社会主义市场经济体制若干问题的决定》，提出"要进一步转换国有企业经营机制，建立适应市场经济要求，产权清晰、权责明确、政企分开、管理科学的现代企业制度"。1994 年，为贯彻这一指导思想，国务院确定了样本企业，进行建立现代企业制度试点，各地区及各部门也进行了若干尝试。而在"单个搞活"国有企业基础上，改革也开始着眼于"整体搞活"国有资本，1995 年 9 月与 2002 年 11 月，党的十四届五中全会与党的十六大明确提出要以市场和产业政策为导向，对国有企业择优扶强，优化国有资产分布结构，将其作为经济体制改革的重大任务。为了完成改革目标，这一阶段，改革工作由三部分构成，第一，"抓大放小"，大型国有经济从一般竞争性行业逐步退出，对国有中小企业采取多种形式放开搞活，对资不抵债、亏损严重的国有企业进行破产清算与资产重组；第二，采用下岗分流、"债转股"、实施再就业工程等方式清理"三角债"，尽可能剥离企业办社会职能，硬化企业预算约束；第三，选择部分国有企业进行股份制试点改革，初步建立现代企业制度，并实现整体上市，缓解国有企业资金困难。通过改革，1998～2003年，国有及国有控股企业户数减少比例达40%。本轮改革（1993～2002年）比较引人注目的理论思想是产权理论与超产权理论，前者重点讨论国有企业的微观产权基础，旨在厘清产权改革引发的一系列有关国有企业产权主体、产权交易方式以及现代股份制企业存在形式等问题。其中，马克思的产权理论与现代西方产权理论是众多学者争议的重点。关于"超产权"理论，林毅夫等（1997，2001，2004）认为国有企业改革的关键在于硬化预算约束，创造公平竞争的市场环境，为国有企业高管考评提供充分的信息指标，降低国企经营者的道德风险。

2003年之后，国有企业改革进入制度完善期，2003～2012年，改革仍着眼于优化国有资产顶层制度设计，2013年党的十八届三中全会之后，改革从上至下，加强党对国有企业领导的同时，强调国有企业应以独立市场主体身份，遵循市场经济及企业发展规律，继续做强做优做大。其中，2003～2012年，关键的一项改革措施是成立各级国资委，集中出资人职能，建立"国家所有，中央政府和地方分别代表国家履行出资人职责"的国有资产管理体制，初步实现管人管事管资产一体化，改变国有资产无人管理、无人负责的状态。2003年5月国务院颁布《企业国有资产监督管理暂行条例》，进一步明确国有企业的监管主体，理论和形式上实现终极所有权与出资人所有权的分离。同时，伴随现代企业制度的完善，不少国有企业先后改制上市，股权结构日渐多元化，董事会制度建设工作持续进行，现代企业法人治理结构也逐步形成。2004年6月，国资委选择宝钢集团等7家央企作为第一批董事会制度试点单位。另外，为了强化国有企业竞争力，对国有企业主业、辅业进行分离，对辅业进行改制分流，解除国有企业的办社会职能，集中资源做强做大主业。2008年10月28日，第十一届全国人民代表大会常务委员会第五次会议通过了《中华人民共和国企业国有资产法》，以巩固和发展国有经济，加强对国有资产的保护。2012年美国《财富》杂志公布的世界 500 强企业中，国务院国资委监管的中央企业上榜共有 43 家。

2013 年 11 月，党的十八届三中全会通过《中共中央关于全面深化改革若干重大问题的决定》，拉开新一轮国企改革的序幕。2014 年 7 月，国务院国资委启动"四项改革"试点动作，中粮等 6 家中央企业入选首试点名单。其中，"四项试点"，分别由国资委改革局、产权局、改组局与国资委纪委四个专项小组领导，包括国有资本投资公司试点、混合所有制经济试点、落实董事会职权试点与派驻纪检组试点。同年 10 月，国务院国有企业改革领导小组成立。2015 年 9 月中共中央、国务院印发国企改革顶层方案——《关于深化国有企业改革的指导意见》，此后，多个配套政策文件相继出台，逐渐形成"1 + N"国企改革框架体系，明确新的改革目标与改革方向，并明确要 2020 年在重要领域和关键环节取得决定性成果。2016年 2 月，国资委、发改委等披露国企"十项改革"试点计划，并公布了第二批试点的央企名单。同年 9 月，媒体披露了混改"6 + 1"方案，至此，本轮国企改革已经历三轮试点。同时，为落实国企改革"1 + N"政策体系和顶层设计蓝图，2020 年 6 月，习近平总书记主持召开中央全面深化改革委员会第十四次会议，审议通过《国企改革三年行动方案（2020—2022年)》，扎实推进国企深化改革各项任务举措落实落地，推动国资国企领域发生深刻变革。2023 年 6 月，中共中央办公厅、国务院办公厅联合印发《国有企业改革深化提升行动方案（2023—2025 年)》，进一步明确国企改革的方向和目标，推动国企改革向纵深发展。与之前改革"增效"的目的不同，本轮国企改革重在"提质"，一是将国有企业塑造成独立的市场主体。改革的措施包括：对国有企业进行商业类与公益类分类改革，通过公司股份制改革、健全公司法人治理机构、建立国有企业领导人员分类分层管理制度、实行与社会主义市场经济相适应的企业薪酬分配制度与深化企业内部用人制度改革等手段完善现代企业制度，发展混合所有制经济等。二是不忘根本，加强国有资产保护，包括："管资本"，完善国有资产管理体制，强化企业内外部监督，实施信息公开与严格责任追究，强化监督防止国有资产流失。三是加强和改进党对国有企业的领导，发挥党组织政治核心作用，坚定落实"反腐倡廉"，同时为国有企业改革创造良好环境条件。

综上，国有企业改革的思路是从计划走向市场，调整价格与竞争体系，微观上硬化国有企业预算软约束，强化国有资产保值增值目标，激发企业市场活力，塑造市场竞争主体；宏观上则收缩国有经济战线，调整战略布局，释放竞争空间，优化企业外部经营环境。经过一系列经济体制与企业结构调整，国有经济的市场竞争力日渐增强，国有经济效益得到较好提升。2023年，国有企业营业总收入857 306.1亿元，同比增长3.6%；利润总额46 332.8亿元，同比增长7.4%。

尽管国有企业改革成果显著，但受限于路径依赖与时间约束，一些难度较大的任务还有待解决，这是未来改革的重点与方向，又从各方面深刻影响着当下国有企业的实际运行，包括：

首先，老问题，"一股独大"与政企不分，国有资产监管体制独立性差，现代公司治理结构在国有企业中未实质成效。国有企业改革的重要初衷即政企分开，国资委与国有资产投资公司在国有企业与政府之间设置一道"隔离带"，避免政府直接干预国有企业。上级政府主管部门赋予国有企业除资产经营外其他政治、社会任务，如额外的就业负担、公益任务，增加了国有企业的政策性负担。同时，出于宏观调控与防止国有资产流失需要，各级国资委对所辖国有企业的投资、并购决策皆有程序上明确的规定，这也一定程度上降低了国有企业经营灵活性。

而国有股东"一股独大"，在董事会中占据多数席位，各级国资委与同级组织部门一起，仍然负责国有企业主要高管的考核与职位任免。多数国有企业尽管建立起了与《公司法》一致的法人治理结构，但董事会的决策职能与经理层的执行职能高度重合，更遑论监事会的监督职能，内部人控制人问题是国有企业相对普遍的现象。政企不分的直接后果就是现代企业制度的建立不能够实质到位，国有企业的公司治理瓶颈普遍存在，国有企业高管的激励约束机制执行效果会打折扣。

其次，国有企业行业垄断与经济布局争议。我国大部分垄断行业国有企业集中在电力电信、交通运输、公用事业、石油军工等关系国计民生的重要行业和关键领域，多数为自然垄断和资源垄断性企业。以电信行业为例，2008 年，工业和信息化部、国家发展和改革委员会、财政部三部委联合出台了电信业重组的方案，通过重新发放 3G 牌照的方式，中国移动、中国电信和中国联通三家国有企业分别获得电信基础运营业务资格，成为新的市场竞争主体。尽管改革取得了进展，但垄断行业的改革整体依旧缓慢。垄断国企坐拥特权地位，获取高额利润，同时缺乏有效的监督体系，导致高薪、收入分配不均以及贪腐问题。党的十八大之后国有企业高管贪腐案件多数发生在石油、电信等垄断行业。另外，由于行业管制，民资企业进入门槛高，行业缺乏充分竞争，国有企业高管经营业绩也缺乏客观的信息指标，企业缺乏技术进步和创新动力，造成资源错配与行业整体低效。

3.2　国有企业高管评价激励机制变迁

前述全面回顾了国有企业的改革历程，但并未充分讨论国有企业高管考评激励机制的变化。事实上，国有企业高管考评激励机制关乎企业经营产出效率，是本书主要研究内容，此处单列小节，专门论述。

国有企业高管激励是个多维度话题，与国有企业产权结构调整、经营权利与责任重新配置等市场化革新实践同步，遵循国企改革的时间脉络，本书分阶段阐释国企高管激励机制的变迁。

1978 年之前，国有企业是国家的计划生产单位，依照行政指令经营，无独立的资产支配权与利润分配权利，国有企业经营者参照所在企业行政级别获取固定报酬，国有企业高管缺乏自主供给人力资本的激励。其间，行政部门依据实物产量评价国营经营者的业绩，1975 年国家拟定"工业企业经济技术考核指标"，包括产量、质量、利润与供货合同等指标。

1978~1992 年，通过"放权让利"与承包经营责任制改革，国有企业经营者逐步获得若干经营自主权，并且可按一定比例实行利润留成，获得"控制权激励"，部分"类剩余控制权激励"。期间，有关国有企业收入与分配安排的重要文件有，1986 年 12 月国务院颁布的《国务院关于深化企业改革增强企业活力的若干规定》、1988 年 2 月国务院发布的《全民所有制工业企业承包经营责任制暂行条例》以及 1992 年 8 月劳动部、国务院经贸办印发的《关于改进完善全民所有制企业经营者收入分配办法的意见》，在实行厂长任期目标责任制条件下，企业经营者的工资总额与企业经济效益挂钩，个人收入可按照高于职工平均收入的 1～3 倍核算。贡献突出的，可适当提高收入，但完不成年度责任目标的，需要相应扣减收入。这一时期开始实行以产值和利润为主的综合考核指标体系，代表文件有 1982 年国家经贸委、国家计委等六部委制定的"企业 16 项主要经济效益指标"，以及 1992 年国家计委、国务院生产办和国家统计局提出的 6 项考核工业企业经济效益的指标。这一阶段企业控制权只是部分下放，政府相关部门仍然控制企业的人事及收入分配事宜，但改革还是做了许多有益尝试，是建立国有企业高管薪酬制度的过渡阶段。

1992～2003 年，国有企业开始尝试股份制试点与建立现代企业制度，企业内部自主权与激励机制进一步得到规范。国有企业开始试行年薪制与股票期权制，将经营者的收入区分为基薪与风险绩效收入两部分，国有企业高管薪酬框架初步建立起来。期间，关键文件包括《关于加强国有企业经营者工资收入和企业工资总额管理的通知》《试点地区工资指导线制度试行办法》等。1992 年 6 月，经营者年薪制率先在上海 3 家国有企业中试行，随后，全国约 28 个省份发布文件出台了年薪制试点方案。1997 年，股票期权制开始在少数上市公司试行，1999 年 8 月，《中共中央 国务院关于加强技术创新 发展高科技 实现产业化的决定》以及党的十五届四中全会通过的《中共中央关于国有企业改革和发展若干重大问题的决定》，皆提出国有企业可以继续探索试行经理（厂长）年薪制、持有股份等分配方式。2000 年 11 月，劳动和社会保障部印发《进一步深化企业内部分配制度改革的指导意见》，提及"要在具备条件的企业积极试行董事长、总经理年薪制"，按职责和贡献分配报酬，拉开其与普通员工的收入差距；讨论了经营管理人员、业务和技术骨干以及一般职工持股办法，为建立与现代企业制度相适应的工资收入分配制度提供了有益的思路尝试。同时，为建立与市场经济相匹配的公司治理模式，塑造新型政企关系，1999 年《中共中央关于国有企业改革和发展若干重大问题的决定》首次明确提出"对企业及企业领导人不再确定行政级别"，2000 年、2001 年中央再次重申该要求，北京、广州及上海等地相继也出台类似规定，旨在"去行政化"。但实际上，受限于体制约束，国有企业高管的政商互通通道仍大范围存在。而 20 世纪 90 年代，国有企业考评不再片面追求产值与速度，更关注以投资报酬率为核心的企业效益指标。1993 年财政部颁布了《企业财务通则》与《企业会计准则》，进一步，1995 年财政部公布了包含 10 项财务指标的企业经济效益评价指标体系，通过赋权计分的方式评价国有企业高管的业绩表现。1999 年，财政部、国家经贸委、人事部和国家计委联合颁发了《国有资本金效绩评价规则》和《国有资本金效绩评价操作细则》，从企业的财务效益、资产运营、偿债能力和发展能力 4 方面，分 8 项基本指标、16 项修正指标和 8 项评议指标三个层次，包含财务指标与非财务指标，采用功效系数法和综合分析判断法，将评价结果分为优、良、中、低、差五个等级，进一步优化国有企业业绩评价体系。

2003 年之后，国资委成立后管人、管事、管资产，作为监管主体，先后出台了一系列法律法规，旨在建立起以国有资产保值增值为关键考核指标的激励约束机制。2003 年，国资委颁布《中央企业负责人经营业绩考核暂行办法》（以下简称"办法"），从总则、年度业绩考核、任期业绩考核、奖惩及附则五个方面，初步搭建了与国有资产管理体制相配合的市场化评价与激励体系。地方各级国资委则依据本地国有经济实际，参照制定本地考核激励"办法"。随后，2006 年，2009 年，2012 年，2016 年，根据外界经营环境变化与执行过程所遇到的问题，国资委不断修正原有办法，适时更新考核内容。如 2006 年，"办法"又新添加企业战略管理、自主创新、资源节约和环境保护水平等方面的考核要求，加入科研类企业考核的基本指标与分类指标，新实行落后企业负责人经营业绩考核谈话制度。2009 年，则在 2006 年版本基础上引入"推动企业建立健全全员业绩考核体系"的新要求，用经济增加值（EVA）替换净资产收益率作为新的年度经营业绩考核指标。2012 年，在中央企业引入对标考核试点和约束性考核指标，用总资产周转率替代主营业务收入平均增长率，作为新的任期经营业绩考核指标，同时进一步细化奖惩细则。2016 年，与新一轮国有企业的改革思路保持一致，在"办法"中分档设置考核目标值，发挥考核目标的引领作用；引入与企业功能定位、经营性质和业务特点相适应的企业分类考核思路，提高考核的针对性与有效性；突出 EVA 考核导向，同时强调董事会对经理层的业绩考核职权，以及对考核结果的运用，落实法人治理结构完善的修正措施。2019 年，出台《中央企业负责人经营业绩考核办法》。考核办法引入"分类考核"和"差异化考核"，根据行业和企业功能定位，设定考核指标和权重衡量绩效。考核指标体系新增"创新指标"，强化和细化"风险防控"指标，引导国有企业高质量稳健发展。

《中央企业负责人经营业绩考核暂行办法》（2003，2006，2009，2012，2016）以及 2019 年《中央企业负责人经营业绩考核办法》对央企负责人采用年度考核与任期考核相结合，考核结果与奖惩相挂钩的评价激励制度。以 2012 年版本为例，国资委主任或者其授权代表与企业负责人签订经营业绩责任书，每半年动态追踪审查责任书的实际执行情况，其中固定每三年为经营者一个任期。年度与任期考核指标的基本指标包括利润总额和经济增加值、国有资本保值增值率和总资产周转率；同时，国资委综合考虑企业所处行业特点和功能定位，设定分类指标另做补充。国资委根据企业负责人年度和任期经营业绩考核得分，将其考核分为 A、B、C、D、E 五个级别，据此对其薪金奖惩与职务任免，奖励分为年度绩效薪金奖励和任期激励或者中长期激励，年度薪酬分为基薪和绩效薪金两部分，绩效薪金与年度考核结果挂钩。值得注意的是，为防止企业负责人弄虚作假，过度追求风险，在考核办法中国资委明确了对"虚报、瞒报财务状况""导致重大决策失误、重大安全与质量责任事故、重大环境污染责任事故、重大违纪和法律纠纷案件，给企业造成重大不良影响或者国有资产损失"行为的处分说明。其他重要的业绩考核办法还包括 2006 年的《中央企业综合绩效评价实施细则》与 2010 年的《中央企业全员业绩考核核查积分办法》。另外，针对企业负责人副职业绩考核存在的薄弱环节，2012 年 1 月国资委出台《关于进一步加强中央企业负责人副职业绩考核工作的指导意见》，将业绩考核结果与企业副职的薪酬分配相结合，实现"工作有标准、管理全覆盖、考核无盲区、奖惩有依据"。

值得注意的是，由于国有企业的特殊经济地位，国有上市公司高管薪酬高企问题一直备受争议。为规范国有企业领导人的"天价"年薪问题，2009 年 1 月，财政部下发《金融类国有及国有控股企业负责人薪酬管理办法（征求意见稿）》，同年，人力资源和社会保障部等六部门联合出台《关于进一步规范中央企业负责人薪酬管理的指导意见》，对中央企业发出高管"限薪令"，对高管的基本年薪、绩效年薪作了限制性规定，对中长期激励作了可审慎探索的原则性规定，将中央企业高管薪酬的设定与增长变动与职工工资挂钩。为配合新一轮国有企业深化改革，2014 年 8 月，中共中央政治局审议通过《中央管理企业负责人薪酬制度改革方案》，调整和优化中央企业负责人薪酬结构，将原有的基本年薪加绩效改为基本年薪、绩效年薪加任期激励收入。同时，薪酬改革将与企业类型、性质，高管的身份与选拔任用机制相结合，意在形成中央管理企业负责人与企业职工之间的合理工资收入分配关系。2015 年 1 月 1 日，该方案正式实施，改革首批涉及 72 家中央企业负责人，包括中石油、中石化、中国移动等组织部门任命负责人的 53 家央企，以及其他金融、铁路等 19 家企业。

国有企业其他重要的经济激励手段，如在职消费，也对应有相关文件规范，2006 年《关于规范中央企业负责人职务消费的指导意见》，进一步明确中央企业高管职务消费的内容以及具体的管理办法，主张严格控制并增强职务消费的透明度。随后，为贯彻落实国务院第四次廉政工作会议精神，针对国有企业负责人利用职务消费黑洞贪污腐败的问题，2012 年，财政部联合审计署与国资委印发《国有企业负责人职务消费行为监督管理暂行办法》，严格规范国有企业负责人职务消费行为，制止与企业经营管理无关的职务消费行为和奢侈消费风气。2014 年，为贯彻落实党的十八届三中全会决定及中央八项规定，促进中央企业负责人廉洁从业和树立中央企业良好社会形象，中共中央政治局审议通过《关于合理确定并严格规范中央企业负责人履职待遇、业务支出的意见》，实际取消"职务消费"的提法，第一次将国有企业负责人履行工作职责过程中的工作保障和所发生的费用支出界定为企业负责人履职待遇、业务支出，将"履职待遇"明确为公务用车、办公用房、培训三项，"业务支出"则被明确为业务招待、国内差旅、因公临时出国（境）、通信四项，建立健全激励约束机制。

1996 年股权激励雏形"期股制"出现，1999 年与 2000 年，国家相关部门对股权激励方法进行了有益探索，但考虑到方式较为激进，随之搁浅。2005 年随着股权分置改革启动及配套《公司法》与《证券法》正式修订实施，2005 年 12 月 31 日，《上市公司股权激励管理办法（试行）》出台，2006 年 1 月和 9 月，国资委、财政部颁布《国有控股上市公司（境外）实施股权激励试行办法》和《国有控股上市公司（境内）实施股权激励试行办法》，进一步规范并完善国有上市公司的股权激励安排。其他相关文件还包括 2008 年 10 月颁布的《关于规范国有控股上市公司实施股权激励制度有关问题的通知》，2010 年 10 月出台的《关于在部分中央企业开展分红权激励试点工作的通知》，以及 2016 年 2 月与 11 月出台的《国有科技型企业股权和分红激励暂行办法》与《关于做好中央科技型企业股权和分红激励工作的通知》。2006 年，14 家国有上市公司公告了股权激励计划，但截至 2014 年，在以公告股权激励的 604 家上市公司中国有公司仅为 87 家，占比 14%。实际上，国有企业的股权激励设置受制于业绩目标与行权业绩条件等多层红线，后续审批通过风险较大，沟通链条与实施周期长，导致国有企业的股权激励实践并未从根本上解决长期激励问题。更特别的是，在海外上市的部分国有企业高管，尽管形式上持有股票期权，但实质上"弃权"。

图 3-1 描绘了国有企业高管评价激励机制变迁的关键时间节点与改革措施，整体上，国有企业高管业绩考评从侧重于单一维度的生产和实物指标，转向多维的利润和财务指标，激励手段从单一的非经济激励逐步转向多元支付手段并用的风险激励体系，考评激励体系的市场化程度加深。但由于国有企业的公共财产属性以及政治体制改革的路径依赖，国有企业的法人治理结构、薪酬管理、绩效考核与人事制度仍然是有限制的市场化。国有企业高管薪酬激励与职务消费存在管制，期权激励"形式化"，同时缺乏流动活跃的外部经理人市场，导致以政府与组织任免为主的国有企业人事调职机制成为重要的激励方式。自 2003 年以国资委为首的国有资产监管体制建立以来，国有企业逐渐形成了以《中央企业负责人经营业绩考核办法》（2019）为业绩考核体系，以职位升降为主要激励手段的国有企业

高管评价晋升激励机制。本书关注该激励体系的差异化评价效率与实际治理效果，故下面围绕国有企业高管的选拔、任职考核与职务任免方式变迁进行更详细的讨论。

图 3 - 1　国有企业高管考核激励机制变迁方向

一般 1992 年党的十四大的召开视作中国市场经济体制改革的正式开端。与前面内容一致，表 3 - 1 汇总了 1992 ~ 2016 年国有企业高管评价—激励机制变迁的重要办法，方便对照阅览。

表 3 - 1　国有企业高管评价—激励机制（含职务任免）变迁简略表

年份	法律法规	奖惩原则	业绩考核内容	考核任期
1992 ~ 1999 年	《关于改进完善全民所有制企业经营者收入分配办法的意见》（1992）；《公司法》（1993）；《国有企业厂长（经理）奖惩办法》（1994）；《国有企业经营者年薪制实行办法（试行）》；《国有资产保值增值考核试行办法》（1994）；《中共中央关于国企改革和发展若干重大问题的决定》（1999）；《国有资本金效绩评价规则》（1999）	精神鼓励与物质奖励相结合	1. 思想政治表现（职业道德、遵纪守法以及对党和国家重大决定的贯彻实施情况等）；2. 经营成果（厂长任期目标责任制任务）完成情况；经济效益指标（企业实现利税、实现利润、资本金利润率、全员劳动生产率等）；3. 企业经营的国有资产保值增值情况	以所签合同为准
2000 ~ 2002 年	《上市公司治理准则》（2002）；《国有大中型企业建立现代企业制度和加强管理的基本规范（试行）》（2000）	1. 企业经营管理者的薪酬必须与其职责、贡献挂钩；2. 物质鼓励同精神鼓励结合；3. 建立企业经营业绩考核制度和决策失误追究制度	根据基本指标与修正指标：财务效益、资产营运、偿债能力、发展能力计分评级（功效系数法，辅助综合分析判断法）	无明确规定

续表

年份	法律法规	奖惩原则	业绩考核内容	考核任期
2003~2006 年	《企业国有资产监督管理暂行条例》（2003）；《中央企业负责人经营业绩考核暂行办法》（2003）；《中央企业负责人薪酬管理暂行办法》（2004）；《公司法》（2004、2005）；《中央企业综合绩效评价管理暂行办法》（2006）	1. 经营业绩责任书；2. 年度考核与任期考核相结合、结果考核与过程评价相统一、考核结果与奖惩相挂钩；3. 强调业绩上、薪酬上，业绩下、薪酬下，作为职务任免的重要依据；4. 科学发展，提高企业战略管理、自主创新、资源节约和环境保护水平；5. 按照不同行业、规模差异化分类考核；6. 物质激励与精神激励	1. 年度经营业绩考核指标包括基本指标（年度利润总额和净资产收益率）与分类指标；2. 任期经营业绩考核指标包括基本指标（国有资产保值增值率和三年主营业务收入平均增长率）和分类指标	三年一任期考核
2007~2009 年	《中央企业负责人经营业绩考核暂行办法》（2006）；《关于加强中央企业负责人第二业绩考核任期薪酬管理的意见》（2007）；《国有资产法》（2008）；《中央企业负责人年度经营业绩考核补充规定》（2008）		年度经营业绩考核：1. 鼓励企业尝试使用经济增加值指标（EVA）；2. 年度经营业绩责任书：强调"同一行业，同一尺度"原则（首次），考虑行业周期；3. 实行"精准"原则，考虑实际完成值与考核目标值接近程度；任期经营业绩考核：1. 强调创新与环境保护：R&D 与社会责任；2. 强调了行业标准；3. 实行"精准"原则	
2010~2012 年	《中央企业负责人经营业绩考核暂行办法》（2009）；《关于金融类国有和国有控股企业负责人薪酬管理有关问题的通知》（2009）；《中央企业负责人薪酬管理暂行办法》（2009）；《关于进一步规范央企负责人薪酬管理的指导意见》（2009）；《关于进一步加强中央企业全员业绩考核工作的指导意见》（2009）；《中央企业工资总额预算管理暂行办法》（2010）		1. 正式引入经济增加值指标（EVA），取代之前的 ROE 指标——价值创造；2. 引入奖惩计分项目；3. 考核项目更细致，加分减分项目更具体；推动企业建立健全全员业绩考核体系；4. 设置任期特别奖（业绩优秀、管理进步等）	
2012 年以后	《中央企业负责人经营业绩考核暂行办法》（2012，2016）；《国务院办公厅关于深化收入分配制度改革重点工作分工的通知》（2013）；《关于以经济增加值为核心加强中央企业价值管理的指导意见》（2014）；《关于深化国有企业改革的指导意见》（2015）；《中央企业负责人经营业绩考核办法》（2019）		1. 年度业绩考核强调对标管理（行业比较）；2. 任期经营业绩考核引入总资产周转率，取代主营业务收入平均增长率；3. 提高了 EVA 的分值比重；4. 区分功能定位与行业，分类考核	

3.3　国有企业高管晋升评价激励机制特征归纳

经营者来源、去向及任期构成任职的完整过程，本书按照国有企业高管"选聘—考核—离任"三个环节，回顾国有企业高管更替制度的变迁历程。在此基础上，收集并统计 A 股国有上市公司董事长、总经理与党委书记的任职信息，包括异质性个人特质如年龄、学历、政治关系等，任期，离任去向及职位升降，在国有企业高管评价晋升激励制度背景下，尝试通过大样本描述分析方法，描绘清楚国有企业高管职位调动的经济现实，为下面实证分析提供直观认识。

3.3.1　制度背景

1. 国有企业高管的选聘

以管理者被选拔的具体方式为依据，以国资委成立时间为界限，国有企业高管的选聘历程可简单划分为两个阶段：完全行政任免阶段与混合选拔阶段。本书将 1978～2002 年设为第一阶段，国有企业高管选拔在这一阶段以行政任命为主，尽管相关文件鼓励推行多元化选拔方式。1992 年之前，全民所有制企业的负责人由政府部门直接委派，依照行政级别参与企业生产经营。1992 年，国务院颁布《全民所有制工业企业转换经营机制条例》，明确"由政府及其有关部门依照法定条件和程序，决定或者批准企业厂长的任免（聘任、解聘）和奖惩"。1993 年党的十四届三中全会上通过《关于建立社会主义市场经济体制的若干问题决定》，提出国有企业进行公司制、股份制改造，逐步建立现代法人治理机制。企业负责人的选拔方式逐渐转向组织考核推荐和引入市场机制、公开向社会招聘相结合，党管干部原则和董事会依法选择经营管理者及经营管理者依法行使用人权相结合。1999 年及 2000 年出台《中共中央关于国有企业改革和发展若干重大问题的决定》《国有大中型企业建立现代企业制度和加强管理的基本规范（试行）》《深化干部人事制度改革纲要》等文件，强调上述选拔机制。

为进一步明确国有企业社会主义市场经济微观经济组织的地位，强化国有企业高管企业经营者的身份认知，1999 年《中共中央关于国有企业改革和发展若干重大问题的决定》首次明确提出"对企业及企业领导人不再确定行政级别"，2000 年、2001 年中央再次重申该要求，旨在从行政级别上淡化国有企业人事管理制度的行政属性。2008 年 9 月，上海市委市政府下发意见，要求取消国企领导行政级别，不再保留公务员身份；2009 年，广州市国资委和工信部也通过类似文件，提出"废除国企行政级别"。但事实上，限于国有企业在人、事与资产运营方面与政府之间的天然联系，以及国有企业高管行政级别的隐性激励效用，"国有企业领导人废除行政级别"形式大于实质。尽管政企分开，建立现代企业制度，是国企改革早就提出的目标，但实际上，大部分国有企业高管仍由各级党组织直接委派。刘峰等（2015）发现，央企市场化招聘的经理人中，约80%以上来自体制内单位，国有企业干部选拔任用制度整体是非市场化的，偏离经理人自由流动的市场化状态。

2003 年国资委成立后，各级国资委作为实际控制人，将原有分散在各级国有资产管理局、财政部门、经贸委、纪委、党委组织部等多部门的国有企业监管权力收归，对国有企业直接管人管事管资产。《企业国有资产监督管理暂行条例》（2003）及《中华人民共和国企业国有资产法》（2008）皆强调，国有资产监督管理委员会享有任免或者建议任免所出资企业负责人的权力。以央企为例，高管的人事任免分为两部分，53 家特大型央企的党委书记、董事长、总经理由中央任命，中组部考核，国资委企业领导人管理一局协助工作；副职由国资委党建工作局（党委组织部）考核与任命；其他央企领导成员包括党委书记、党委副书记、董事长、总经理、副总经理、纪委书记和总会计师，则由国资委企业领导管理人员管理二局考核和任命；而地方国有企业高管在拿到地方国资委聘任书的同时，亦收到当地党委组织部的任命书。政府任免仍是国有企业管理者选拔与考核的重要方式。

但为推进国有企业经营管理者选拔任用制度的改革，2004 年国资委发布《关于加快推进中央企业公开招聘经营管理者和内部竞争上岗工作的通知》，开始尝试市场化选拔经营人才。在 2003 年、2004 年公开招聘和竞争上岗的市场化选择人才基础上，继续探索党管干部原则与市场化选聘相结合的选拔机制，逐步变传统的委任制为聘任制和试用期制。截至 2013 年，国资委连同中组部组织了 8 次招聘，提供央企高管职位 145 个，成功招聘经营管理人才 140 人，招聘信息如表 3 - 2 所示。

表 3 - 2　　国务院国有资产监督管理委员会公开招聘央企高管基本情况统计

年份	详细信息	总计
2003	首次公开招聘；副总 + 总会计师	7
2004	扩大规模；副总 + 总会计师	23
2005	首次正职招聘；总裁（2）+ 副总 + 总会计师	25
2006	首次在海外设立考点；副总 + 总会计师 + 总法律顾问	26
2007	首次对驻港中央企业高管职位进行公开招聘；副总 + 总会计师 + 总法律顾问	22
2008	总裁（2）+ 副总 + 总会计师 + 总法律顾问；分两次招聘	22
2010	首次大规模招聘正职；总裁（5）+ 副总 + 总会计师 + 总法律顾问 + 高层次科研管理人才	20

资料来源：作者整理。

综上，尽管国有企业人事管理制度做了市场化改革的有益尝试，国有企业高管选拔机制由行政化任免逐步向非完全行政化任免转变，但当前国有企业系统仍以行政任免高管为主，国有企业高管享有隐性的政治级别激励。

2. 国有企业高管的任职考核

与之前不同的是，2003 年之后，国务院国资委颁布《中央企业负责人经营业绩考核暂行办法》（2003，2006，2009，2012，2016）以及《中央企业负责人经营业绩考核办法》（2019），详细规定了央企高管的考评办法，强调依据国有企业高管的经营表现与考核结果对其进行薪酬奖惩与职务任免。地方国资委也参照制定了相应的考核细则，各级国资委与企业负责人签订经营业绩责任书，采取年度考核与"三年一任"任期考核相结合的考评方式，综合考评国有企业高管的任职表现。

当然，国有企业高管考评也并未全部市场化，政治表现（林毅夫和李志赟，2004）仍是高管考核的重要因素。此外，虽然"任期经营业绩责任书以三年为考核期"，但《中央企业负责人经营业绩考核暂行办法》还规定，国有资产监督管理委员会可以根据需要灵活调整所辖高管的任职时间。这意味着上述三年任期考核属于考评方法而非任期合同契约，高管的任职具有不确定性。而《公司法》（1993，1999，2004，2005，2013，2018，2023）规定"董事任期由公司章程规定，但每届任期不得超过三年；董事任期届满，连选可以连任"，在设有董事会的国有企业，兼任董事的国有企业高管在三年任期届满后，可继续留任公司董事会实现连选连任。

这些规定，一方面造成国有企业高管因三年考核的指标压力，存在短视的可能性，对企业缺乏长期规划；另一方面连选连任也可能导致国有企业高管以董事身份长期在公司任职，造成不同国有企业高管任职期限存在较大差异。

3. 国有企业高管的退出

《中央企业负责人经营业绩考核暂行办法》中规定："依据任期经营业绩考核结果，对企业负责人实行奖惩与任免。"然而，国有企业高管缺乏实质意义上的退出机制。

鉴于体制内外运行环境与规则的天然差异，国有企业高管多数"锁定"在体制内（王珺，2001；周黎安，2007），实现职位升降。纵向上，依托金字塔集团架构，国有企业高管以所在企业集团为职位升降通道，在子孙公司、母公司以及集团总部调整职位，变更控制权收益。同时，行政级别为国有企业高管的横向"流动"，提供了一个可资借鉴的标尺，国有企业高管以此外调至其他企业集团，抑或政府部门。不少官员都曾经历过企业和政府之间的多次转换。

3.3.2 经济事实

本书区分国有企业的最终控制人性质，分央企与地方省属、市县级国有企业，勘察现有国企高管任免治理的整体特征。

1. 数据来源

考虑实际控制人信息披露时间、国资委成立对国企改革的影响、排除
2014 年后国企分类管理和混合所有制改革等制度性冲击以及国有资产纵向
分级管理制度的持续有效性，本书以 2003 年为观察起点，选择 2003 ～
2014 年间稳定国有的沪深 A 股上市公司（后文回归，删除金融行业国企样
本）作为研究样本，通过追踪 2003 年后新上任并于 2014 年已离任的样本
公司董事长、总经理以及党委书记的离任去向，确认其职业升降情况。

首先，2002 年，证券监督委员会出台《上市公司股东持股变动信息披
露管理办法》，要求上市公司按要求披露股东持股变动信息。2003 年，证
券监督委员会发布了《关于规范上市公司与关联方资金往来及上市公司对
外担保若干问题的通知》，要求上市公司必须详细披露其实际控制人的信
息。因此，2003 年可以视作实际控制人信息披露的起点，并据此进一步判
定企业所有权国有与非国有性质，以及国有上市公司行政级别。鉴于从
2003 年起，笔者能够从上市公司年报获得较为完整与连续的股权结构和控
制关系数据，本书选择 2003 年作为研究起点。

此外，2003 年，国务院国有资产监督管理委员会（国资委）成立，国
有企业资产监管职责统一集中至各级国资委。国有资产管理体制的重大变
革，意味着中国国企改革与国企治理进入新阶段。此后二十多年，国资委
相继制定并出台一系列政策文件，深度指导与参与国有企业现代企业制度
的建设工作。因此，选择 2003 年作为起点，可以更好地观察国资委成立后
国有企业及国企高管激励实践在不同阶段的表现及其变化趋势。

其次，2013 年，党的十八届三中全会发布《中共中央关于全面深化改
革若干重大问题的决定》，中国启动新一轮国企分类管理和混合所有制改
革，并围绕《关于深化国有企业改革的指导意见》形成"1 + N"政策体
系，通过"三年行动"全面贯彻落实各重点领域的改革举措，国有企业内
外部环境变化巨大。以国有企业分类改革为例，商业类和公益类国有企业
的管理和运营模式差异巨大，功能定位各有侧重，根据 2019 年《中央企
业负责人经营业绩考核办法》，二者分类考核，这意味着 2014 年以后的数
据无法与之前的数据直接比较。同时，国企劳动、人事与分配制度深化调

整，国企治理机制和绩效评价也发生了重大变化。为了确保研究的连贯性和可比性，避免制度变化带来的非预期干扰，本文将样本截止于 2014 年，以确保研究结论不受后续制度冲击的影响。

然而，值得注意的是，尽管启动了国企分类管理与混合所有制改革，但国有资产纵向分级管理制度依然广泛存在。中央和地方国资委对各自管辖范围内国企仍负有监管责任，国企高管人事任免权仍主要掌握在各级组织部及国资委手中。这意味着，本书研究的基础未发生根本变化。因此，即便在 2014 年后，样本选择依然具有科学性和代表性，不会影响最终研究结论。

因此，选择 2003～2014 年间的产权稳定国有的沪深 A 股非金融上市公司作为研究样本，反映了研究设计的严谨性和对政策背景的细致考量，保证了研究结论的科学性和可靠性。

2. 国企高管离职归类与升降定义

为保证样本纯净度，本书删除了：①2003 年之前上任的董事长、总经理及党委书记样本；②高管离任时公司已变为民企的样本。其中，样本高管的离任去向及其他个人信息均由作者根据国泰安数据库、上市公司年报及高管变更公告等公司文件手工收集整理而成，并参照新浪财经、公司网站及各级国资委官网等相关网站的信息材料进一步核实。

最后，本书通过比较国有企业董事长、总经理及党委书记离职前后的单位职位及行政级别变化，并结合其在股东单位的兼职，确定其职位升降。注意，若高管离职后新任职单位与原有上市公司存在明确的股权隶属关系，则依照股权架构判定升降，否则依照其前后任职单位及职位的行政级别差异确定。具体而言：

（1）本书首先对国有企业高管的离任原因及离职后去向归类，共分为八大类，包括体制内的下级企业单位、同级企业单位、上级企业单位、政府部门、民企或其他非营利单位、退休或生病等健康原因离职、违法违规离职以及离任去向未知。

（2）基于前述国有企业高管的离职去向，对其进行职位升降归类，划分为降职、平调及晋升三类。其中"降职"样本包括：高管降职到下级企业单位如子公司或孙公司，因为涉案、被证监会处罚、丑闻曝光等客观原因而被解聘、在公司内部降职为董事、副总等其他高管职位或调任至其他同级企业单位的董事、副总职位，以及离任后在股东单位（上级企业单位）被降职；"平调"样本包括两类：调任至同级企业单位同级职位；离任后回到股东单位继续任职原有兼任岗位。"晋升"样本包括：调任至政府部门；在股东单位升职；调任同级企业单位并获得职位晋升，如本公司的总经理或党委书记升任其他同级单位的董事长。

3. 国有企业高管的基本异质性特征：年龄、教育背景

本书共涉及 874 家国有上市公司，收集整理离任国有企业董事长、总经理与党委书记共计 2 341 人。样本公司中，2003 ~ 2014 年产权性质连续12 年国有的占比 69.79%，其余 30.21% 的公司国有产权稳定时间平均为7.97 年，保证了"国有高管"激励研究的纯净性。此外，中央企业、省属国企与市县级及以下国企分别占比 32.98%、44.99% 与 22.03%，竞争性国企与垄断性国企分别占比 57.04% 和 42.96%。东部地区国企与中西部地区国企分别占比 57.64% 与 42.36%，样本整体分布较均匀。

表 3 – 3 列示了中央企业与各级地方国有企业高管上任年龄与离任年龄的分布情况。地方国有企业高管的上任年龄区间小于中央企业，尤其市县级国企高管，其上任高管的年龄区间为 [29，64]，省属国企为 [31，65]，央企则为 [32，67]。进一步比较国企高管的上任年龄均值发现，央企与省属国企均龄分别为 48 岁，符合前面对国企"一把手"职业发展路径的分析，而市县级国企高管的均龄分别为 45 岁，低于央企与省属国企，不同行政级别国有企业高管 3 年的上任年龄差异基本符合《公司法》董事会三年一换届与国资委三年一任期考核的现实。表 3 – 3 还显示，国有企业高管的上任年龄整体上随着行政级别的增加而增加，尽管央企与地方省属、市县级国企高管上任年龄皆集中出现在 [40，50] 这一区间，但中央企业高管上任年龄处于（0，40] 的占比小于省属与市县级国企高管（9.47% < 11.8% < 24.03%），而（50，60] 与（60，70）的年龄分布结构则反之。

表3-3　　央企与各级地方国企高管上任年龄及离任年龄区间分布

年龄区间（%）	≤40	(40, 50]	(50, 60]	>60	平均上任/离任年龄(岁)
央企	9.47%/3.56%	49.04%/43.41%	37.77%/43.63%	3.72%/9.40%	48岁/51岁
省属国企	11.8%/5.86%	52.02%/40.81%	34.61%/43.89%	1.57%/9.43%	48岁/51岁
市县级国企	24.03%/13.24%	50.11%/49.51%	24.26%/31.37%	1.6%/5.88%	45岁/48岁

表3-3还显示，中央企业与省属国有企业高管的平均离任年龄为51岁，而市县级国企以下为48岁。分年龄段看，内部比较，中央企业与省属国有企业负责人的离任年龄区间跨度较长，且分布相对均衡，集中在(40，50]与(50，60]，分别占比43.41%与43.63%，"适龄"区间较长，而市县级国有企业高管离任年龄相对"低龄"且跨度较窄，集中在(40，50]，这符合周黎安（2007）提出的官员晋升锦标赛理论，即从政者须在一定年龄升到某个级别，否则就丧失晋升机会，现任年龄直接影响锦标赛参赛者的职业预期。

进一步，以60岁的退休年龄为界，界定60岁以上的年龄为超龄。本书统计了超龄上任与超龄离任的高管在各类国有企业中的分布。图3-2显示，超龄上任的高管中央企业所在比例最高，但约为3.72%，地方国有企业的比例低于2%；超龄离任的国企高管中央企业与省属国有企业为9.4%，市县级国有企业约为5.88%，但大部分小于63岁。本书进一步比较各类国有企业高管的教育背景，央企与地方国有企业高管的教育背景以本科以上学历（含本科）为主，且央企与省属国有企业的硕士或博士学历比例高于本科学历，市县级以下国有企业则相反。

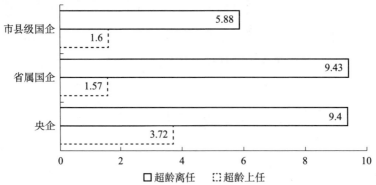

图3-2　央企与各级地方国企高管超龄上任与超龄离任（>60岁）

4. 央企与地方国企高管离任去向及升降统计

　　表 3 - 4 及表 3 - 5 区分央企与地方国企统计了样本高管的离任去向、流动范围及职位升降。如表 3 - 4 所示，央企与地方国企高管离任去向的总体分布类似，约半数以上者在"体制内企业"流动，央企约占 70.09%，主要是上级企业单位，高于省属与市县级国企，说明企业级别越高，其"锁定"效应越强，这归因于体制内外存在较大的落差。上述发现一定程度上证明了国有企业高管内部劳动力市场存在雇佣关系的刚性（德林格和皮奥雷，1971；陈冬华，2005）。约 14.05% 的国企高管因退休或健康原因离任，央企与地方国企相差不大，但地方国企高管"入仕"、"落马"以及"体制外"就职的比例要高于央企。

表 3 - 4　　　2003 ~ 2014 年中央与地方国企上市公司高管离任去向

单位：人次（百分比）

企业级别	集团内/集团外				退休或生病	政府部门	违法犯罪	体制外	未知	合计
	下级企业单位	同级企业单位	上级企业单位	小计						
央企	20 (2.16)	185 (19.98)	444 (47.95)	649 (70.09)	128 (13.82)	32 (3.46)	32 (3.46)	46 (4.97)	39 (4.21)	926 (100)
省属国企	24 (2.38)	196 (19.46)	402 (39.92)	622 (61.76)	159 (15.79)	75 (7.45)	52 (5.16)	56 (5.56)	43 (4.27)	1 007 (100)
市县级国企	12 (2.94)	86 (21.08)	113 (27.7)	211 (51.72)	42 (10.29)	56 (13.73)	40 (9.8)	30 (7.35)	29 (7.11)	408 (100)
全样本	56 (2.39)	467 (19.95)	959 (40.97)	1 482 (63.31)	329 (14.05)	163 (6.96)	124 (5.3)	132 (5.64)	111 (4.74)	2 341 (100)

　　剔除离任去向"未知、退休生病及体制外"的国企高管共 572 人，余 1 769 人次，本书进一步比较央企与各级地方国企高管的职位升降差异。表 3 - 5 中，平调与晋升的国企高管平均占比 75.98%（1 - 24.02%），央企为 79.94%，高于市县级国企的 66.45%，降职则相反，央企低于省属及市县级国企，即国企高管的行政级别与职业安全系数正相关。而离任国企高管"升多降少"的不对称变更状态，侧面证明了行政级别的隐性激励作用及国企高管的"半官员"身份特征。再结合流动范围发现：集团内的职业升降是常态，占比 70% 以上，且中央企业高于省属及市县级国有企业，集团外的升降变化则相反，地方国有企业高于央企。这一方面显示，国有

企业集团之间存在较多的流动壁垒及锁定效应,另一方面说明地方国有企业之间高管的互通交流较多。

表 3 - 5　　　　　　　　2003～2014 年中央与地方国企上市公司
高管流动范围与职位升降　　　　单位:人次(百分比)

企业级别	降职			平调			晋升				合计
	小计	集团内降职	集团外或违法犯罪	小计	集团内平调	集团外平调及其他	小计	政治晋升	集团内晋升	集团外晋升	
央企	143 (20.06)	107 (74.83)	36 (25.17)	233 (32.68)	217 (93.13)	16 (7.37)	337 (47.27)	31 (9.20)	281 (83.38)	25 (7.42)	713 (100)
省属国企	179 (23.9)	124 (69.27)	55 (30.73)	225 (30.04)	197 (87.56)	28 (12.44)	34 (46.06)	65 (18.84)	232 (67.25)	48 (13.91)	749 (100)
市县级国企	103 (33.55)	63 (61.17)	40 (38.83)	61 (19.87)	51 (83.61)	10 (16.39)	143 (46.58)	55 (38.46)	65 (45.45)	23 (16.08)	307 (100)
全样本	425 (24.02)	294 (69.18)	131 (30.82)	519 (29.34)	465 (89.6)	54 (10.4)	825 (46.64)	151 (18.3)	578 (70.06)	96 (11.64)	1769 (100)

而对比国有企业高管升降与离任去向发现,同级企业单位降职及涉案、被证监会处罚、丑闻曝光等引起的降职,比例高达 85% 以上,上级单位降职的情形仅在央企中出现且占比为 6.29%。即在国有企业高管队伍中,若明显"大过"(涉案、被证监会处罚、丑闻曝光等),则必受惩罚,无其他明显"大过"而被降职则以"同级"降职为主。此外,晋升高管平均占比18.3%,中央企业(9.2%)低于地方国有企业(18.84% 与 38.46%)。这是由于国有企业及事业单位与政府部门之间的互通通常遵循"同级调动"原则,而中国金字塔结构行政管理体制下(周黎安,2004),高级别职位有限。本书离职样本也显示,"入仕"央企高管所任政府职位级别整体高于地方国企高管,多为地方要员,地方国有企业高管则多在"同级当地"政府职能部门任职,且以经济部门为主,如地方国资委、发改委等。

综上,从离任国有企业高管的去向与职位升降描述结果上看,国有企业高管的进入与退出主要限于国有企业系统,尤其是集团内国有企业,说明"进入—退出"的高壁垒广泛存在于国有企业系统。

5. 国有企业高管任职:任职契约的短期化及不确定性

与民营企业市场化任职契约不同,国有企业高管的职业生涯不仅受退休年龄约束,还受行政级别的年龄资历限制。由于人事行政任免,国有企业高管需要服从上级主管部门行政调令，任职时长不确定，无法准确预测任职时间与晋升时点，因而对企业组织缺乏长期打算（王珺，2001）。而市场化条件下，股东作为委托人与代理人签订经理人契约，规定经理人的任期及绩效考核细则，双方严格依照具有法律效力的契约行事，市场中企业组织的经理人也有相对稳定的任职预期。

国有企业高管平均任职时间反映了国企高管的变更频度及任职预期稳定性。本书通过描述国有企业高管任职时间及分布，旨在厘清当前国有企业高管晋升评价激励机制在时间维度上的经济事实。参照《中央企业负责人经营业绩考核暂行办法》（2003，2006，2009，2012，2016）以及《中央企业负责人经营业绩考核办法》（2019）中"三年一任期考核"的规定，本书将"三年"定位国有企业高管任职一届。表 3－6 描述了中央企业与各级地方国有企业高管变更的任期分布概况，三者任职时间总体分布类似，约一半的高管任职时间在一届与二届之间，调职正常可期；但超过 1/3 的国有企业高管，任职不到一届就已"走马换任"，同时约 12% 到 15% 的国有企业高管任职超过两届，久任不走。上述数据特征，初步表明国企高管的任职时间差异较大，可预期性差。

表 3－6　　　　中央企业与各级地方国有企业
高管任职届数（三年为一届）统计　　　　单位：人数（占比）

行政级别	＜一届	［一届，二届］	（二届，三届］	＞三届	小计
央企	335 （36.18%）	479 （51.73%）	96 （10.37%）	16 （1.73%）	926 （100%）
省属国企	319 （31.68%）	532 （52.83%）	125 （12.41%）	31 （3.08%）	1 007 （100%）
市县级国企	157 （38.48%）	199 （48.77%）	38 （9.31%）	14 （3.43%）	408 （100%）

进一步分析国有企业高管的任期结构。考虑党政领导干部的单任期稳定性与两届任期上限的要求[①]，并结合高管离任原因，本书将离任国有企业高管的任职状态划分为常规离任与非常规离任两种。非常规离任即任期小于一届（超短）或任期大于两届（超长）的国企高管，常规离任高管则

---

① 《党政领导干部选拔任用工作条例》（2002，2013）与《党政领导干部职务任期暂行规定》（2006）规定除了特殊情形（见法规），为了保证党政领导干部队伍的稳定性，需 5 年一个任期；同时，原则上，"党政领导干部在同一职位上连续任职达到两个任期，不再推荐、提名或者任命担任同一职务"。

为任期介于一届任期与两届任期之间（≥3年&≤6年）、因退休或健康原因、控制权变动或结束代理原因而离任的高管。表3-7列示了离任国企高管的任期结构分布，常规离任的国有企业高管占比约半，但"超短"与"超长"任期的高管也不占少数，占比合计约50%，这与相关法规的任职规定及党政领导干部的任职惯例不相符，意味着国企高管在没有"拒绝"权利的前提下，其被任命、调离具有不可预见性和突然性。结合变更国有企业高管体制内流动并且"升多降少"的特征可知，国企高管的岗位轮换特征明显（郑志刚等，2014）。

表3-7　　　常规离任与非常规离任在各级国有企业中的分布统计

单位：人数（占比）

企业级别	常规离任	非常规离任（超短）	非常规离任（超长）	小计	平均任期/标准差
央企	479（51.73%）	335（36.18%）	112（12.1%）	926（100%）	3.68年/2.21年
省属国企	532（52.83%）	319（31.68%）	156（15.49%）	1 007（100%）	4.02年/2.42年
市县级国企	199（48.77%）	157（38.48%）	52（12.75%）	408（100%）	3.65年/2.47年

3.4　结语

本章首先回顾中国国有企业及相关高管晋升评价激励机制的变迁历程，并着重讨论了国有企业高管晋升评价激励机制存在的客观基础。通过收集并整理国有企业高管职位变更数据，区分央企与地方省属、市县级国有企业，首次大样本描述了中国国有企业高管的选聘、考核与升迁过程，研究发现：当前国有企业高管在国有企业集团内外的上下级公司与政府部门之间实现了职位升降，国有企业人事管理呈现出典型的"内部人流动"特征；国企高管"升多降少"的不对称变更状态，表明晋升评价激励机制客观存在；而从任期结构上看，非常规离任者约一半，国有企业高管的任职预期不确定性程度较高。上述统计特征为下文实证分析该激励机制的执行效率与激励效果提供了初步的数据支撑。

第 **4** 章
国企高管晋升评价体系的实际执行效果

评估体系的效率直接影响激励体系的有效性（德·弗拉贾，1993；闫伟，1999），在确定国有企业高管晋升评价激励机制的激励效果之前，本书首先区分国有资产监管人的监督效力与外部信息环境，实证检验国企高管晋升"评价"部分在中央企业与地方省属、市县级国有企业，竞争性国有企业与垄断性国有企业中的差异化实际执行效果，这直接影响国有企业高管的行为偏好及激励机制的实质激励效果。

4.1 引言

国有企业产权主体实质缺位，兼之多层次委托代理关系组织形式的存在，导致国有资产各级政府委托人与国有企业高管代理人之间，信息不对称程度较高。国有企业高管有动机也有机会，凭借信息优势地位，在经营过程中发生道德风险行为，损害国有资产经营效率（张维迎，1995，1996）。此外，国有企业多元化的目标体系，不仅要求国有企业高管肩负国有资产持续盈利的经济任务，还要求其额外承担政治与社会责任，使国企高管经营绩效与努力程度之间的因果关系愈加模糊。因此，相比其他非公有企业，国有资产代理人的经营考评困难，更加严重（林毅夫等，1997，2004）。与之对应，中国国有企业高管任职期间绩效考评办法的设定，应该尽可能地减少政策性负担的噪音影响。而鉴于国企高管的绩效测评困难，詹森和麦克林（1976）中所提及的，缓解股东所有者与经理人之间代理问题的显性薪酬契约制度安排，因为缺乏制度基础，并不完全适用于中国国有企业，实施效果也参差不齐（陈冬华等，2005）。

当前外部竞争市场整体发育不足，尚不能够为确认国有企业高管努力程度与边际产出提供充分的信息参照（林毅夫和李周，1997）。与薪酬激励等依赖高质量业绩指标的激励方式不同，晋升锦标赛通过设定职业晋升激励报酬规则，鼓励国有企业高管内部竞争上岗，借助绩效排序方式，有效剔除其他不可控因素，方便鉴明国企高管代理人的任职表现，降低国企高管晋升评价激励机制的实施成本与监管难度，并促进代理人自觉实践合约所规定目标（拉齐尔和罗森，1981；格林和斯托基，2007；弗兰克斯等，2004）。

尤其在国有企业薪酬激励被管制，股权激励形式主义的经济现实背景下（陈等，2013），国有企业高管有强烈的动机追求晋升（周黎安，2007；杨瑞龙等，2013）。国有企业高管寻找机会晋升至企业外部，可以在规模更大、行政级别更高的企业集团甚至政府部门任职，从而获得更高的控制权收益、职务消费以及更大范围内的资源配置权（陈冬华，2011）。

然而，限于样本收集困难，国内学者多从显性激励方式——高管薪酬角度，研究国企高管的薪酬业绩敏感性，以及薪酬激励对国有企业代理问题的治理效果（辛清泉等，2007，2009；方军雄，2009，2011；吴育辉和吴世农，2010），国有企业高管晋升激励的相关研究则相对有限。陈冬华等（2005）与陈信元等（2009）研究了不同政治级别国有企业高管，职务消费多寡的激励后果，首次从隐性激励的角度，间接检验职位晋升的经济后果。实际上，与在职消费等隐性收益相比，国有企业高管的职位变动轨迹才能直接体现国企高管的晋升激励现状，因为前者取决于后者。丁友刚和宋献中（2011）对国有企业高管职位升降现象进行了初步研究，检验了政府控制下企业高管变更与公司绩效的关系，但对关键变量——高管升降的定义不够全面，低于300起的变更事件，也无法对国有企业高管晋升激励形成完整的认识。杨瑞龙等（2013）则实证检验了影响中央企业高管职位变动的因素，补充了对央企高管晋升评价的基本认识，但缺乏对地方省属、市县级国有企业高管职位升降的基本观察。其他还包括刘青松和肖星（2015）对国有企业高管职位升降与公司业绩以及社会责任承担敏感性关系的研究，对现有文献作了有益补充，但仍缺乏对不同治理结构及差异化经营环境下国有企业高管激励的讨论。总的来说，无论理论层面还是经验层面，国有企业高管职位升降激励的研究都相对匮乏，这为本书提供了研究机会。

考虑实际控制人信息的披露时间、国资委成立对国企改革的影响、避免国企分类管理与混合所有制改革的制度冲击以及国有资产纵向分级管理制度的持续有效性，本书手工收集整理了 2003 ~ 2014 年中央企业和地方省属及市县级国有企业董事长、总经理或党委书记离任后去向与职位升降数据，尝试厘清以下问题：第一，参照《中央企业负责人经营业绩考核办法》及地方国资委对所辖国有企业高管绩效考评的规定，当前国有企业高管职位升降激励机制的评价体系是否被有效执行？离任国企高管的经济表现及政治表现，与其职位升降敏感性如何？第二，在我国特定制度背景及差异化外部市场条件下，国有企业高管晋升评价体系有效运作的前提条件是什么？

4.2　理论分析与研究假设：监管主体与外部竞争环境

以往晋升文献主要以政府官员为研究对象，从政绩、关系抑或个人特质等角度研究官员升迁的动因（杜兴强等，2012；冯芸等，2013；林挺进，2010；陶然等，2010；徐现祥，2007a，2007b，2010a，2010b；王贤彬等，2009，2010；张莉等，2011；周黎安，2005，2007；张军等，2007；郑志刚等，2012；薄，1996，2002；兰德里，2005；李和周，2005）。与此不同，杨瑞龙等（2013）、刘青松和肖星（2015）等从局部或总体角度探究了"半官员"身份国企高管职位升降的驱动因素，扩展了晋升文献的研究视角。承接已有研究，本书扩大晋升激励的研究对象，在控制企业特征及高管个人特征等影响因素的基础，旨在进一步明确：国务院国资委与地方国资委作为监管主体，独立立场不同，中央与地方省属及市县级国企高管的职位晋升评价体系执行效果因此有何差异？市场化程度不同的行业经营环境，如垄断性行业与竞争性行业，国企高管的职位晋升评价体系执行效果有何不同？

周黎安（2007）总结了晋升锦标赛在我国有效实施的前提与条件，并分析了锦标赛在执行过程中的利弊得失。国有企业作为"准行政单位"，人事权集中于各级国资委和组织部，国企高管是享有政治级别的"准官员"，晋升锦标赛激励模式同样适用国企高管（周黎安，2007；周权雄，2010；杨瑞龙等，2013）。

晋升锦标赛有效发挥需要四个技术前提。四个技术条件分别是：一是人事权力集中，二是考核标准客观可衡量，三是参赛主体绩效分离可比较，四是参赛主体可在相当程度上影响并控制最终考核绩效，即被考核指标与参赛人努力水平之间存在较大关联（周黎安，2007）。

参照上述技术条件，本书实证检验并尝试回答：国企高管晋升评价体系有效运作的客观条件与现实问题分别作何表现？

本书认为：国企高管晋升评价体系有效运行的技术条件尚未完全满足，现实威胁依然客观存在。现存国企高管的晋升机制设定满足前三个技术条件：第一，2003年国资委成立后，国企高管的人事任免权被集中归拢至各级国资委手中，这符合晋升锦标赛有效发挥的第一个技术前提；第二，国资委出台了《中央企业负责人经营业绩考核暂行办法》（2003，2006，2009，2012，2016）以及《中央企业负责人经营业绩考核办法》（2019）等一系列法律法规，设定年度及任期绩效考核指标如利润总额、净资产收益率及国有资产保值增值率等对国企高管进行薪酬及职务任免奖惩，满足上述第二个技术条件；第三，各国企独立经营，自负盈亏，其绩效可分离和比较，如电信行业的中国电信与中国联通，满足上述第三个技术条件。但受多元化目标的影响，国企高管经营绩效与努力程度之间的关联关系存在信息噪声，难以严格界定，上述技术条件四尚不能够完全满足。此外，国企高管晋升考核标准是否客观公正执行还取决于监管主体的独立性。尤其，国企高管行政任免的制度背景，监管主体与国企高管之间可能存在错综复杂的利益关系，监管主体是否独立将对国企高管的晋升机制产生巨大的影响。

4.2.1　监管主体独立性与国企高管晋升评价体系执行效率

比较而言，国务院国资委作为中央企业高管经营行为好坏的主考官，其监管立场相对独立，加之中央企业因庞大的资产规模和经济地位而备受关注，促使国务院国资委更可能严格依照绩效考评方法，评价所辖中央企业高管的经营表现并对其进行职务任免调整。

因此，本书预测，监管独立性程度不同，中央企业高管与地方国有企业高管的晋升动因也存在差异：中央企业高管晋升受绩效与个人能力驱动，而政治关系与政策性负担帮助地方国有企业高管获取晋升优势。也即，与各级国资委对所辖国企高管的绩效考核规定一致，国企高管晋升评价激励机制在央企中相对有效执行。基于此，本书提出假设 H_{4-1}：

H_{4-1}：其他条件一定，国有企业高管晋升评价体系的执行效果取决于监管主体立场的独立性：独立性越高，考评越依赖显性的公司绩效指标，也即，中央企业高管的晋升评价体系执行相对有效。

4.2.2　外部竞争环境与国企高管晋升评价体系执行效率

各级国资委对所辖国有企业高管业绩考评的有效性取决于业绩指标的信息含量，充分的市场竞争能够客观、准确地揭示国有企业高管任职期间经营成果与个人能力及努力水平之间的价值关联，剔除如需求或成本上升等非个人能力或努力相关的业绩噪声。在充分竞争的市场条件下，激烈的市场竞争会压缩企业盈利空间，经理人饱受破产清算压力刺激，只有能力强、努力的经理人才可以维持盈利。因而，产品市场竞争塑造了企业的外部信息环境，可以为委托人提供可供考核与监督代理人行为的信息参照，降低双方关于业绩信息的不对称程度（林毅夫和李周，1997）。霍尔姆斯特罗姆（1982）、哈特（1983）、纳勒布夫和斯蒂格利茨（1983）等从代理问题的信息视角给出了相关的理论支撑，他们发现竞争加剧会产生增量信息，委托人可以更容易观察到代理人的行为，减少代理人的机会主义行为。

在中国特有的情境下，相较于垄断行业国有企业，竞争行业国有企业尽管也需要承担部分政策性负担，但由于竞争压力及盈利的经营目标，政府会减少行政干预及多元化目标的要求，使得竞争行业国有企业高管晋升考评过程中，绩效因素的比重自然增加，业绩干扰因素自然减少。

综上，较强的市场竞争意味着映射国有企业高管努力程度的市场信息越充分，高管能力、努力与经营业绩之间的关系越明确，以经营绩效为考核标准的国有企业高管晋升评价激励机制越有可能被有效执行。基于此，本书提出假设 H_{4-2}：

H_{4-2}：其他条件一定，外部竞争环境越好，国有企业高管经营绩效与努力程度之间的信息透明度越高，国企高管晋升评价体系的执行效果越好，也即，竞争性国有企业高管的晋升评价体系相对有效。

4.3 研究设计与实证结果：差异化执行效率

参照文献，本书区别国有企业高管的晋升影响因素为：存量晋升资本与增量晋升资本，在控制企业层面的因素后，本书利用 Ordered Logit 模型，实证检验中国国有企业高管职业晋升的动因。其中，存量晋升资本是相对常数，主要指个人特质，如年龄、教育背景、出身（例如，之前任职单位、政府部门工作经历）等；增量晋升资本主要指国企高管任职后，通过个人努力所作的各种生产和非生产行为而产生的一系列经济后果的累加，如好的经营业绩、公益性捐赠、提高个人形象的媒体宣传报道及吃喝消费、政策性负担等重构的政治关系等（郑志刚等，2012；杨瑞龙等，2013），最后控制时间效应与国企高管的个体差异效应。

4.3.1 模型设定、变量定义及数据描述

1. 模型设定与变量定义

根据国资委2003～2019年颁布的一系列中央企业负责人业绩及任期考

核法律法规，参考廖冠民和张广婷（2012）、丁友刚和宋献中（2011）、杨瑞龙等（2013）、刘青松和肖星（2015）等学者的研究，本书采用多元有序 Logit 回归模型（Ordered Logit Model）检验国有企业高管升降的潜在影响因素。具体回归模型如下：

$$Promotion = \beta_0 + \beta_1 Perf + \beta_2 Burden + \beta_3 Politician + \beta_4 Edu + \beta_5 Age$$
$$+ \beta_6 Age60 + \beta_7 Tenure + \beta_8 Level + \beta_9 Size + \beta_{10} Monopoly$$
$$+ \beta_{11} Stage + \beta_{12} District + \varepsilon \qquad (4-1)$$

其中，$Promotion$ 表示离任高管的升降状态，取值分别为 -1、0，1，-1 表示降职，0 表示平调，1 表示晋升；国资委 2003 年颁布的《中央企业负责人经营业绩考核暂行办法》中年度考核与任期考核指标分别有资产收益率、营业收入增长率及国有资本保值增值率指标，结合以往研究文献，本书用总资产收益率（ROA）为绩效指标，衡量高管在任时的平均业绩表现 $Perf$，后文会使用其他收益指标进行敏感性测试。

国有企业政策性负担（$Burden$）的计量方法借鉴林毅夫等（2004）与白俊和连立帅（2014）的研究。本书建立模型（4-2）估计企业最优资本密集程度，进一步计算企业实际资本密集程度与经济要素禀赋所决定的最优资本密集程度的偏离，即政策性负担。正残差表现为战略性负担，源于地方经济增长任务推动下企业被迫进入具有比较优势发展战略的行业或采用比较优势发展战略的技术，使其实际资本密度高于最优资本密集程度（钱和罗兰，1998），而负残差表现为雇佣冗员的社会性负担，本书对残差 μ 取绝对值，衡量国企政策性负担 $Burden$。

$$INTENC_{it} = \gamma_0 + \gamma_1 Size_{it-1} + \gamma_2 Debt_{it-1} + \gamma_3 Growth_{it-1} + \gamma_4 ROA_{it-1}$$
$$+ \gamma_5 Capital_{it-1} + District + Year + Industry + \mu_{i,t}$$
$$(4-2)$$

其中，因变量 $INTENC_{i,t}$ 表示资本密集程度，用每百万资产雇佣员工衡量，$Size_{it-1}$，$Debt_{it-1}$，$Growth_{it-1}$，ROA_{it-1}，$Capital_{it-1}$ 分别表示第 $t-1$ 年的公司规模、资产负债率、成长性、资产收益率及资产结构，$District$，$Year$ 及 $Industry$ 对应地区、年度及行业虚拟变量。

模型（4-1）中其他控制变量如下：$Politician$ 反映国企高管的政治关

系资源，当高管存在以下三种情形时取 1：人大代表或政协委员；政府官员经历；公共事业部门单位经历，如医院院长、邮政局局长等类似任职经历，否则为 0。Edu 代表高管所受教育水平，当高管有硕士或博士学历时赋值为 1，本科及以下学历赋值为 0。Age 为国企高管的年龄，Age 60 为虚拟变量，以 60 岁退休年龄为界，大于 60 即为 1，否则为 0；Tenure 为离任高管的任职期限。上述变量分别涉及经济绩效、政策性负担、政治关系及国企高管的个人特质。此外，本书还进一步控制了企业特征变量：Level 表示高管所在企业的行政级别，为序列变量，即 1 - 市县级国企，2 - 省属国企，3 - 央企；Size 为公司资产规模，反映企业经济规模对国企高管升迁的替代效应。考虑到行政垄断的行业与政府先天的亲密关系（陈林和朱卫平，2011），本书加入行业变量 Monopoly 为虚拟变量，以控制国企高管晋升的行业效应差异，管制行业取 1，竞争行业取 0；Stage 为序数变量，控制国企高管考核阶段的结构性差异，2003～2005 年为第一考核阶段，取值 1，2006～2008 年为第二个考核阶段，取值 2，2009～2011 年为第三个考核阶段，取值 3，2012～2014 年为第四个考核阶段，取值 4；District 序数变量，控制地区效应，西部地区取 1，中部地区取 2，东部地区取 3。参照行业赫芬达尔指数、夏立军和陈信元（2007）、辛清泉和谭伟强（2009）及岳希明等（2010）的行业划分，本书将"涉及国家安全的行业、自然垄断的行业、提供重要公共产品和服务的行业以及支柱产业和高新技术产业"界定为垄断行业，具体包括以下 6 个行业：采掘业（B），石油、化学、塑胶、塑料（C4），金属、非金属（C6），电力、煤气及水的生产和供应业（D），交通运输、仓储业（F），信息技术业（G）。东中西部地区的划分借鉴国家统计局统计科学研究所发布的《中国地区经济监测报告》中的地区分类，东部地区包括北京、天津、河北、辽宁、上海、江苏、浙江、福建、山东、广东、海南；中部地区包括山西、吉林、黑龙江、安徽、江西、河南、湖北、湖南；西部地区包括内蒙古、广西、重庆、四川、贵州、云南、西藏、陕西、甘肃、青海、宁夏、新疆。大量纲连续变量，回归时进行了取对数处理，所有连续变量均按照 1% 的标准进行缩尾处理，关键变量定义如表 4 - 1 所示。

表 4 - 1　　　　　　　　　　　关键变量定义

概念范畴	变量名称	变量定义
因变量	*Promotion*	衡量离任高管的升降状态, 取值分别为 - 1、0、1, 其中 - 1 表示降职, 0 表示平调, 1 表示晋升
自变量	*Perf*	总资产收益率 (*ROA*), 衡量高管任职期间的经济表现;
	Burden	政策性负担, 衡量高管任职期间的政治表现, 计算办法详见模型 (4 - 2)
控制变量	*Politician*	政治关系, 高管任人大代表或政协委员, 有政府官员经历或公共事业部门单位经历时取值为 1, 否则为 0
	Edu	高管受教育水平, 硕士或博士学历取值为 1, 本科及以下学历取值为 0
	Age	高管年龄
	Age 60	以 60 岁退休年龄为界, 大于 60 即为 1, 否则为 0
	Tenure	高管任期
	Size	公司资产规模, 总资产
其他	*Level*	企业行政级别, 市县级国企取值 1, 省属国企取值 2, 央企取值 3
	Monopoly	企业所属行业, 垄断行业取值 1, 竞争行业取值 0, 详细分类见正文
	Stage	控制考核阶段的结构性差异, 2003 ~ 2005 年为第一考核阶段, 取值 1, 2006 ~ 2008 年为第二个考核阶段, 取值 2; 2009 ~ 2011 年为第三个考核阶段, 取值 3, 2012 ~ 2014 年为第四个考核阶段, 取值 4
	District	企业所在地, 西部地区取值 1, 中部地区取值 2, 东部地区取值 3

2. *样本选择与描述性统计分析*

国有企业高管离任去向与职位升降的数据来源与样本筛选过程与第 3 章数据描述部分保持一致, 但由于金融行业公司的特殊性, 这里仅保留非金融国有上市公司进行回归, 同时删除离任去向未知、体制外以及退休或生病等升降状态不明的高管样本, 最后得到 854 家公司 1 737 名高管, 共计 6370 个样本观测值。其他国有上市公司财务特征与治理特征变量根据 CSMAR 与 WIND 数据库整理而成。

表 4 - 2 为模型 (4 - 1) 的变量描述性统计, *ROA* 均值为 0.022, 但标准差较大 (0.071), 说明国有企业高管任职企业的绩效表现差异较大; *Burden* 均值为 1.783, 取值范围为 0 ~ 330, 内部差距较大, 说明不同国有企业承担的政策性负担程度各异。其中, *Burden* (政策性负担) 的估算模型如下:

$$INTENC_i = -3.304^{***} + 0.154^{***} Size_{t-1} - 0.061^{**} Debt_{t-1}$$

$$+ 0.045^{***}\ Growth_{t-1} - 0.384^{***}\ ROA_{t-1} + 1.654^{***}\ Capital_{t-1}$$
$$+ District + Year + Industry \qquad\qquad (4-3)$$

表 4 - 2 中，约 25% 的国有企业高管有一定政治关系资源，为其晋升增添砝码。样本中高达 55% 的国有企业高管拥有硕士或博士学历。国有企业高管平均任职年龄为 48 岁，约 2% 的观测值年龄超过 60 岁，且年龄最大值为 69 岁，平均任期约为 5 年，但标准差较大，将近一个考核期。此外，Size 变量的统计值显示，样本中国有企业的规模参差不齐。

表 4 - 2　　　　　　模型晋升评价体系主要变量描述性统计

概念	变量	观察值	均值	标准差	最小值	最大值
经济表现	资产收益率（Perf）	6 362	0.022	0.071	-0.308	0.194
政治表现	政策性负担（Burden）	5 772	1.783	11.113	0.000	330.046
高管个人特质	政治关系（Politician）	6 370	0.245	0.430	0	1
	教育背景（Edu）	6 370	0.546	0.498	0	1
	年龄（Age）	6 368	48.242	5.683	29	69
	年龄超过 60 岁（Age 60）	6 370	0.020	0.140	0	1
	任期（Tenure）	6 370	5.100	2.573	1	12
公司特质	资产规模（Size）	6 370	1.45E+10	7.80E+10	477 331	2.34E+12

4.3.2　实证分析

1. 单变量分析

表 4 - 3 为单变量分析，通过分组差异检验方式，比较监管独立性及市场化环境不同条件下，中国国有企业高管晋升评价激励机制执行效果的差异。Panel A 至 Panel C 对比了监管主体独立性有所差异的中央企业与地方国有企业高管不同升降状态下晋升考评的驱动因素，左列为经营绩效差异，右列为政策性负担差异。

如表 4 - 3 所示，Panel A 中，成功实现"晋升"的国有企业高管任职期间的经济表现与政治表现都整体高于"平调"与"降职"高管，且在 5% 统计水平上显著；而 Panel B 与 Panel C 中，唯政治表现，在三种任职状态——"晋升""平调""降职"中有明显统计差异，且符合预期，左列业绩差异统计整体不显著。上述结果初步表明，业绩因素在中央企业高管晋升考评过程中的作用, 大于地方省属、市县级国有企业, 而政策性负担则相反。Panel C 与 Panel E 区别了竞争行业国有企业与垄断行业国有企业高管晋升考评内容的差异。比较而言, 竞争行业国有企业高管升迁受业绩影响较大, 从"降职—晋升""降职—平调"组可以看出, 而垄断行业国有企业高管升迁侧重于考核任职期间的政治表现。通过简单地分组差异检验, 可以初步界定监管主体独立性及外部市场化信息环境影响着国有企业高管晋升机制的有效执行 (H_{4-1} 与 H_{4-2}), 具体结果后续回归中进一步验证。

表 4 – 3　基于不同升降性质的国有企业高管经济表现与政治表现分组差异检验

监管独立性由强变弱: 从央企至市县级国企		
升降状态	均值差异 (t 值)	
Panel-A	央企	
	经济表现 (业绩)	政治表现　(政策性负担)
平调—晋升	− 0.010 ***	− 0.022
降职—晋升	− 0.015 ***	− 0.148 ***
降职—平调	− 0.005	− 0.126 ***
Panel-B	省属国企	
平调—晋升	0.003	− 0.014
降职—晋升	− 0.004	− 0.080 ***
降职—平调	− 0.006 *	− 0.066 **
Panel – C	市县级国企	
平调—晋升	− 0.002	− 0.120 ***
降职—晋升	− 0.007	− 0.155 ***
降职—平调	− 0.005	− 0.035
市场化程度由强变弱: 从竞争行业国有企业至垄断行业国有企业		
Panel-D	竞争行业国有企业	
平调—晋升	0.001	− 0.041 ***
降职—晋升	− 0.011 ***	− 0.093 ***
降职—平调	− 0.012 ***	− 0.052 ***
Panel-E	垄断行业国有企业	
平调—晋升	− 0.005	− 0.019
降职—晋升	− 0.002	− 0.104 ***
降职—平调	0.003	− 0.086 **

注: ***、**、* 分别表示在 1%、5%、10% 水平上显著。

2. 回归结果

表 4-4 和表 4-5 对应国企高管晋升机制有效性的总体分析及不同行政层级国企高管职位升降评价体系差异分析的回归结果。为观察各因素的影响效度，本书设定了不同的回归形式。表 4-4 中，回归（1）只考虑了国企高管的绩效表现，回归（2）和回归（3）分别考虑了国企高管任职期间所承担的政策性负担及国企高管个人的政治关系资源，回归（4）是关于国企高管个人特质与其职位升降的相关分析，回归（5）则考虑了所有可能的影响因素。表 4-5 中，回归（1）至回归（5）分别对应国企高管升降影响因素分析的全样本、央企高管样本、地方国企样本及其细分类型——市县级国企高管与省属国企高管样本的回归结果。

表 4-4   国有企业高管职位晋升评价激励机制执行效果的有序 Logit 模型回归

变量	(1)	(2)	(3)	(4)	(5)
	Promotion（降职 = -1，平调 = 0，晋升 = 1）				
	全样本	全样本	全样本	全样本	全样本
Perf	1.003 ***				0.623 *
	(2.78)				(1.68)
Burden		0.238 ***			0.233 ***
		(4.56)			(4.47)
Politician			-0.018	0.034	-0.027
			(-0.32)	(0.61)	(-0.47)
Edu				0.256 ***	0.235 ***
				(4.97)	(4.38)
Age				-1.923 ***	-1.988 ***
				(-7.84)	(-7.77)
Age 60				-0.249 *	-0.177
				(-1.67)	(-1.09)
Tenure				0.149 ***	0.157 ***
				(3.47)	(3.42)
Size				0.120 ***	0.103 ***
				(6.09)	(4.90)
公司层级效应	控制	控制	控制	控制	控制
行业效应	控制	控制	控制	控制	控制
年度效应	控制	控制	控制	控制	控制
地区效应	控制	控制	控制	控制	控制
cut1_cons	-1.206 ***	-1.086 ***	-1.211 ***	-5.766 ***	-6.233 ***
	(-13.82)	(-11.32)	(-13.70)	(-5.90)	(-6.14)

续表

变量	(1)	(2)	(3)	(4)	(5)
	Promotion（降职 = -1，平调 = 0，晋升 = 1）				
	全样本	全样本	全样本	全样本	全样本
cut2_cons	0.163*	0.290***	0.157*	-4.368***	-4.829***
	(1.92)	(3.10)	(1.83)	(-4.49)	(-4.77)
N	6 157	5 704	6 157	6 157	5 704
Pseudo R^2	0.0071	0.0085	0.0064	0.0193	0.0208
卡方检验	82.4***	90.32***	75.01***	253.13***	250.74***

注：括号内为 Z 值，***、**、*分别表示在 1%、5%、10% 水平上显著，模型同时经过标准误调试。

表 4-4 中，回归（1）显示，绩效指标 *Perf* 的系数为 1.003 且在 1% 统计水平上显著，回归（2）中政策性负担 *Burden* 的系数在 1% 统计水平上显著为正，而回归（3）和（4）中主要回归变量除政治关系变量不显著外，其他个人特征变量回归皆显著，且符合预期。综合考虑所有可能的影响因素，如回归（5）所示，*Perf* 与 *Burden* 的系数分别为 0.623 与 0.233，且统计显著，表明整体上，国有企业高管任职期间的经济表现与政治表现在职位晋升考评过程中皆重要。*Politician* 的系数不显著，有可能是其效应被其他影响因素覆盖了，*Edu* 的回归系数为 0.235，表明拥有硕士或博士学位的高管更容易获得晋升。年龄变量 *Age* 与 *Age* 60 的系数皆为负，前者在 1% 统计水平上显著，说明年轻的国企高管更具竞争优势。*Tenure* 的系数显著为正，表明国有企业高管的晋升优势随着任职时间的累积而有所增加。*Size* 的回归系数为正，表明规模大的国有企业高管晋升可能性更大。

表 4-4 整体检验了国企高管职位升降评价体系，表 4-5 分析了央企、省属国企及市县级国企高管考核评价体系的结构性差异，如表所示，相对其他地方国企，中央企业高管要晋升，经济业绩、政治业绩、学历及年龄一个也不能少，回归（2）中 *Perf*、*Burden*、*Edu* 及 *Age* 皆在统计水平上显著，符号方向也与初始预期一致，即任职表现佳、学历高及年轻的央企高管更易脱颖而出，这与杨瑞龙等（2013）的研究结论基本一致。而地方国企高管晋升，更侧重于政治表现，回归（4）与回归（5）中 *Perf* 不显著，而 *Burden* 系数在省属国企与市县级国企回归中皆统计显著，说明地方国企高管会通过任期内承担政策性负担以换取晋升资本。回归（3）与回归

（4）中，*Age* 系数显著为负，年龄大的国有企业高管晋升机会较少，*Size* 在回归（2）~回归（4）皆显著，说明出身于规模较大的国企高管更容易得到提拔。

表4-5　　监管主体独立性不同的央企与地方国企高管职位升降的有序 **Logit** 模型

变量	(1)	(2)	(3)	(4)
	Promotion（降职 = -1，平调 =0，晋升 =1）			
	全部样本	央企	省属国企	市县级国企
Perf	0.623 *	1.593 ***	-0.325	-0.139
	(1.68)	(2.66)	(-0.54)	(-0.16)
Burden	0.233 ***	0.209 ***	0.211 **	0.558 ***
	(4.47)	(2.65)	(2.49)	(3.79)
Politician	-0.027	0.072	-0.115	0.191
	(-0.47)	(0.67)	(-1.42)	(1.33)
Edu	0.235 ***	0.375 ***	0.063	0.340 **
	(4.38)	(4.20)	(0.78)	(2.50)
Age	-1.988 ***	-1.129 **	-2.475 ***	-1.703 ***
	(-7.77)	(-2.52)	(-6.40)	(-3.11)
Age 60	-0.177	-0.242	-0.041	-0.545
	(-1.09)	(-0.85)	(-0.18)	(-1.48)
Tenure	0.157 ***	0.184 **	0.045	0.368 ***
	(3.42)	(2.41)	(0.65)	(3.26)
Size	0.103 ***	0.088 ***	0.094 ***	0.120 *
	(4.90)	(2.77)	(2.78)	(1.76)
公司层级效应	控制	—	—	—
行业效应	控制	控制	控制	控制
年度效应	控制	控制	控制	控制
地区效应	控制	控制	控制	控制
cut1_cons	-6.233 ***	-3.515 **	-8.401 ***	-4.214
	(-6.14)	(-2.03)	(-5.40)	(-1.64)
cut2_cons	-4.829 ***	-1.867	-6.962 ***	-3.258
	(-4.77)	(-1.08)	(-4.49)	(-1.26)
N	5 704	2 160	2 512	1 032
Pseudo R²	0.0208	0.0241	0.0193	0.0472
卡方检验	250.74 ***	108.79 ***	107.89 ***	112.28 ***

注：括号内为 Z 值，***、**、*分别表示在1%、5%、10%水平上显著，模型同时经过标准误调试。

综上所述，不同行政级别国有企业高管的晋升评价体系有交集，亦存在结构性差异。中央企业高管要晋升，业绩好、年龄小、学历高则占优，而业绩因素影响央企高管的升迁，与《中央企业负责人经营业绩考核办法》基于央企高管经营业绩表现而任免职务的考核精神一致，表明晋升机制在中央企业中得到有效执行。而地方国企高管要实现晋升，除年龄及学历优势外，地方国企高管尤其是市县级国企高管，有通过承担政策性负担以换取晋升资本的冲动。所以，受地方政府缺乏独立监管立场性的影响，晋升机制在地方国企中并未有效执行，假设 H_{4-1} 得到验证。

为进一步界定市场化发育对中国国有企业高管晋升评价机制执行效果的影响，本书根据国有企业的外部竞争环境，将其分组为竞争性国有企业与垄断性国有企业，检验假设 H_{4-2}，具体回归结果如表 4-6 所示。表 4-6 中，回归（2）中，Perf、Burden 的系数皆在 5% 以上统计水平上显著，即竞争性国企高管的晋升考评看重经济绩效与政治绩效，而回归（3）中，Perf 不显著，Burden 在 1% 水平上显著为正，即垄断性国企高管晋升侧重于政治表现考核。除此之外，Edu、Age、Age 60、Tenure 及 Size 在回归（2）中整体显著，表明除任职表现外，高管的个人特征优势如教育背景、年龄等在竞争性国有企业的晋升考评过程中也举足轻重。

表 4-6　　　　外部竞争环境不同的竞争行业与垄断行业
国企高管职位升降的有序 Logit 模型

变量	(1)	(2)	(3)
	Promotion（降职 = -1，平调 = 0，晋升 = 1）		
	全部样本	竞争行业	垄断行业
Perf	0.623 * (1.68)	1.173 ** (2.34)	-0.01 (-0.02)
Burden	0.233 *** (4.47)	0.461 *** (4.46)	0.166 *** (2.59)
Politician	-0.027 (-0.47)	-0.009 (-0.12)	0.005 (0.06)
Edu	0.235 *** (4.38)	0.472 *** (6.48)	0.009 (0.11)
Age	-1.988 *** (-7.77)	-0.884 *** (-2.59)	-3.470 *** (-8.69)
Age 60	-0.177 (-1.09)	-0.341 * (-1.78)	0.033 (0.11)
Tenure	0.157 *** -3.42	0.244 *** -3.88	0.032 -0.46
Size	0.103 *** (4.90)	0.098 *** (3.06)	0.136 *** (4.69)
公司层级效应	控制	控制	控制

变量	（1）	（2）	（3）
	Promotion（降职 = -1，平调 = 0，晋升 = 1）		
	全部样本	竞争行业	垄断行业
行业效应	控制	—	—
年度效应	控制	控制	控制
地区效应	控制	控制	控制
cut1_cons	-6.233*** (-6.14)	-2.008 (-1.40)	-11.350*** (-7.44)
cut2_cons	-4.829*** (-4.77)	-0.646 (-0.45)	-9.827*** (-6.48)
N	5 704	3 184	2 520
Pseudo R^2	0.0208	0.0329	0.0265
卡方检验	250.74***	199.07***	138.97***

注：括号内为 Z 值，***、**、*分别表示在 1%、5%、10% 水平上显著，模型同时经过标准误调试。

区分外部市场化环境不同的国有企业进行分析，结果表明：若企业所处经营环境市场化程度较高，国有企业高管职位升迁将更多受到与高管个人能力相关因素（例如，企业绩效、高管教育水平）的驱动；而若企业外部市场化发展程度较低，行业竞争度低，则国有企业高管晋升将更多地由非业绩的政治关系资本驱动。因此，中国国有企业高管晋升评价激励机制的执行效果很大程度上受到国有企业所处行业市场化发育及竞争程度的影响，假设 H_{4-2} 得到验证。

4.3.3 稳健性检验

为确保本书研究结论的稳健性，本书做了大量稳健性测试，并得到基本一致的研究结果。具体分析过程如下：

（1）考虑行业业绩影响。拉齐尔和罗森（1981）指出，委托人对代理人采用相对绩效评价时，应该过滤掉业绩评价标准中无法观察到的业绩"噪声"，增加评价的精确度，并提高激励契约的强度。我国《中央企业负责人经营业绩考核办法》（2019）中也强调对国有企业高管考核时参照行业基准。因此，本书采用经行业中值调整后的 *ROA* 指标重复上述回归过程，如表 4 - 7 与表 4 - 8 所示。

表 4 - 7　　　　　　　央企与地方国企高管职位升降有序
Logit 模型：经行业中值调整后的 ROA 指标

变量	(1)	(2)	(3)	(4)
	Promotion（降职 = - 1，平调 = 0，晋升 = 1）			
	全部样本	央企	省属国企	市县级国企
Perf_Adj	0.631 (1.64)	1.728*** (2.80)	- 0.399 (- 0.63)	- 0.006 (- 0.01)
Burden	0.232*** (4.45)	0.206*** (2.62)	0.212** (2.49)	0.557*** (3.79)
Politician	- 0.027 (- 0.46)	0.073 (0.68)	- 0.116 (- 1.43)	0.192 (1.33)
Edu	0.235*** (4.38)	0.375*** (4.21)	0.063 (0.78)	0.337** (2.48)
Age	- 1.986*** (- 7.77)	- 1.119** (- 2.50)	- 2.474*** (- 6.39)	- 1.705*** (- 3.11)
Age 60	- 0.178 (- 1.10)	- 0.25 (- 0.88)	- 0.04 (- 0.17)	- 0.546 (- 1.48)
Tenure	0.157*** (3.41)	0.182** (2.39)	0.046 (0.67)	0.364*** (3.23)
Size	0.102*** (4.86)	0.087*** (2.77)	0.095*** (2.79)	0.118* (1.71)
公司层级效应	控制	—	—	—
行业效应	控制	控制	控制	控制
年度效应	控制	控制	控制	控制
地区效应	控制	控制	控制	控制
cut1_cons	- 6.251*** (- 6.15)	- 3.530** (- 2.04)	- 8.361*** (- 5.35)	- 4.272* (- 1.65)
cut2_cons	- 4.848*** (- 4.78)	- 1.881 (- 1.09)	- 6.922*** (- 4.45)	- 3.316 (- 1.28)
N	5 704	2 160	2 512	1 032
Pseudo R^2	0.0207	0.0243	0.0193	0.0472
卡方检验	251.04***	110.31***	107.92***	112.27***

注：括号内为 Z 值，***、**、*分别表示在 1%、5%、10% 水平上显著，模型同时经过标准误调试。

表 4 - 8   **竞争性国企与垄断性国企高管职位升降有序**
Logit 模型：经行业中值调整后 ROA 指标

变量	(1)	(2)	(3)
	Promotion（降职 = -1，平调 = 0，晋升 = 1）		
	全部样本	竞争行业	垄断行业
Perf_Adj	0.631 (1.64)	1.114 ** (2.20)	-0.058 (-0.10)
Burden	0.232 *** (4.45)	0.462 *** (4.47)	0.167 *** (2.59)
Politician	-0.027 (-0.46)	-0.01 (-0.12)	0.005 (0.06)
Edu	0.235 *** (4.38)	0.472 *** (6.48)	0.008 (0.10)
Age	-1.986 *** (-7.77)	-0.885 *** (-2.59)	-3.470 *** (-8.69)
Age 60	-0.178 (-1.10)	-0.340 * (-1.77)	0.035 (0.12)
Tenure	0.157 *** (3.41)	0.245 *** (3.90)	0.033 (0.47)
Size	0.102 *** (4.86)	0.096 *** (3.01)	0.136 *** (4.69)
公司层级效应	控制	控制	控制
行业效应	控制	—	—
年度效应	控制	控制	控制
地区效应	控制	控制	控制
cut1_cons	-6.251 *** (-6.15)	-2.063 (-1.43)	-11.343 *** (-7.43)
cut2_cons	-4.848 *** (-4.78)	-0.701 (-0.49)	-9.821 *** (-6.47)
N	5 704	3 184	2 520
Pseudo R^2	0.0207	0.0328	0.0265
卡方检验	251.04 ***	198.53 ***	139.01 ***

注：括号内为 Z 值，***、**、*分别表示在 1%、5%、10% 水平上显著，模型同时经过标准误调试。

（2）为进一步验证前述回归结论的可靠性，本书删掉如下样本后重新回归，包括：删除因违法犯罪而降职的样本（见表 4 - 9 与表 4 - 10），避免这些非正常降职样本影响回归样本纯净度；删除高管平调样本，仅保留降职与晋升样本回归（见表 4 - 11 与表 4 - 12），通过增大回归样本内部的结构差异性以增强回归效度。

表 4 – 9
央企与地方国企高管职位升降有序
Logit 模型：删除因违法犯罪而降职的样本

变量	(1)	(2)	(3)	(4)
	Promotion（降职 = – 1，平调 = 0，晋升 = 1）			
	全部样本	央企	省属国企	市县级国企
Perf	– 0. 077	1. 530 **	– 1. 069	– 2. 720 ***
	(– 0. 20)	(2. 47)	(– 1. 62)	(– 2. 85)
Burden	0. 172 ***	0. 11	0. 124	0. 505 ***
	(3. 18)	(1. 34)	(1. 39)	(3. 20)
Politician	– 0. 033	0. 094	– 0. 161 *	0. 082
	(– 0. 53)	(0. 85)	(– 1. 85)	(0. 50)
Edu	0. 243 ***	0. 285 ***	0. 129	0. 512 ***
	(4. 28)	(3. 09)	(1. 48)	(3. 30)
Age	– 1. 817 ***	– 1. 144 **	– 2. 239 ***	– 1. 455 **
	(– 6. 59)	(– 2. 43)	(– 5. 42)	(– 2. 30)
Age 60	– 0. 297 *	– 0. 162	– 0. 234	– 1. 159 ***
	(– 1. 74)	(– 0. 56)	(– 0. 94)	(– 2. 74)
Tenure	0. 262 ***	0. 203 **	0. 211 ***	0. 528 ***
	(5. 33)	(2. 57)	(2. 79)	(4. 17)
Size	0. 124 ***	0. 127 ***	0. 077 **	0. 264 ***
	(5. 56)	(3. 93)	(2. 08)	(3. 35)
公司层级效应	控制	—	—	—
行业效应	控制	控制	控制	控制
年度效应	控制	控制	控制	控制
地区效应	控制	控制	控制	控制
cut1_cons	– 5. 630 ***	– 3. 136 *	– 8. 174 ***	– 0. 484
	(– 5. 15)	(– 1. 75)	(– 4. 85)	(– 0. 16)
cut2_cons	– 3. 939 ***	– 1. 282	– 6. 414 ***	0. 791
	(– 3. 63)	(– 0. 72)	(– 3. 83)	(0. 26)
N	5 258	2 065	2 293	900
Pseudo R^2	0. 0217	0. 0244	0. 0193	0. 0648
卡方检验	224. 01 ***	100. 38 ***	96. 81 ***	112. 12 ***

　　注：括号内为 Z 值，***、**、* 分别表示在 1%、5%、10% 水平上显著，模型同时经过标准误调试；市县级国企样本中 Perf 的回归系数为 – 2. 72，Burden 的系数为 0. 505，皆 1% 统计水平上显著，恰恰表明晋升评价体系，在监管独立性差的市县级国资委主导下，低效且且成本高昂。

表 4 - 10   竞争行业国企与垄断行业国企高管职位升降有序
Logit 模型：删除因违法犯罪而降职的样本

变量	(1)	(2)	(3)
	Promotion（降职 = -1, 平调 = 0, 晋升 = 1）		
	全部样本	竞争行业	垄断行业
Perf	-0.077	0.451	-0.644
	(-0.20)	(0.86)	(-1.08)
Burden	0.172***	0.292***	0.126*
	(3.18)	(2.84)	(1.84)
Politician	-0.033	-0.101	0.081
	(-0.53)	(-1.22)	(0.83)
Edu	0.243***	0.482***	0.001
	(4.28)	(6.28)	(0.01)
Age	-1.817***	-0.584	-3.440***
	(-6.59)	(-1.60)	(-7.84)
Age 60	-0.297*	-0.540***	0.005
	(-1.74)	(-2.74)	(0.01)
Tenure	0.262***	0.359***	0.114
	(5.33)	(5.44)	(1.53)
Size	0.124***	0.127***	0.154***
	(5.56)	(3.74)	(4.96)
公司层级效应	控制	控制	控制
行业效应	控制	—	—
年度效应	控制	控制	控制
地区效应	控制	控制	控制
cut1_cons	-5.630***	-0.720	-11.562***
	(-5.15)	(-0.47)	(-6.91)
cut2_cons	-3.939***	0.866	-9.640***
	(-3.63)	(0.57)	(-5.81)
N	5 258	2 940	2 318
Pseudo R^2	0.0288	0.0298	0.0217
卡方检验	120.8***	166.05***	224.01***

注：括号内为 Z 值，***、**、* 分别表示在 1%、5%、10% 水平上显著，模型同时经过标准误调试。

表 4 −11　　　　　　　　央企与地方国企高管职位升降有序
Logit 模型估计结果：降职—晋升样本

变量	（1）	（2）	（3）	（4）
	Promotion （降职 = 0，晋升 = 1）			
	全部样本	央企	省属国企	市县级国企
Perf	0. 519 (1. 07)	1. 488 * (1. 77)	− 0. 459 (− 0. 57)	0. 289 (0. 28)
Burden	0. 351 *** (4. 37)	0. 503 *** (3. 61)	0. 273 ** (2. 21)	0. 644 *** (3. 62)
Politician	0. 063 (0. 72)	0. 194 (1. 00)	− 0. 075 (− 0. 61)	0. 378 ** (2. 09)
Edu	0. 395 *** (5. 41)	0. 667 *** (5. 14)	0. 167 (1. 53)	0. 444 *** (2. 77)
Age	− 1. 643 *** (− 4. 73)	− 0. 216 (− 0. 34)	− 2. 287 *** (− 4. 37)	− 2. 616 *** (− 3. 53)
Age 60	− 0. 549 * (− 1. 70)	− 0. 355 (− 0. 73)	− 0. 497 (− 1. 10)	
Tenure	0. 292 *** (4. 57)	0. 371 *** (3. 30)	0. 132 (1. 33)	0. 636 *** (4. 48)
Size	0. 115 *** (3. 64)	0. 075 (1. 47)	0. 113 ** (2. 24)	− 0. 004 (− 0. 04)
公司层级效应	控制	—	—	—
行业效应	控制	控制	控制	控制
年度效应	控制	控制	控制	控制
地区效应	控制	控制	控制	控制
_cons	3. 631 ** (2. 56)	− 1. 058 (− 0. 42)	6. 453 *** (2. 98)	9. 722 *** (2. 74)
N	3 983	1 442	1 724	815
Pseudo R^2	0. 0509	0. 0652	0. 0402	0. 107
卡方检验	236. 33 ***	112. 23 ***	82. 36 ***	99. 66 ***

注：括号内为 Z 值，＊＊＊、＊＊、＊分别表示在 1%、5%、10% 水平上显著，模型同时经过标准误调试。

079

表 4 – 12　　　　　　竞争性国企与垄断性国企高管职位升降有序
Logit 模型：降职—晋升样本

变量	（1）	（2）	（3）
	Promotion （降职 = 0，晋升 = 1）		
	全部样本	竞争行业	垄断行业
Perf	0. 519 (1. 07)	1. 696 ** (2. 56)	– 0. 788 (– 1. 02)
Burden	0. 351 *** (4. 37)	0. 496 *** (3. 23)	0. 329 *** (3. 40)
Politician	0. 063 (0. 72)	0. 099 (0. 84)	0. 081 (0. 58)
Edu	0. 395 *** (5. 41)	0. 684 *** (7. 03)	– 0. 007 (– 0. 05)
Age	– 1. 643 *** (– 4. 73)	– 0. 368 (– 0. 82)	– 3. 539 *** (– 5. 96)
Age 60	– 0. 549 * (– 1. 70)	– 0. 656 (– 1. 24)	– 0. 330 (– 0. 81)
Tenure	0. 292 *** (4. 57)	0. 367 *** (4. 35)	0. 228 ** (2. 13)
Size	0. 115 *** (3. 64)	0. 095 ** (2. 02)	0. 147 *** (3. 38)
公司层级效应	控制	控制	控制
行业效应	控制	—	—
年度效应	控制	控制	控制
地区效应	控制	控制	控制
_cons	3. 631 ** (2. 56)	– 0. 834 (– 0. 44)	10. 144 *** (4. 39)
N	3 983	2 245	1 738
Pseudo R^2	0. 0509	0. 0775	0. 0585
卡方检验	236. 33 ***	197. 03 ***	115. 87 ***

注：括号内为 Z 值，*** 、** 、* 分别表示在 1% 、5% 、10% 水平上显著，模型同时经过标准误调试。

除此之外，其他稳健性检验包括更换绩效指标，采用营业毛利率衡量国企高管在位时的绩效表现；加入 *Tenure* 变量的平方重新回归。以上稳健性分析回归结果与前面结论基本一致，限于篇幅，不一一列举。

4.4　结语

如何激励管理层努力工作实现企业价值最大化一直是公司治理的重要内容。2003 年国资委成立以来，国有企业高管的激励问题便是国企改革的重点。不少学者针对国有企业激励不相容、信息不对称及权责不对等三大问题，提出了解决思路。张维迎（1996）提出产权理论，主张从公司内部治理结构入手，通过产权改革国有企业并将剩余索取权向国企经营者让渡的方式激励国企高管。林毅夫和李周（1997）则主张市场竞争论，认为产权改革无法从根本上解决国有企业的代理问题，产权改革驱动经营者努力必须以竞争市场为前提，并强调一个充分发展的外部竞争市场环境能够为委托人提供可靠的经营绩效信息指标，降低委托人与代理人之间的信息不对称并提高国企经营效率（刘芍佳和李骥，1998）。遵循国企改革的轨迹来看，国有企业产权改革与发展市场机制齐头并进，整体上，中国国企改革是依托下放与扩大企业自主权、推动各地区的市场化进程和改善竞争激励而实现的（诺顿，1994；夏立军和陈信元，2007；周权雄和朱卫平，2010）。

在当前产权主体缺位、隐性契约主导及经理人市场未充分发育的社会经济条件下，国有企业高管晋升评价激励机制成为中国国有企业重要的制度安排（王珺，1997，1999，2001；陈冬华等，2008，2011），并影响着国有企业高管的经营决策行为。但限于实证研究的可行性，目前高管激励机制的研究多关注货币薪酬等显性激励方式，对高管隐性激励机制的研究比较匮乏。本书使用大样本数据，首次系统地研究了中央企业和地方国有企业高管的职位升降机制，深化了已有文献对国有企业高管隐性激励机制的认识，在一定程度上填补了相关研究空白。

第 5 章
国企高管晋升评价激励机制的作用路径

第 3 章与第 4 章归纳了晋升激励机制的制度特征，并讨论了晋升评价体系的执行条件。接下来，大样本实证检验前，本章尝试用数理模型简单推演其经济后果，并据此构建核心激励变量，旨在明确：作为理性代理人，面对雇佣刚性与不确定的晋升收益激励，以及差异化外部执行条件，国有企业高管会如何有效作为？

5.1　晋升评价激励机制的治理逻辑

现实经济中，不同国有企业高管上任后决策行为差异巨大，即便同一企业的前后任高管，任职期间的经营风格、风险偏好及决策行为模式也相差甚异。鲍莫尔（1996）指出经理人的生产性行为、非生产性行为或破坏性行为选择取决于社会对这些行为的回报规则。承接前面国有企业高管任免制度的归纳可知，国有企业高管的任免选择权主要掌握在行政组织手中，行政组织代替企业组织成为强激励主体，高管与上级行政组织形成长期重复博弈关系，与企业组织变为一次性博弈关系。国有企业高管上任后，在考核任期内，为最短时间内获得晋升以降低时间成本与机会成本，其积极作为，呈现出一种风险偏好的价值倾向。但任期考核制的制度背景下，行政任免不确定性较大，经理人无法对经营任期形成长期预期，其经营行为在一定任期内表现出短期化、迎合上级政策的取向（王珺，2001）。

基于上述分析，本书进一步构建一个成本收益模型，尝试解释：在当前任免制度下，由于任免的不确定性及晋升锦标赛的客观存在，国有企业高管的决策行为及风险倾向在任职期内趋向阶段性变化。本书假定国有企业高管为理性经济人，其任职期间的收益包括薪酬等货币收益与以非货币收益形式存在的控制权收益。设其晋升前的收益为 NR，晋升后的收益为 FR，NR 和 FR 皆为可预期的常数，且 FR > NR。θ 为高管晋升的概率，代表其晋升的预期；C 为高管努力 Be 所花费的代价，这里 Be 也对应国企高管的各种经营、非经营行为集合 Behaviors；θ 与 C 满足 θ'(Be) > 0 及 C'(Be) > 0。基于此，本书得到国有企业高管的效用函数为：

$$U = \theta(Be, t, \varepsilon) \cdot FR + (1 - \theta) \cdot NR - C(Be, t, \varepsilon)$$

其中，t 为任期，ε 为一个晋升要素集合：

$$\varepsilon = \{Age, Education, Political\ Connections, Others\}$$

基于效用最大化原则，本书得到 U'(Be) = 0，即：

$$FR \cdot \frac{\partial \theta}{\partial Be} - NR \cdot \frac{\partial \theta}{\partial Be} - \frac{\partial C}{\partial Be} = 0$$

上述式子记为 F(Be, t) = 0，对 t 求导，得：

$$\frac{\partial Be}{\partial t} = -\frac{\frac{\partial F}{\partial t}}{\frac{\partial F}{\partial Be}} = -\frac{(FR - NR) \cdot \frac{\partial^2 \theta}{\partial Be \cdot \partial t} - \frac{\partial^2 C}{\partial Be \cdot \partial t}}{(FR - NR) \cdot \frac{\partial^2 \theta}{\partial Be^2} - \frac{\partial^2 C}{\partial Be^2}}$$

其中，由 θ'(t) = 0，得到 t_1，t_1 的数学特征如下：

$$\begin{cases} \frac{\partial^2 \theta}{\partial Be \cdot \partial t} > 0, & \frac{\partial^2 C}{\partial Be \cdot \partial t} < 0 \quad t < t_1 \\ \frac{\partial^2 \theta}{\partial Be \cdot \partial t} < 0, & \frac{\partial^2 C}{\partial Be \cdot \partial t} > 0 \quad t > t_1 \end{cases}$$

故，当 $t < t_1$ 时，$\frac{\partial Be}{\partial t} > 0$；当 $t > t_1$ 时，$\frac{\partial Be}{\partial t} < 0$，其中：

$$\frac{\partial^2 \theta}{\partial Be^2} < 0, \quad \frac{\partial^2 C}{\partial Be^2} > 0$$

图 5-1 直观地阐释了上述思想。t_1 点之前，上任之初，国有企业高管的晋升预期较高，为在较短时间内获得晋升，高管急功近利，优先配置人

力资本，这一阶段为国有企业高管任职生涯的第一阶段，表现为激进的风险偏好与决策倾向。在 t_1 点，即晋升概率最大的时间点，其努力程度 Be_1 达至最高水平，且 Be_1 呈现出短期化和迎合政策的特点，与郑志刚等（2012）的结论一致。若国有企业高管前期努力未得到晋升回报，t_1 点之后，经理人将降低晋升预期和努力程度，但其尚未放弃晋升希望，本书把这一任职期间记为第二阶段，即图 5-1 中 t_1 至 t_3 阶段。t_1 至 t_2 阶段，经理人随着任期增加不断降低晋升预期和个人投入，决策行为趋于保守；至 t_2 点时，经理人的晋升预期维持在一个较低的概率水平。此时，经理人会调整自己的晋升目标为稳定当前职位，从而将努力水平维持在 Be_3 的水平上，表现为"无为，无过"的行为取向，即 t_2 至 t_3 阶段。t_3 之后，即第三阶段，国有企业高管的晋升预期持续下降至小概率。由于体制内外的巨大差异，国有企业内部劳动力市场缺乏退出机制，国有企业高管转而会将控制权收益实时变现，出现各种破坏性生产行为，表现为时点 t_5 对应的努力水平 Be_5。

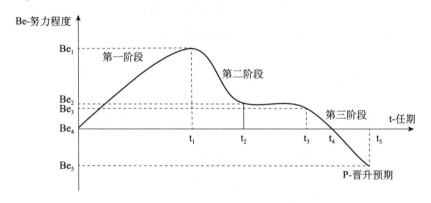

图 5-1　任期、晋升预期及国有企业高管行为取向

资料来源：作者绘制。

可见，基于晋升评价激励机制设定，理性国有企业高管会随任职时间动态评估个人晋升可能，相机调整努力水平 Be。即上述机制通过"不确定的晋升收益"形成治理逻辑，直接影响国有企业高管的任职决策，包括经营行为与非经营行为，如投资抉择及社会公益实践，并最终影响国有企业经济与非经济目标。因此，与模型推导一致，接下来实证检验，先提炼

"不确定的晋升收益"作自变量,然后选取国有企业高管的代表行为作因变量,建立计量因果联系,鉴明晋升评价激励机制的实际治理后果。

5.2　晋升治理指标构建

基于国有企业高管晋升评价激励机制实践,本书设定晋升期望与职业思量变量测度上述激励体系的治理路径,前者衡量激励收益的强度与可能性,后者衡量晋升激励的时间机会成本。

5.2.1　晋升期望

1. 估算方法

参照《中央企业负责人经营业绩考核办法》(2019)及地方国资委对所辖国企高管绩效考评的规定,并结合过往政府官员与国企高管职位晋升影响因素的相关文献(廖冠民和张广婷,2012;丁友刚和宋献中,2011;杨瑞龙等,2013;刘青松和肖星,2015;张霖琳等,2015),本书设定模型(5-1),首先采用逐个不放回的全样本回归方法,确定每个高管个体晋升期望的预测模型,其次将滞后一期变量带入预测模型("一人一个")即模型(5-2),动态预估国企高管的职业晋升期望 $Promoexp$。

$$\begin{aligned}Promotion_{i,t} &= \alpha_0 + \alpha_1 Perf_{i,t} + \alpha_2 Burden + \alpha_3 Politicain_{i,t}\\ &+ \alpha_4 Edu_{i,t} + \alpha_5 Age_{i,t} + \alpha_6 Age\,60 + \alpha_7 Tenure_{i,t}\\ &+ \alpha_8 Size_{i,t} + \alpha_9 Level + \alpha_{10} Monopoly + \alpha_{11} Stage\\ &+ \alpha_{12} District + \varepsilon_{i,t}\end{aligned} \quad (5-1)$$

$$\begin{aligned}\widehat{Promoexp}_{i,t} &= \alpha_0 + \alpha_1 Perf_{i,t-1} + \alpha_2 Burden + \alpha_3 Politicain_{i,t-1}\\ &+ \alpha_4 Edu_{i,t-1} + \alpha_5 Age_{i,t-1} + \alpha_6 Age\,60 + \alpha_7 Tenure_{i,t-1}\\ &+ \alpha_8 Size_{i,t-1} + \alpha_9 Level + \alpha_{10} Monopoly + \alpha_{11} Stage\\ &+ \alpha_{12} District\end{aligned} \quad (5-2)$$

模型(5-1)与模型(5-2)中,$Promotion$ 表示离任国有企业高管的升降状态,取值分别为 -1、0、1;-1 代表降职,0 代表平调,1 代表晋升；而 $Promo\widehat{e}xp_{i,t}$ 则为使用滞后一期数据动态估算的国有企业高管晋升期望；$Perf$ 为高管所在国有企业的总资产收益率，衡量其任职期间的业绩表现。

政策性负担（$Burden$）的计算借鉴林毅夫和李志赟（2004）与白俊和连立帅（2014）的研究。本书建立模型（5-3）估算企业的最优资本密集程度，设定模型（5-3）中残差，即企业实际资本密集程度与经济要素禀赋所决定的最优资本密集程度之间的偏离程度，为政策性负担。其中，正残差表现为战略性负担，源于政府经济增长任务推动下企业被迫进入具有比较优势发展战略的行业或采用比较优势发展战略的技术，使其实际资本密度高于最优资本密集程度（钱和罗兰，1998），而负残差表现为雇佣冗员的社会性负担，对残差 μ 取绝对值，衡量企业承担的政策性负担 $Burden$。

$$INTENC_{i,t} = \gamma_0 + \gamma_1 Asset_{i,t-1} + \gamma_2 Debt_{i,t-1} + \gamma_3 Growth_{i,t-1}$$
$$+ \gamma_4 ROA_{i,t-1} + \gamma_5 Capital_{i,t-1} + Industry + Year$$
$$+ District + \mu_{i,t} \qquad\qquad (5-3)$$

其中，因变量 $INTENC_{i,t}$ 表示资本密集程度，用每百万资产雇佣员工衡量；$Asset_{i,t-1}$，$Debt_{i,t-1}$，$Growth_{i,t-1}$，$ROA_{i,t-1}$，$Capital_{i,t-1}$ 分别表示第 t-1 年的公司规模、资产负债率、成长性、资产收益率及资产结构，$Industry$、$Year$ 及 $District$ 对应行业、年度及地区虚拟变量。

模型（5-1）与模型（5-2）中其他控制变量如下：$Politicain$ 反映国企高管的政治关系资源，当高管存在以下两种情形：人大代表或政协委员；政府官员经历，取值为1，表示高管有政治关系资源，否则为0。Edu 代表高管的受教育水平，当高管有硕士或博士学历时赋值为1，本科及以下学历赋值为0。Age 为国企高管的年龄，$Age\ 60$ 为虚拟变量，以60岁退休年龄为界，大于60即为1，否则为0；$Tenure$ 为高管的任期。上述变量分别涉及经济绩效、政治与社会绩效、政治关系及国企高管的个人特质。同时，本书还进一步控制了企业特征变量：$Asset$ 为所在国企当年总资产取对数；$Level$ 表示高管所在企业的行政级别，为序列变量，即1-市县级国企，2-省属国企，3-央企；$Monopoly$ 为虚拟变量，控制行业差异，管制行业取1，竞争行业取0；$Stage$ 为序数变量，控制国企高管考核阶段的结构性差异，2003~2006 年为第一考核阶段，取值 1，2007~2009 年为第二个考核阶段，取值 2，2010~2012 年为第三个考核阶段，取值 3，2013~2014 年为第四个考核阶段，取值 4；District 虚拟变量，控制地区效应，西部地区取 1，中部、东部地区分别取值 2 与 3。所有连续变量均按照 1% 的标准进行缩尾处理，下同。

2. 优缺点讨论

与使用薪酬差距或结果变量测度晋升收益不同，本书采用上述办法预估国企高管个人晋升期望的优势在于：一是估算模型与公开晋升评价体系的内在逻辑一致；二是估算样本包含了前任高管以及同行业、同地区其他可比高管的职业变迁信息，较好地控制了不同国企高管职业变更的异质性；三是滞后一期数据样本，动态考虑了国企高管每一期的业绩因素；四是参照文献与考评办法，本书尽可能包含了，影响国企高管职位升降的各层面因素，采集的任职信息更全面；五是估算结果可以直接进行统计精度与准确性验证。

然而，运用计量回归模型估算的不足之处在于，尽管尽量控制了重要影响变量，但仍无法穷尽，从而导致估算模型具有不完全性。

3. 晋升预测准确性

本书进一步检测了基于模型（5-2）不放回全样本滞后一期晋升期望估计模型的准确性。表 5-1 描述了不同职业升降状态对应的晋升期望统计特征，表中晋升高管样本对应的均值最大，为 0.503，标准差为 0.094，参照二元 Logit 模型 0.5 切割值选择的惯例（史思雨和孙静春，2017），上述估算整体有效。本书亦调整估算思路，区分样本为晋升与非晋升（降职与平调）两种状态，绘制 ROC 曲线，计算预测百分比，确定模型估算精度。

表 5-1　　　　　　　　　　　晋升期望统计特征

样本分类	观察值	均值	标准差	最小值	最大值
全样本	4 126	0.489	0.094	0.223	0.784
降职	862	0.466	0.091	0.232	0.678
平调	1 267	0.483	0.094	0.223	0.761
晋升	1 997	0.503	0.094	0.235	0.784

5.2.2 职业思量

受限于国有企业高管考评与职位升降的年龄及任期惯例，参照《中央企业负责人经营业绩考核办法》（2019）和《公务员法》（2018），并借鉴安蒂亚等（2010）对 CEO 职业思量的界定，本书采用公式（5－4）构建国企高管职业思量的代理变量，衡量国企高管任职期间的决策视野。

$$DH_{i,t} = \left(Tenure_{dis,ind,t} - Tenure_{i,t} \right) + \left(Age_{dis,ind,t} - Age_{i,t} \right) \quad (5-4)$$

其中，$Tenure_{i,t}$ 表示 i 国企董事长或 CEO 截至 t 年的任职年限，$Tenure_{dis,ind,t}$ 表示 i 国企所处地区、所属行业的国有企业董事长或 CEO 截至 t 年时的平均任职年限，二者之差代表任期维度上高管的任职预期；$Age_{i,t}$ 表示 i 国企董事长或 CEO 截至 t 年时的任职年龄，$Age_{dis,ind,t}$ 表示 i 国企所处地区、所属行业的国有企业董事长或 CEO 截至 t 年时的平均任职年龄，二者之差代表年龄维度上高管的任职预期；上述两个维度的任职预期之和为国企高管的预期任期。

5.3 实证检验技术路线

5.3.1 为什么是投资抉择与捐赠偏好？

本书分别选择"投资抉择"与"捐赠偏好"，作为观察国有企业高管经营行为与非经营行为偏好的重要窗口，原因如下：

（1）与其他财务、非财务行为相比，投资及捐赠行为与国有企业经济、非经济目标的函数关系更直接。企业的固定资产或并购投资活动，直接形成业务布局，改变企业的现金流分布与盈利能力可持续性，并最终影响国有资产的保值增值，是显示国有企业高管任职期间经济表现的直观信号，容易快速获得上级主管部门关注。而慈善捐赠，则是企业社会责任承担的重要体现。与其他隐性且难以有效观察，或者行业特性明显的非财务政治行为如环境保护、污染治理等相比，慈善捐赠和扶贫等公益行为，帮助分担政治任务，并实现政治和社会目标。并且，通过媒体报道或员工传颂方式（郑志刚等，2012），国有企业高管的这种非财务行为，很可能被考核部门及时捕捉，变为晋升资本。例如，在各级国资委官网上，所辖国有企业的公益慈善行为，被结成专题广泛宣传。

（2）尽管审核程序多，但国企高管投资和捐赠活动自主决策的空间很大，且不受制度性因素严格限制，相对于税收筹划等制度约束明显的行为而言，研究结论更客观。

因此，尽管国有企业高管经营、非经营行为有多种表现形式，显性或者隐性，但考虑上述原因以及数据可获得性，本书选择"投资抉择与捐赠实践"，作为研究以"不确定的晋升收益"为特征的中国国有企业高管晋升评价激励机制经济后果的重要内容，其他相关行为的讨论思路也一致。

5.3.2　实证检验路径

实证分析的关键在于明确因果关系的识别策略并建立计量模型，接下来本书将阐释晋升评价激励机制经济后果的实证判定逻辑。

第一层级，直接观测国有企业高管经营实践，实证检验国有企业高管晋升收益对高管投资水平、投资方式偏好以及投资决策效率的影响，初步评价激励效果。

第二层级，观察国有企业高管非经营实践，并结合企业产出质量，从经营成果的价值含量角度进一步确认激励后果。实证检验国有企业高管晋升收益对高管社会公益实践参与的影响，以及该情景下国有企业经营效率的变化方向。

第三层级，在第一、第二层级回归中加入职业思量作调节变量，验证任职不确定性对基本因果关系的调整效应。

第四层级，考虑监管主体独立性与外部竞争环境，区别中央企业与地方省属、市县级国有企业、竞争性国有企业与垄断性国有企业，实证检验第一、第二、第三层级回归的系统性差异。

这四个实证步骤围绕激励机制治理效果的研究主题层层递进，不断强化认知逻辑，丰富研究内容。

第 **6** 章

晋升评价激励机制
与国企高管的投资抉择

本章节以国有企业投资决策为例，区分国有企业类型，关注晋升评价激励机制对国有企业高管经营偏好与决策质量的影响，旨在提供国有企业委托—代理问题治理效果的直接证据。

6.1　引言

当终极所有者缺位，委托代理链条较长，且外部生产要素竞争市场无法产生有效的额外信息时（霍姆斯特罗姆，1979），如何精准高效地评价代理人的能力与努力水平并给予恰当激励显得尤其重要。四十余年国有企业改革实践，围绕"如何激励国有企业高管有效作为，促进国有资产持续保值增值"的治理主题，不断进行激励机制的创新与再修正。

拉齐尔和罗森（1981）从理论层面讨论了代理人努力程度与边际产出较难测评情景下的激励策略——相对绩效评估方法，即委托人根据代理人内部绩效竞赛的位次，决定其报酬。威廉·鲍莫尔（1996）论述了社会报酬规则安排对企业家生产行为，非生产行为乃至破坏性行为的导向激励问题。因此，基于学理逻辑与实践事实，我们自然困惑：现有国有企业高管晋升评价激励机制会对国有企业高管的经营行为取向，如投资抉择，产生怎样的影响？是否实现了实质上的"激励相容"？上述激励机制发挥效力的路径、机制是怎样的？

考虑现有国有资产的管理体制以及国有企业外部经营竞争环境的差异：首先，产权主体缺位，作为二级代理人的中央与地方"政府委托人"的监管偏好与能力存在先天异质性（白等，2006；王永钦等，2007；周黎安，2007；张霖琳等，2015）；其次，市场化深入改革带来的市场竞争加剧，导致处于不同行业的国有企业所面临的外部压力与信息环境条件也发生了变化，直接影响上述激励机制的执行效力，导致差异化的激励效果（法玛，1980；林毅夫和李周，1997；林等，1998；夏立军和陈信元，2007；辛清泉和谭伟强，2007）。进而，我们提出研究问题：上述激励机制在央企与地方国企，竞争性行业国企与垄断性行业国企是否存在差异化的激励后果？国有资产持续保值增值是国有企业经营的首要目标，投资决策关乎企业基业，也是国企高管经营决策的重要内容。因此，本书选择国有企业高管的投资行为作为观察窗口，尝试解答上述问题。

6.2　制度背景、理论逻辑与研究假设

6.2.1　晋升收益与职业发展时间弹性

由于体制内外运行环境与规则天然差异产生的"锁定"效应（王珺，2001；周黎安，2007），追求职位晋升并获取"控制权回报"及相关职务消费成为国有企业高管的理性选择（周其仁，1996；黄群慧，2000），并实质影响国有企业高管的风险偏好与行为选择（诺斯，1990）。享有行政级别的国有企业高管有强烈动机追求晋升，调至层级更高的企业平台或党政部门以获取更大的资源控制权。纵向上，依托金字塔集团架构，国企高管以所在企业集团为职位升降通道，在子孙公司、母公司以及集团总部调整职位，变更控制权收益。同时，行政级别为国企高管的横向"流动"提供了一个可资借鉴的标尺，国企高管以此外调至其他企业集团，抑或政府

部门。而且，在逐级淘汰的晋升锦标赛范式下，每一级别行政干部皆有任职最高年龄限制，从政者须在一定年龄升至某个级别，否则就基本丧失进一步晋升机会（李和周，2005；周黎安，2007）。

因此，每一轮晋升竞赛的国企高管在上任之初，会综合其过往职业发展信息，例如个人在过去企业经营过程中的经济表现，个人的年龄、学历优势，社会关系资本等，比较上一轮锦标赛中成功晋升的其他国企高管，预估自己在本轮竞赛中成功晋升的可能性（收益）以及可能耗费的时间机会成本，从而"有所为，有所不为"抑或"无所作为"（车等，2017）。由于任职时间的不确定性及任期届满的考核制度，国有企业经理人无法准确预测其经营任期。对于那些晋升期望较大的"自利"国有企业高管，在考核任期内，最短时间获得晋升以降低时间成本与机会成本符合个人效用最大化原则。因此，晋升期望大的国有企业高管倾向于积极作为，追求风险，甚至短期化经营以迎合上级政策的行为取向（王珺，2001）。当然，由于国企高管任职期间需要接受任中审计与离任审计，同时，过度追求风险也可能面临惩罚威胁，理性考虑之下，晋升胜算较大的国企高管也会有所收敛，经营行为不至于低效。

但行政任免具有不确定性，国有企业高管任职也可能长期不变。作为自利经济人，随着任期与年龄增加，若一定考核期内未晋升，国企高管会自发调整职位晋升与任职时间预期，降低预期回报率，减少努力投入。当然，也有可能晋升期望不高的部分国企高管转而盲目投资，构建"企业帝国"（詹森和麦克林，1976）。较为极端的是，某些国企高管晋升希望渺茫，而"企业控制权回报"激励的不可有偿转让及控制权损失的不可补偿（张维迎，1998），可能会直接诱发国企高管套现行为——在位时，高管竭力将控制权收益转化为现期收入或可由他控制的财产，出现贪腐行为。基于如上分析，提出研究假设 H_{6-1}、H_{6-2}：

H_{6-1}：其他条件一定，国企高管的职位晋升期望越高，其越倾向于"有所为"以强化晋升优势，内生投资与并购投资的水平越高，但投资质量并未显著下降。

H_{6-2}：其他条件一定，国企高管职业思量即任职预期越短，H_{6-1}越显著。

而为确保晋升安全性，晋升优势大的国有企业高管并不会一味追求风险。布朗纳斯（1986）讨论了晋升锦标赛激励机制下参赛者的风险倾向，他发现，晋升比赛中暂时领先的优势者为维持当前优势，更偏好低风险行为策略，而落后者反而会相对冒险激进，奋力一搏以增加获胜希望。然而，戈埃尔和塔科尔（2008）则发现，晋升锦标赛中的参与者为增加晋升概率，会倾向于实施高风险项目，尤其当晋升奖励更大的情况下。对于晋升期望高的国有企业高管，扩大投资规模，增加并购行为，有助于迅速提升任职表现，积累晋升优势，但考虑到并购投资具有更大不确定性与整合成本，为控制经营风险，晋升期望高的国有企业高管会相对偏好内生投资方式。基于此，进一步提出假设 H_{6-3} 与假设 H_{6-4}：

H_{6-3}：其他条件一定，国企高管的职位晋升期望越高，相对于并购投资行为，其越倾向于内生投资的稳健型扩张模式。

H_{6-4}：其他条件一定，国企高管任职的职业思量即预期任期越短，H_{6-3} 的相关关系越显著。

6.2.2　委托人监管偏好与能力的异质性

在现有国有资产管理体制下，作为国民经济骨干与中坚力量——中央企业的出资人，国务院国资委的监管立场相对客观、独立，核心任务是监控国有资产有效运营，追求国有资产增值。为保证中央企业高管代理人合理作为，除必要的政治、经济激励外，国务院国资委亦出台了各类管理条例以作监督表率，如《中央企业固定资产投资项目后评价工作指南》（2005）、《中央企业投资监督管理暂行办法》（2006，2017）、《关于建立国有企业违规经营投资责任追究制度的意见》（2016）等规章办法，通过事前报备、事中通知与事后评价的方法限制中央企业负责人在投资决策中的机会主义行为。徐（2004）和辛清泉等（2007）也指出，中央企业历来因其庞大的资产规模和经济地位而受到更严格的监督，如审计署的审计等，而国务院国资委所辖中央企业的数目相对较少，可以集中精力与能力进行管控。因此，国务院国资委更可能严格晋升—业绩考评办法，监督中央企业负责人可能的不合理投资行为，通过职务任免奖惩增强晋升激励的实施效率。另外，与地方国有企业高管相比，中央企业高管行政级别高，其表现优异实现晋升带来的未来长期收益更大。因此，可以预期晋升评价激励机制在中央企业中实现激励相容的程度更高。

而地方政府受限于区域性财政收入与 GDP 增长压力，肩负增进社会福利及维持社会稳定等其他非经济目标，在财政与决策自主权自由度更大的条件下，谋求个人政绩与追求晋升的地方政府官员有强烈的动机干预微观经济主体，将政治目标内化于企业的生产经营中（周雪光，2005；程仲鸣等，2008；张洪辉和王宗军，2010；曹春方等，2014；孙晓华和李明珊，2016），尤其是受各级国资委控制的国有企业。同样追求职业晋升的国有企业高管，有动机通过发展政治关系或主动承担政治任务如扩大企业投资增加本地就业岗位，帮助上级行政长官谋取政治资本，并赚取个人晋升资历。

由于投资项目的经济效益不再是地方国有企业高管考虑的重点，兼之政府补贴、银行资金支持等政府优惠，相对于中央企业高管，受晋升激励的地方国有企业高管过度投资的冲动更强烈，投资的效率相对也更低，降低了国有企业高管晋升评价激励制度的实际效力（黄再胜，2003；周黎安，2007）。也即，国务院国资委与地方各级国资委差异化的监管意愿与能力直接影响了国有企业高管晋升评价激励机制在中央企业与地方省属、市县级国有企业的实施效果。基于此，本书提出如下研究假设：

H_{6-5}：其他条件一定，H_{6-1} 与 H_{6-2}、H_{6-3} 与 H_{6-4} 在中央企业中表现更明显。

6.2.3 差异化的外部竞争环境

原则上，经理人应该选择净现值（NPV）为正的投资项目，增加公司价值。但自利经理人在投资决策时会权衡私人收益与私人成本，因构建"个人帝国"、进行个人防御投资及过度自信等而选择净现值为负的项目，抑或鉴于新投资项目带来更大的监管责任、需要补充新知识等而放弃正向的净现值项目，降低投资效率（詹森，1986；施莱弗和维什尼，1989；贝尔特朗和穆拉因纳森，2003；阿加尔瓦尔和萨姆威克，2006；马尔门迪尔和泰特，2005）。

而外部市场竞争通过清算压力以及提供业绩信息标杆的方式，一定程度上可以约束由信息与代理冲突而产生的非效率投资行为（纳勒布夫和斯蒂格利茨，1983；施莱弗和维什尼，1997；查奥恰里亚等，2016）。但施密特（1997）指出，激烈的产品市场竞争会减少企业的投资机会，压缩利润空间，降低管理层合理作为的积极性。也即，外部市场竞争治理机制的发挥要视行业竞争程度而定。

具体到国有企业情景，需要讨论外部竞争环境的业绩标尺参照作用。国有企业身兼经济、政治、社会等多重任务，导致国企代理人的经营产出与努力程度之间存在较大的业绩噪声。而行业竞争充足则映射国企高管努力程度与经营成果的有效信息越充分，考评中人为指标噪声为国有资产管理部门签订激励契约及考评国有企业代理人的任职表现提供了信息参照（林毅夫等，1997，2004；陈冬华等，2010）。从这个角度来讲，谋求职位晋升的竞争性国有企业高管的投资行为会更审慎。

另外，相较于垄断行业国有企业，竞争行业国企面临广泛的行业竞争对象，包括其他同行业国有企业、民营企业与外资企业等。激烈的外部竞争环境意味着更大的经营风险与波动性，尤其过度竞争行业的国有企业，其经营空间更加受限。为强化个人竞争优势并降低未来不确定性，高晋升期望的国有企业高管，往往倾向于"短、平、快"的投资方式，立足行业竞争条件兼并收购，迅速做大做强，获得上级关注。但值得注意的是，由于外部经营环境严苛，市场时机变化大，晋升预期高的国企高管在冒进的投资过程中，也很有可能决策失误，增加个人职业升降风险。因此，竞争行业国有企业高管这种激进的投资行为会受高管任职时间预期的影响，任职预期越长，激进的程度越受约束。一旦任期变长，之前急进甚至投资失败的项目容易暴露出来，尤其竞争行业国有企业高管实施的兼并收购活动。基于此，本书提出研究假设 H_{6-6}：

H_{6-6}：其他条件一定，H_{6-1} 与 H_{6-2}、H_{6-3} 与 H_{6-4} 在竞争行业国企中会有相反的表现。

6.3 研究设计

6.3.1 样本选择与数据来源

考虑实际控制人信息披露时间和国资委成立时间，并排除 2014 年后国企分类管理与混合改革等制度冲击，本文选择 2003～2014 年间产权稳定国有的沪深 A 股非金融上市公司作为研究样本，2014 年之后，国企分类管理与混改实验启动，但国有资产纵向分级管理制度依然有效。其中，国有企业高管晋升激励变量数据根据国泰安数据库、上市公司年报及高管变更公告等手工收集整理而成，并参照新浪财经、公司网站及各级国资委官网等相关网站的信息材料进一步核实。其他国有上市公司财务特征与治理特征变量根据 CSMAR 与 WIND 数据库整理而成。公司并购行为数据根据 WIND 数据库"资产交易"数据库中的"中国并购库"整理而得。

6.3.2 投资偏好与投资质量模型设定

1. 晋升激励变量

自变量晋升期望与职业思量的设定依照前述，不再赘述。

2. 投资偏好

首先，观察国企高管的投资成长决策。借鉴姜付秀等（2008）、金等（2011）与陈仕华等（2015），设定变量 *Expand* 衡量国企高管的投资扩张行为，从两方面测度：投资量，包括 *Fixinv*，*Merge*，*Mergenum* 及 *Mergesize*；投资偏好侧重，包括 *Path*，*Prefer*。在此基础之上，参照辛清泉等（2007）、方军雄（2008）、潘红波等（2008，2011）与白俊和连立帅（2014），建立模型（6－1）检验 H_{6-1} 与 H_{6-2}、H_{6-3} 与 H_{6-4}。

$$Expand_{i,t} = \theta_0 + \theta_1 Promoexp_{i,t} + \theta_2 DH_{i,t} \times Promoexp_{i,t} + \sum Control$$
$$+ \theta_3 Level + \theta_4 Monopoly + \theta_5 Stage + \theta_6 District + \vartheta_{i,t}$$

$$(6-1)$$

其中，$Expand_{i,t}$ 表示国企高管的投资行为倾向，本书分别用六个指标测度，

Fixinv 测度国企高管当年固定资产投资水平（内生投资），等于（公司 i 第 t 年购建固定资产、无形资产和其他长期资产支付的现金 − t 年处置固定资产、无形资产和其他长期资产收回的现金净额）/期初总资产；*Merge* 为虚拟变量，高管任中发生至少一次并购行为则取值为 1，否则为 0；*Mergenum* 衡量高管任职期间的并购频次；*Mergesize* 衡量并购规模，等于每年总的并购金额/年初总资产；*Path* 衡量国企高管的扩张偏好，为虚拟变量，高管同时采取内生投资与并购扩张取 1，仅采取内生投资取 0；*Prefer* 为虚拟变量，任中并购规模大于内生投资金额取 1，否则取 0。

考虑公司基本面差异，以及代理成本对企业投资行为的影响（詹森，1986；斯图尔兹，1990；施莱弗和维什尼，1989；辛清泉等，2007），模型（6−1）中控制变量包括公司规模（$Size_{i,t-1}$），为公司 i 第 t−1 年雇员人数取对数；资产负债率（$Leverage_{i,t-1}$），等于公司 i 第 t−1 年的总负债/总资产；公司盈利能力（$Roa_{i,t-1}$），等于净利润与年初总资产的比值；公司增长能力（$Growth_{i,t-1}$），这里用 *Tobin'q* 衡量，等于（每股价格 × 流通股份数 + 每股净资产 × 非流通股份数 + 负债账面价值）/总资产；独董比例（$Indep_{i,t-1}$），等于独董人数占董事会规模的比例；董事会规模（$Board_{i,t-1}$），等于董事会人数取对数；第一大股东持股比例（$Bigsh_{i,t-1}$）；高管薪酬水平（$Comp_{i,t-1}$），薪酬最高的前三位高管薪酬的自然对数；自由现金流比率（$Fcf_{i,t-1}$），等于经营现金净流量与总资产之比；管理费用率（$Adm_{i,t-1}$），等于公司 i 第 t−1 年的管理费用/主营业务收入；*Level*（*Gov*）表示高管所在企业的行政级别，为序列变量，即 1 − 市县级国企，2 − 省属国企，3 − 央企（0 − 地方国企，1 − 央企）；*Monopoly* 为虚拟变量，控制行业差异，管制行业取 1，竞争行业取 0；*Stage* 为序数变量，控制国企高管考核阶段的结构性差异，2003 ~ 2006 年为第一考核阶段，取值 1，2007 ~ 2009 年为第二个考核阶段，取值 2，2010 ~ 2012 年为第三个考核阶段，取值 3，2013 ~ 2014 年为第四个考核阶段，取值 4；*District* 虚拟变量，控制地区效应，西部地区取 1，中部、东部地区分别取值 2 与 3。

3. 投资质量

模型（6−1）检验了晋升期望与职业思量激励安排下国有企业高管的

投资行为偏好，本书进一步设置变量 $Decisionq_{i,t}$ 并构建模型（6-2），从投资效率以及国企高管对投资机会的把握角度测算其投资决策的质量，确定投资决策是否激励相容。

$$Decisionq_{i,t} = k_0 + k_1\,Promoexp_{i,t} + k_2\,DH_{i,t} \times Promoexp_{i,t}$$
$$+ \sum Control_i + k_3 Level + k_4 Monopoly + k_5 Stage$$
$$+ k_6 District + r_{i,t} \qquad (6-2)$$

模型（6-2）中其他控制变量 $\sum Control_i$ 与模型（6-1）一致。

（1）投资效率。借鉴理查德森（2006）的模型，本书建立模型（6-3）估算企业正常投资水平，然后用企业实际投资量减去估算量，得到企业的投资偏差（回归残差）。

$$Newinvest_{i,t} = \rho_0 + \rho_1\,Tobin'q_{i,t-1} + \rho_2\,Leverage_{i,t-1} + \rho_3\,Cash_{i,t-1}$$
$$+ \rho_4\,Firmage_{i,t-1} + \rho_5\,Size_{i,t-1} + \rho_6\,Return_{i,t-1}$$
$$+ \rho_7\,Newinvest_{i,t-1} + Industry + Year + \omega_{i,t} \qquad (6-3)$$

模型（6-3）中，$Newinvest_{i,t}$ 对应公司 i 第 t 年的新增资本投资，等于（公司 i 第 t 年购建固定资产、无形资产和其他长期资产支付的现金 + t 年取得子公司及其他营业单位支付的现金 + t 年投资支付的现金 − t 年处置固定资产、无形资产和其他长期资产收回的现金净额 − t 年处置子公司及其他营业单位收到的现金净额 − 收回投资收到的现金）/期初总资产（辛清泉等，2007；陈信元等，2013；江轩宇和许年行，2015）；$Tobinq_{i,t-1}$ 衡量公司的成长机会，为公司 i 第 t−1 年企业市值与账面价值的比值，等于（每股价格×流通股份数 + 每股净资产×非流通股份数 + 负债账面价值）/总资产。$Leverage_{i,t-1}$ 为公司 i 第 t−1 年的资产负债率，等于总负债/总资产；$Cash_{i,t-1}$ 为公司 i 第 t−1 年现金及现金等价物/t−1 年期末总资产；$Firmage_{i,t-1}$ 为公司 i 第 t−1 年上市年龄取对数；$Asset_{,t-1}$ 为公司 i 第 t−1 年总资产取对数；$Return_{i,t-1}$ 为公司 i 第 t−1 年 4 月至 t 年 5 月经市场调节的月股票收益率的年度平均值；$Industry$ 和 $Year$ 为行业和年度虚拟变量。残差 μ 代表实际投资和预期投资的差值，参照文献理查德森（2006）、辛清泉等（2007）与白俊和连立帅（2014），对残差 μ 进行归类，设置指标 $OVER_{i,t}$ 与 $UNDER_{i,t}$ 测度国企高管投资行为的效率偏差（$Decisionq_{i,t}$）。

$OVER_{i,t}$ 为模型（6-3）中的正残差，衡量过度投资程度；$UNDER_{i,t}$ 为负残差取绝对值，代表投资不足；$OVER_{i,t}$ 与 $UNDER_{i,t}$ 值越大，表明过度投资（投资不足）程度越严重。

（2）投资机会敏感性。借鉴企业投资机会敏感性文献（贝克尔等，2003；麦克林等，2012；陈信元等，2013），本书建立模型（6-4）检验国企高管对投资机会的捕捉能力。

$$
\begin{aligned}
Newinvest_{i,t} = {} & \gamma_0 + \gamma_1\, Promoexp_{i,t} \times Tobin'q_{i,t-1} \\
& + \gamma_2\, DH_{i,t} \times Promoexp_{i,t} + \sum Control_i \\
& + \gamma_4 Level + \gamma_5 Monopoly + \gamma_6 Stage + \gamma_7 District \\
& + \theta_{i,t} \quad\quad\quad (6-4)
\end{aligned}
$$

模型（6-4）中，若交互项 $Promoexp_{i,t} \times Tobin'q_{i,t-1}$ 的系数 γ_1 显著为正，则表明晋升期望高的国企高管捕捉投资机会的能力更强。

4. 结构差异：监管主体与外部竞争环境

最后，在模型（6-1）、模型（6-2）与模型（6-4）基础上建立模型（6-5）、模型（6-6）与模型（6-7），进一步检验中央企业与地方国有企业（Gov，1和0），竞争行业国有企业与垄断行业国有企业晋升期望的激励差异。除交叉项检验外，辅助进行分组差异检验。

$$
\begin{aligned}
Expand_{i,t} = {} & \rho_0 + \rho_1\, Promoexp_{i,t} + \rho_2 Gov(Monopoly) \times Promoexp_{i,t} \\
& + \rho_3\, Gov(Monopoly) \times DH_{i,t} \times Promoexp_{i,t} \\
& + \sum Control_i + \rho_4 Monopoly(Gov) + \rho_5 Stage \\
& + \rho_6 District + \tau_{i,t} \quad\quad\quad (6-5)
\end{aligned}
$$

$$
\begin{aligned}
Decisionq_{i,t} = {} & \varphi_0 + \varphi_1\, Promoexp_{i,t} + \varphi_2 Gov(Monopoly) \times Promoexp_{i,t} \\
& + \varphi_3\, Gov(Monopoly) \times DH_{i,t} \times Promoexp_{i,t} + \sum Control_i \\
& + \varphi_4 Monopoly(Gov) + \varphi_5 Stage + \varphi_6 District + \varepsilon_{i,t} \quad (6-6)
\end{aligned}
$$

$$
\begin{aligned}
Newinvest_{i,t} = {} & \gamma_0 + \gamma_1\, Promoexp_{i,t} \times Tobin'q_{i,t-1} + \gamma_2 Gov(Monopoly) \\
& \times Promoexp_{i,t} \times Tobin'q_{i,t-1} + \gamma_3\, DH_{i,t} \times Promoexp_{i,t} \\
& + \gamma_4 Gov(Monopoly) DH_{i,t} \times Promoexp_{i,t} + \sum Control_i \\
& + \gamma_5 Monopoly(Gov) + \gamma_6 Stage + \gamma_7 District + \theta_{i,t} \quad\quad (6-7)
\end{aligned}
$$

以上关键变量定义如表 6 - 1 所示。

表 6 - 1   关键变量定义

概念范畴	变量名称	变量定义
投资扩张	*Fixinv*	内生投资，测度国企高管当年固定资产投资水平，等于（公司 i 第 t 年购建固定资产、无形资产和其他长期资产支付的现金 - t 年处置固定资产、无形资产和其他长期资产收回的现金净额）/期初总资产
	Merge	任职期内是否发生并购行为，任中发生至少一次并购行为则取值为 1，否则为 0
	Mergenum	任职期内并购频次
	Mergesize	并购规模，等于每年总的并购金额/年初总资产
投资偏好	*Path*	扩张方式，高管同时采取内生投资与并购扩张取值 1，仅采取内生投资取值 0
	Prefer	扩张偏好，任中并购规模大于内生投资金额取值 1，否则取值 0
投资质量	*Newinvest*	新增资本投资，等于（公司 i 第 t 年购建固定资产、无形资产和其他长期资产支付的现金 + t 年取得子公司及其他营业单位支付的现金 + t 年投资支付的现金 - t 年处置固定资产、无形资产和其他长期资产收回的现金净额 - t 年处置子公司及其他营业单位收到的现金净额 - 收回投资收到的现金）/期初总资产
	OVER	模型（6-3）中的正残差，衡量过度投资程度
	UNDER	模型（6-3）中的负残差取绝对值，代表投资不足
自变量	*Promoexp*	晋升期望，衡量高管的晋升前景，估算模型详见模型（5-2）
	DH	职业思量，衡量高管任职的不确定性，计算办法详见模型（5-4）
控制变量（滞后一期）	*Size*	公司规模，雇员人数取对数
	Leverage	公司杠杆，等于总负债/总资产
	Roa	公司盈利能力，等于净利润与年初总资产的比值
	Tobin'q	公司成长性 Tobin'q，等于（每股价格×流通股份数 + 每股净资产×非流通股份数 + 负债账面价值）/总资产
	Fcf	现金流比率，等于经营现金净流量与总资产之比
	Adm	管理费用率，等于管理费用/主营业务收入
	Comp	高管薪酬，等于薪酬最高的前三位高管薪酬的自然对数
	Board	董事会规模，等于董事会人数取对数
	Indep	独董比例，等于独董人数占董事会规模的比例
	Bigsh	第一大股东持股比例

续表

概念范畴	变量名称	变量定义
其他	*Level/Gov*	企业行政级别，市县级国企取值1，省属国企取值2，央企取值3/地方国企取值0，央企取值1
	Monopoly	企业所属行业，垄断行业取值1，竞争行业取值0
	Stage	控制考核阶段的结构性差异，2003～2005年为第一考核阶段，取值1；2006～2008年为第二个考核阶段，取值2；2009～2011年为第三个考核阶段，取值3；2012～2014年为第四个考核阶段，取值4
	District	企业所在地，西部地区取值1，中部地区取值2，东部地区取值3

6.4　实证结果

1. 关键变量描述性统计

表6-2为投资决策模型相关变量的描述性统计。样本中，*Fixinv*（内生投资占总资产比例）平均为7%，标准差为8.9%，最大值为49%，说明国企高管之间内生投资水平存在较大差异；*Merge* 均值为0.519，*Mergenum* 均值为1.268，标准差为2，最大值为16，年度并购金额平均为213 000 000元，平均资产占比为4.4%，并购规模最高为总资产的5.54倍，即约51%的国企高管任中发生了并购行为，并购次数平均为一次，而且并购行为与规模差异明显。*Prefer* 均值为0.287，表明约29%的国企高管更侧重于并购投资成长。后面结合国企高管的晋升激励机制，再进一步分析上述差异化投资行为的内生机理。

晋升期望的统计特征，前已陈述，这里不再赘述。*DH* 均值为0.001年，标准差为5.545年，取值范围为-21.071～19.607年，说明国企高管的任职预期即职业思量弹性差异较大。其中，*DH* 为负表明该高管早在几年以前就该合理离任，而正值则表明其未来可留任时间尚多。另外，其他公司财务特征与治理特征变量，以及层级、行业、地区分布特征如表6-2所列，不再详述。

101

表 6-2 　　　　　　　投资决策模型关键变量描述性统计

	变量	观察值	均值	标准差	最小值	最大值
投资行为	内生投资（Fixinv）	5 925	0.071	0.089	-0.054	0.490
	任职期内是否发生并购行为（Merge）	6 370	0.519	0.500	0	1
	任职期内并购次数（Mergenum）	6 370	1.268	2.002	0	16
	并购规模—比率（Mergesize）	6 370	0.044	0.318	0	5.536
	并购规模—年度金额（Ymergesize）	6 370	2.13E+08	2.21E+09	0	1.04E+11
	扩张偏好（Prefer）	3 299	0.287	0.452	0	1
	扩张方式（Path）	6 104	0.523	0.500	0	1
自变量	晋升期望（Promoexp）	4 126	0.489	0.093	0.278	0.705
	职业思量（DH）	6 368	0.001	5.545	-21.071	19.607
控制变量（滞后一期）	公司规模（对数）（Size）	6 124	7.703	1.38	3.83	11.15
	资产负债率（Leverage）	6 146	0.528	0.209	0.081	1.191
	资产收益率（Roa）	6 146	0.023	0.069	-0.289	0.194
	成长性（Tobin'q）	6 100	0.726	0.171	0.197	1.115
	现金流比率（Fcf）	6 156	0.051	0.080	-0.192	0.284
	管理费用率（Adm）	6 145	0.092	0.095	0.004	0.680
	高管薪酬（对数）（Comp）	4 995	13.661	0.773	11.457	15.570
	董事会规模（对数）（Board）	6 067	2.258	0.198	1.609	2.708
	独董比例（Indep）	6 067	0.350	0.054	0.182	0.556
	第一大股东持股比例（Bigsh）	5 912	42.981	16.085	11.900	80.250
其他	企业层级（Level）	6 359	央企 37.99%；省属国企 44.02%；市县级国企 17.99%			
	行业分布（Monopoly）	6 370	垄断行业国企 44.36%；竞争行业国企 55.64%			
	地区分布（District）	6 179	东部地区 51.59%；中部地区 24.31%；西部地区 24.1%			
	考核阶段分布（Stage）	6 370	2003~2006 年 28.26%；2007~2009 年 32.68%；2010~2012 年 29.18%；2013~2014 年 9.87%			

2. 监管主体、外部竞争环境与投资偏好异质性

本书从内生投资、并购投资以及扩张方式选择角度，区分央企与地方国企，竞争国企与垄断国企，探究国企高管投资偏好差异，如表 6 - 3、表 6 - 4 及表 6 - 5 所示。

（1）投资扩张水平。

表 6 - 3 报告了晋升评价激励机制下国企高管投资扩张的行为差异，列（1）~ 列（4）与列（5）~ 列（8）分别为内生投资水平 $Fixinv_{I,t}$ 及并购投资水平 $Ymergesize_{I,t}$ 的回归结果。首先分析国企高管的内生投资水平，表 6 - 3 回归（1）中，$Promoexp_{I,t}$ 的系数为 0.045，在 5% 的统计水平上显著为正，表明在晋升竞争的激励压力下，期初晋升期望较大的国企高管会加大本期内生投资水平，强化晋升优势地位。考虑任职预期 DH，回归（2）中，$DH_{I,t} \times Promoexp_{I,t}$ 的系数显著为负，即晋升所耗费的时间成本会降低晋升期望对国企高管投资扩张的刺激作用。进一步考虑监管主体与外部竞争环境的差异，回归（3）中，$Gov \times Promoexp_{I,t}$ 的系数为 - 0.013，显著为负，说明晋升期望对地方国企高管的投资扩张刺激更甚，当然，是否高效，下面另有分析。再看回归（4），$Monopoly \times Promoexp_{I,t}$ 的系数显著为正，表明受晋升期望激励，垄断行业国企高管内生投资扩张倾向更强烈，$Monopoly \times DH_{I,t} \times Promoexp_{I,t}$ 在回归（4）中显著为负，则表明职业思量对晋升期望激励效果的抑制效应在垄断行业中更强。

进一步地，将表 6 - 3 中并购投资水平的回归结果（5）~（8）与表 6 - 4 中国企高管任中并购行为发生概率 $Merge_{I,t}$ 的回归结果（1）~（4）以及任中并购行为频次 $Mergenum_{I,t}$ 的回归结果（5）~（8）结合起来分析，检验晋升期望与职业思量对国企高管并购行为的差异化治理后果。表 6 - 3 中，回归（5）~（7）以及表 6 - 4 中，回归（1）~（3）及回归（5）~（7）中，控制其他影响因素（潘红波等，2008；陈仕华等，2015），变量 $Promoexp_{i,t}$，$DH_{i,t} \times Promoexp_{i,t}$，$Gov \times Promoexp_{i,t}$，$Gov \times DH_{i,t} \times Promoexp_{i,t}$ 在 1% 的统计水平上整体显著，且符号方向符合预期，即晋升期望高的国企高管并购概率与任中发生并购行为的频次更大，但这种扩张姿态受职业思量约束，若高管的任职预期长，即晋升耗费的预估时间长，则国企高管并购的积极性

会下降；并且，受监管主体独立性影响，考虑到业绩要求，央企高管的并购扩张行为相对稳健，职业思量也相对长远。值得注意的是，与内生投资行为的回归结果相比，竞争行业国企高管与垄断行业国企高管的并购行为表现出不同的差异范式，表 6–3 中回归（8）以及表 6–4 中回归（4）及回归（8）中，$Promoexp_{i,t}$ 与 $DH_{i,t} \times Promoexp_{i,t}$ 统计显著，且符合预期，但 $Monopoly \times Promoexp_{i,t}$ 整体显著为负，$Monopoly \times DH_{i,t} \times Promoexp_{i,t}$ 整体显著为正，说明与垄断行业国企高管相比，晋升期望较高的竞争行业国企高管发生并购行为的概率与频次更大，且职业思量的抑制效应在竞争类国企中更强，说明竞争行业国企高管与垄断行业国企高管的投资扩张偏好存在较大差异，下面继续验证。

表 6–3　　　　国有企业高管晋升期望、职业思量与投资扩张水平：交叉项

变量	(1)	(2)	(3)	(4)	(5)	(6)	(7)	(8)
	$Fixinv_{I,t}$				$Ymergesize_{I,t}$			
	全样本	全样本	全样本	全样本	全样本	全样本	全样本	全样本
$Promoexp_{I,t}$	0.045**	0.070***	0.076***	0.032	4.483***	5.337***	6.081***	5.551**
	(2.31)	(3.03)	(3.09)	(1.33)	(2.60)	(2.61)	(2.85)	(2.56)
$DH_{I,t} \times$ $Promoexp_{I,t}$		−0.001**	−0.001	0		−0.044	−0.152**	−0.165**
		(−2.03)	(−1.53)	(0.28)		(−0.75)	(−2.06)	(−2.16)
$Monopoly \times$ $Promoexp_{I,t}$				0.063***				0.157
				(10.48)				(0.29)
$Monopoly \times DH_{I,t}$ $\times Promoexp_{I,t}$				−0.003**				0.233**
				(−2.51)				(2.35)
$Gov \times$ $Promoexp_{I,t}$			−0.013**				−0.801	
			(−2.28)				(−1.45)	
$Gov \times DH_{I,t}$ $\times Promoexp_{I,t}$			0				0.251**	
			(−0.37)				(2.49)	
$Size_{I,t-1}$	0.001	0.001	0.001	0.001	0.201*	0.197*	0.205*	0.188*
	(0.71)	(0.61)	(0.78)	(0.68)	(1.85)	(1.81)	(1.88)	(1.73)
$Leverage_{I,t-1}$	−0.011	−0.013	−0.014	−0.013	−0.406	−0.471	−0.479	−0.469
	(−0.84)	(−0.98)	(−1.06)	(−1.03)	(−0.36)	(−0.42)	(−0.43)	(−0.42)
$Roa_{I,t-1}$	0.159***	0.155***	0.154***	0.156***	0.882	0.754	0.772	0.736
	(6.00)	(5.77)	(5.77)	(5.85)	(0.36)	(0.31)	(0.31)	(0.30)
$Tobin'q_{I,t-1}$	−0.005	−0.004	−0.003	−0.003	2.242*	2.271*	2.339*	2.252*
	(−0.33)	(−0.27)	(−0.20)	(−0.21)	(1.76)	(1.78)	(1.83)	(1.76)

续表

变量	(1)	(2)	(3)	(4)	(5)	(6)	(7)	(8)
	$Fixinv_{I,t}$				$Ymergesize_{I,t}$			
	全样本	全样本	全样本	全样本	全样本	全样本	全样本	全样本
$Fcf_{I,t-1}$	0.167*** (9.13)	0.165*** (9.06)	0.166*** (9.06)	0.163*** (8.92)	−0.725 (−0.43)	−0.766 (−0.45)	−0.771 (−0.46)	−0.791 (−0.47)
$Adm_{I,t-1}$	−0.018 (−1.16)	−0.015 (−0.97)	−0.015 (−0.94)	−0.017 (−1.10)	0.778 (0.52)	0.888 (0.59)	0.98 (0.66)	0.905 (0.61)
$Comp_{I,t-1}$	0.009*** (4.39)	0.008*** (4.04)	0.009*** (4.20)	0.008*** (3.97)	0.760*** (3.72)	0.736*** (3.58)	0.755*** (3.68)	0.726*** (3.55)
$Board_{I,t-1}$	0.013* (1.89)	0.012 (1.65)	0.012 (1.64)	0.011 (1.48)	−0.169 (−0.25)	−0.225 (−0.34)	−0.239 (−0.36)	−0.136 (−0.20)
$Indep_{I,t-1}$	−0.033 (−1.28)	−0.034 (−1.35)	−0.034 (−1.32)	−0.033 (−1.30)	−2.538 (−0.94)	−2.606 (−0.96)	−2.329 (−0.86)	−2.406 (−0.89)
$Bigsh_{I,t-1}$	0 (−1.49)	0 (−1.63)	0 (−1.45)	0 (−1.60)	−0.004 (−0.40)	−0.004 (−0.45)	−0.004 (−0.44)	−0.005 (−0.58)
公司层级效应	控制	控制	—	控制	控制	控制	—	控制
行业效应	控制	控制	控制	—	控制	控制	控制	—
年度效应	控制	控制	控制	控制	控制	控制	控制	控制
地区效应	控制	控制	控制	控制	控制	控制	控制	控制
_Cons	−0.098*** (−2.95)	−0.095*** (−2.85)	−0.100*** (−2.96)	−0.074** (−2.21)	−11.435*** (−3.74)	−11.321*** (−3.70)	−11.963*** (−3.90)	−11.486*** (−3.76)
N	3 526	3 526	3 526	3 526	3 578	3 578	3 578	3 578
Adj-R^2	0.168	0.169	0.169	0.171	0.016	0.017	0.018	0.018
F 统计值	38.96***	37.72***	37.7***	36.06***	2.7***	2.6***	2.75***	2.67***

注：括号内为（T）Z 值，***、**、*分别表示在 1%、5%、10%水平上显著。

表 6-4　　国有企业高管晋升期望、职业思量与并购行为：交叉项

变量	(1)	(2)	(3)	(4)	(5)	(6)	(7)	(8)
	$Merge_{I,t}$				$Mergenum_{I,t}$			
	全样本	全样本	全样本	全样本	全样本	全样本	全样本	全样本
$Promoexp_{I,t}$	2.938*** (5.98)	5.777*** (9.52)	6.483*** (10.14)	6.371*** (9.94)	3.358*** (6.72)	6.017*** (10.60)	6.640*** (11.28)	6.416*** (10.63)
$DH_{I,t} \times$ $Promoexp_{I,t}$		−0.142*** (−8.36)	−0.194*** (−9.13)	−0.237*** (−10.54)		−0.136*** (−8.69)	−0.209*** (−10.54)	−0.209*** (−10.33)
$Monopoly \times$ $Promoexp_{I,t}$				−0.317** (−1.97)				−0.252* (−1.66)
$Monopoly \times DH_{I,t}$ $\times Promoexp_{I,t}$				0.176*** (6.29)				0.136*** (4.90)

续表

变量	(1)	(2)	(3)	(4)	(5)	(6)	(7)	(8)
	$Merge_{I,t}$				$Mergenum_{I,t}$			
	全样本	全样本	全样本	全样本	全样本	全样本	全样本	全样本
$Gov \times Promoexp_{I,t}$			− 1.081 ***				− 0.797 ***	
			(− 6.81)				(− 5.05)	
$Gov \times DH_{I,t}$ $\times Promoexp_{I,t}$			0.119 ***				0.176 ***	
			(4.17)				(5.98)	
$Size_{I,t-1}$	0.019	0.003	− 0.002	− 0.003	0.178 ***	0.165 ***	0.159 ***	0.160 ***
	(0.65)	(0.10)	(− 0.07)	(− 0.10)	(5.00)	(4.65)	(4.57)	(4.59)
$Leverage_{I,t-1}$	0.403	0.202	0.263	0.194	1.234 ***	1.031 ***	1.093 ***	1.028 ***
	(1.28)	(0.63)	(0.83)	(0.61)	(4.14)	(3.46)	(3.70)	(3.47)
$Roa_{I,t-1}$	2.670 ***	2.293 ***	2.266 ***	2.266 ***	2.534 ***	2.136 ***	2.119 ***	2.095 ***
	(3.77)	(3.17)	(3.16)	(3.14)	(4.81)	(4.02)	(4.02)	(3.96)
$Tobin'q_{I,t-1}$	0.519	0.627 *	0.598 *	0.629 *	0.049	0.142	0.121	0.13
	(1.47)	(1.75)	(1.67)	(1.75)	(0.14)	(0.42)	(0.36)	(0.38)
$Fcf_{I,t-1}$	− 0.281	− 0.412	− 0.408	− 0.366	0.875 *	0.747	0.752 *	0.777 *
	(− 0.57)	(− 0.83)	(− 0.82)	(− 0.73)	(1.90)	(1.64)	(1.65)	(1.71)
$Adm_{I,t-1}$	0.433	0.792	0.794	0.805	0.487	0.830 **	0.843 **	0.843 **
	(0.90)	(1.60)	(1.59)	(1.61)	(1.36)	(2.33)	(2.32)	(2.34)
$Comp_{I,t-1}$	0.067	− 0.01	− 0.011	− 0.021	0.584 ***	0.509 ***	0.511 ***	0.501 ***
	(1.15)	(− 0.17)	(− 0.18)	(− 0.35)	(9.65)	(8.66)	(8.70)	(8.60)
$Board_{I,t-1}$	− 0.384 **	− 0.571 ***	− 0.561 ***	− 0.500 ***	− 0.386 *	− 0.563 ***	− 0.553 ***	− 0.507 **
	(− 2.00)	(− 2.94)	(− 2.86)	(− 2.58)	(− 1.90)	(− 2.83)	(− 2.77)	(− 2.54)
$Indep_{I,t-1}$	− 0.375	− 0.597	− 0.513	− 0.463	0.02	− 0.193	− 0.034	− 0.114
	(− 0.50)	(− 0.79)	(− 0.67)	(− 0.60)	(0.02)	(− 0.23)	(− 0.04)	(− 0.14)
$Bigsh_{I,t-1}$	− 0.006 **	− 0.008 ***	− 0.009 ***	− 0.008 ***	0	− 0.001	− 0.002	− 0.002
	(− 2.32)	(− 2.91)	(− 3.29)	(− 3.16)	(0.05)	(− 0.48)	(− 0.90)	(− 0.68)
公司层级效应	控制	控制	—	控制	控制	控制	—	控制
行业效应	控制	控制	控制	—	控制	控制	控制	—
年度效应	控制	控制	控制	控制	控制	控制	控制	控制
地区效应	控制	控制	控制	控制	控制	控制	控制	控制
_Cons	− 1.579 *	− 1.243	− 1.739 **	− 1.526 *	− 9.105 ***	− 8.749 ***	− 9.263 ***	− 8.944 ***
	(− 1.83)	(− 1.43)	(− 1.97)	(− 1.75)	(− 9.11)	(− 8.96)	(− 9.37)	(− 9.18)
N	3 578	3 578	3 578	3 578	3 578	3 578	3 578	3 578
(Pseudo/Adj)R²	0.0237	0.0392	0.0408	0.0471	0.112	0.13	0.138	0.137
(卡方) F 统计值	105.75 ***	172.85 ***	174.99 ***	209.91 ***	15.04 ***	17.28 ***	17.01 ***	17.51 ***

注: 括号内为 (T) Z 值, *** 、** 、* 分别表示在 1% 、5% 、10% 水平上显著。

（2）投资扩张偏好。

与内生投资相比，并购投资是一种更加激进，战略风险更大的扩张方式，有助于高管迅速获取资源，扩大企业规模，并获得社会关注（姜付秀等，2008；史等，2017）。国企高管的投资扩张方式受多种因素影响，一定程度上反映了高管的成长偏好与风险态度。表 6 – 3 与表 6 – 4 分别从内生投资行为与并购投资行为的角度检验研究假设，表 6 – 5 将二者结合起来，比较两种投资方式的选择与投资规模的偏好，综合探究国企高管的扩张偏好差异。表 6 – 5 中，回归（1）~（4）的结果变量为 Path，测度国企高管的投资方式选择；回归（5）~（7）的结果变量为 Prefer（Yprefer），反映国企高管投资规模的结构偏好。

表 6 – 5　　　　国有企业高管晋升期望、职业思量与投资偏好：交叉项

变量	(1)	(2)	(3)	(4)	(5)	(6)	(7)	(8)
	$\text{Path}_{i,t}$				$\text{Prefer}_{i,t}$			
	全样本	全样本	全样本	全样本	全样本	全样本	全样本	全样本
$\text{Promoexp}_{i,t}$	2.872*** (5.79)	5.724*** (9.37)	6.445*** (10.01)	6.304*** (9.78)	– 4.016*** (– 4.83)	– 6.821*** (– 6.67)	– 6.828*** (– 6.37)	– 6.021*** (– 5.66)
$DH_{i,t} \times \text{Promoexp}_{i,t}$		– 0.143*** (– 8.35)	– 0.196*** (– 9.15)	– 0.237*** (– 10.49)		0.142*** (4.97)	0.093*** (2.67)	0.098*** (2.82)
$\text{Monopoly} \times \text{Promoexp}_{i,t}$				– 0.284* (– 1.75)				– 1.466*** (– 5.75)
$\text{Monopoly} \times DH_{i,t} \times \text{Promoexp}_{i,t}$				0.176*** (6.22)				0.107** (2.24)
$\text{Gov} \times \text{Promoexp}_{i,t}$			– 1.079*** (– 6.75)				0.791*** (3.08)	
$\text{Gov} \times DH_{i,t} \times \text{Promoexp}_{i,t}$			0.121*** (4.21)				0.127** (2.55)	
$\text{Size}_{i,t-1}$	0.019 (0.66)	0.003 (0.11)	– 0.002 (– 0.06)	– 0.002 (– 0.07)	– 0.362*** (– 7.95)	– 0.358*** (– 7.56)	– 0.350*** (– 7.30)	– 0.357*** (– 7.56)
$\text{Leverage}_{i,t-1}$	0.403 (1.27)	0.19 (0.59)	0.251 (0.78)	0.177 (0.55)	– 2.349*** (– 4.41)	– 2.117*** (– 4.01)	– 2.097*** (– 3.98)	– 2.132*** (– 4.04)
$\text{Roa}_{i,t-1}$	2.905*** (4.02)	2.493*** (3.37)	2.477*** (3.37)	2.456*** (3.33)	– 4.260*** (– 3.62)	– 3.706*** (– 3.20)	– 3.601*** (– 3.12)	– 3.710*** (– 3.21)
$\text{Tobin'q}_{i,t-1}$	0.557 (1.56)	0.673* (1.87)	0.645* (1.79)	0.678* (1.88)	2.473*** (4.12)	2.401*** (3.99)	2.447*** (4.07)	2.387*** (3.96)

变量	(1)	(2)	(3)	(4)	(5)	(6)	(7)	(8)
	$Path_{i,t}$				$Prefer_{i,t}$			
	全样本	全样本	全样本	全样本	全样本	全样本	全样本	全样本
$Fcf_{i,t-1}$	-0.314	-0.434	-0.44	-0.374	-0.873	-0.799	-0.837	-0.682
	(-0.63)	(-0.86)	(-0.87)	(-0.73)	(-1.04)	(-0.96)	(-1.01)	(-0.82)
$Adm_{i,t-1}$	0.569	0.924*	0.919*	0.947*	2.295**	1.948**	2.082**	1.964**
	(1.16)	(1.82)	(1.80)	(1.84)	(2.38)	(2.08)	(2.22)	(2.10)
$Comp_{i,t-1}$	0.06	-0.016	-0.016	-0.028	-0.488***	-0.431***	-0.429***	-0.443***
	(1.02)	(-0.27)	(-0.27)	(-0.47)	(-5.05)	(-4.41)	(-4.41)	(-4.53)
$Board_{i,t-1}$	-0.372*	-0.561***	-0.553***	-0.492**	-0.29	-0.115	-0.18	-0.07
	(-1.92)	(-2.87)	(-2.79)	(-2.52)	(-0.95)	(-0.37)	(-0.59)	(-0.23)
$Indep_{i,t-1}$	-0.496	-0.721	-0.636	-0.596	4.069***	4.400***	4.569***	4.396***
	(-0.66)	(-0.95)	(-0.83)	(-0.77)	(3.53)	(3.68)	(3.82)	(3.71)
$Bigsh_{i,t-1}$	-0.006**	-0.007***	-0.008***	-0.008***	0.017***	0.019***	0.020***	0.019***
	(-2.15)	(-2.74)	(-3.12)	(-3.00)	(4.25)	(4.57)	(4.86)	(4.54)
公司层级效应	控制	控制	—	控制	控制	控制	—	控制
行业效应	控制	控制	控制	—	控制	控制	控制	—
年度效应	控制	控制	控制	控制	控制	控制	控制	控制
地区效应	控制	控制	控制	控制	控制	控制	控制	控制
_Cons	-1.499*	-1.175	-1.679*	-1.435	7.037***	7.076***	7.233***	6.754***
	(-1.71)	(-1.33)	(-1.88)	(-1.62)	(4.59)	(4.57)	(4.69)	(4.36)
N	3 526	3 526	3 526	3 526	2 071	2 071	2 071	2 071
Pseudo R^2	0.0236	0.0393	0.0412	0.0473	0.1936	0.205	0.2044	0.2079
卡方统计值	103.43***	169.98***	172.93***	206.38***	344.91***	356.13***	359.92***	360.27***

注：括号内为（T）Z值，＊＊＊、＊＊、＊分别表示在1%、5%、10%水平上显著。

在控制一系列影响因素后（林等，2011），变量 $Promoexp_{i,t}$，$DH_{i,t} \times Promoexp_{i,t}$，$Gov \times Promoexp_{i,t}$，$Gov \times DH_{i,t} \times Promoexp_{i,t}$，$Monopoly \times Promoexp_{i,t}$ 及 $Monopoly \times DH_{i,t} \times Promoexp_{i,t}$ 在1%的统计水平上整体显著。表6-5回归（1）~（4）中，$Promoexp_{i,t}$ 显著为正，$DH_{i,t} \times Promoexp_{i,t}$ 显著为负，但回归（5）~（8）中，$Promoexp_{i,t}$ 显著为负，$DH_{i,t} \times Promoexp_{i,t}$ 显著为正，表明晋升期望大的国企高管倾向于同时采用内生投资与并购投资两种方式全面扩

张，但任中内生投资规模平均高于并购投资规模，结合表 6-3 与表 6-4 的回归结果，说明晋升预期较高的国企高管任期内更倾向于内生投资为主的稳健扩张路径，职业思量会减弱这种偏好；回归（3）中，$Gov \times Promoexp_{i,t}$ 与 $Gov \times DH_{i,t} \times Promoexp_{i,t}$ 分别显著为负和正，回归（7）中，$Gov \times Promoexp_{i,t}$ 与 $Gov \times DH_{i,t} \times Promoexp_{i,t}$ 显著为正，表明监管主体的独立性会弱化上述关系，一方面减弱央企高管的扩张冲动，另一方面央企高管会通过规模调整改变内生投资与并购投资的结构。回归（4）与回归（8）中，$Monopoly \times Promoexp_{i,t}$ 的系数分别为 -0.284 与 -1.466，分别在 10% 与 1% 的统计水平上显著，即与垄断行业国企高管相比，受晋升期望激励，竞争行业国企高管更偏好内生投资与并购投资同时进行的扩张方式，且由于外部市场竞争环境，并购投资规模大于内生投资规模的可能性更高（安德森，1997；姜付秀等，2008）。$Monopoly \times DH_{i,t} \times Promoexp_{i,t}$ 在回归（4）中显著为正，意味着 DH 对 $Promoexp_{i,t}$ 与投资扩张方式关系的调节作用在竞争行业国企中更强烈，即竞争行业国企高管的任职预期越长，其同时采用两种投资方式的扩张偏好会随之减弱，这可能是由于竞争行业国企会首先减少并购投资行为。回归（8）中，$Monopoly \times DH_{i,t} \times Promoexp_{i,t}$ 的系数为 0.107，显著为正，表明职业思量对国企高管投资规模偏好的调节效应在垄断行业中更强，这也可以理解，结合表 6-3 与表 6-4，垄断行业国企内生投资水平随 DH 下降的程度要高于并购投资水平，受限于市场竞争条件，导致内生投资与并购投资的差距随 DH 下降而缩小。

　　综上所述，本书区分监管主体的独立性与外部竞争环境，观察了央企高管与地方国企高管，竞争行业国企高管与垄断行业国企高管的投资扩张行为及扩张偏好差异。研究发现：（1）总体上，晋升期望高的国企高管会加大任职内的投资水平，积极扩张以强化竞争优势，表现为任中内生投资水平与并购投资水平更高，任中发生并购行为的概率及频次更大；（2）但考虑到晋升所可能耗费的时间成本（职业思量），任职预期长的国企高管会减缓投资冲动；（3）进一步地，晋升预期高的国企高管同时采用内生投资与并购投资扩张方式的可能性更大，但任中内生投资的规模普遍高于并购投资，国企高管偏好内生投资为主的稳健扩张方式，而职业思量会对上述投资偏好进行负向调节；（4）相对于地方国企高管，央企高管的投资扩张相对审慎，上述（1）、（2）、（3）在中央企业中表现缓和；（5）受限于外部竞争条件，垄断行业国企高管表现出更强的内生投资冲动，而竞争行业国企高管相对偏爱并购投资。

3. 监管主体、外部竞争环境与投资决策质量差异

前面分企业层级与行业，着重分析了晋升期望及职业思量对国企高管投资扩张行为的刺激作用，基于晋升评价激励机制的设定初衷，本书更关心国企高管的投资决策质量。

模型（6-8）为投资效率的估算模型，模型经调整后的 R^2 为 0.214，与以往文献结论一致（辛清泉等，2007；金宇超等，2016），资本投资与投资机会、现金持有量、公司规模、股票收益率正向相关，与公司杠杆及公司年龄负向相关。

$$
\begin{aligned}
Newinvest_{i,t} = {} & 0.111^{***} + 0.021^{***}\ Tobin,q \\
& - 0.046^{***}\ Leverage_{i,t-1} + 0.108^{***}\ Cash_{i,t-1} \\
& - 0.002^{***}\ Firmage_{i,t-1} + 0.00018\ Size_{i,t-1} \\
& + 0.351^{***}\ Return_{i,t-1} + 0.298^{***}\ Newinvest_{i,t-1} \\
& + Industry + Year \qquad\qquad (6-8)
\end{aligned}
$$

模型（6-8）样本残差估计值中，约 69.70% 取值为正，存在过度投资倾向，约 30.30% 取值为负，投资存在不足。表 6-6 取投资过度样本与投资不足样本进行回归，数据结果分别见回归（1）～回归（3）与回归（4）～回归（5）。回归（2）中，$Promoexp_{i,t}$ 的系数为 0.03，在 10% 水平上显著为正，说明晋升期望大的国企高管存在过度投资倾向，$DH_{i,t} \times Promoexp_{i,t}$ 系数为负，但不显著；$Gov \times Promoexp_{i,t}$ 的系数为 -0.012，在 1% 的水平上显著为正，即央企高管的过度投资程度弱于地方国企高管，在控制其他可能的影响因素后（魏明海和柳建华，2007），表明国有资产监管主体的独立性一定程度上有益于抑制国企高管的不当投资行为。回归（3）中 $Promoexp_{i,t}$、$DH_{i,t} \times Promoexp_{i,t}$、$Monopoly \times Promoexp_{i,t}$ 及 $Monopoly \times DH_{i,t} \times Promoexp_{i,t}$ 系数符号整体符合预期，但统计不显著，回归（4）～回归（6）投资不足样本亦不显著，不再赘述。

表 6 - 6　　　　国企高管晋升期望、职业思量与投资效率：
央企与地方国企，竞争行业国企与垄断行业国企

变量	(1)	(2)	(3)	(4)	(5)	(6)
	$Over_{i,t}$			$Under_{i,t}$		
	全样本	全样本	全样本	全样本	全样本	全样本
$Promoexp_{i,t}$	0.022 (1.46)	0.030 * (1.88)	0.018 (1.14)	−0.005 (−0.58)	−0.005 (−0.55)	−0.005 (−0.47)
$DH_{i,t} \times Promoexp_{i,t}$	0 (−0.51)	−0.001 (−1.06)	0 (0.39)	0.000 * (1.83)	0 (0.47)	0 (0.81)
$Monopoly \times Promoexp_{i,t}$			0.005 (1.30)			0.001 (0.48)
$Monopoly \times DH_{i,t} \times Promoexp_{i,t}$			−0.001 (−1.21)			0 (0.71)
$Gov \times Promoexp_{i,t}$		−0.012 *** (−3.13)			0.002 (1.01)	
$Gov \times DH \times Promoexp_{i,t}$		0.001 (0.83)			0.001 * (1.71)	
$Size_{i,t-1}$	−0.003 *** (−3.33)	−0.002 *** (−3.19)	−0.002 *** (−3.30)	−0.002 *** (−4.02)	−0.002 *** (−4.07)	−0.002 *** (−4.03)
$Leverage_{i,t-1}$	−0.005 (−0.51)	−0.005 (−0.54)	−0.005 (−0.52)	−0.013 ** (−2.36)	−0.013 ** (−2.35)	−0.013 ** (−2.38)
$Roa_{i,t-1}$	0.037 * (1.81)	0.036 * (1.77)	0.037 * (1.82)	−0.031 ** (−2.17)	−0.031 ** (−2.17)	−0.031 ** (−2.19)
$Tobin'q_{i,t-1}$	−0.004 (−0.42)	−0.004 (−0.39)	−0.004 (−0.41)	0.01 (1.56)	0.01 (1.56)	0.01 (1.56)
$Fcf_{i,t-1}$	0.023 ** (1.99)	0.022 ** (1.99)	0.022 ** (1.97)	0.028 *** (3.26)	0.028 *** (3.25)	0.028 *** (3.28)
$Adm_{i,t-1}$	−0.007 (−0.83)	−0.007 (−0.79)	−0.007 (−0.85)	0.030 *** (2.89)	0.030 *** (2.91)	0.030 *** (2.89)
$Comp_{i,t-1}$	0.002 (1.23)	0.002 (1.34)	0.002 (1.24)	−0.002 *** (−2.60)	−0.002 *** (−2.59)	−0.002 *** (−2.65)
$Board_{i,t-1}$	0.001 (0.22)	0.001 (0.23)	0.001 (0.14)	−0.001 (−0.30)	−0.001 (−0.32)	−0.001 (−0.25)
$Indep_{i,t-1}$	0.002 (0.11)	0.003 (0.16)	0.002 (0.09)	−0.009 (−0.71)	−0.008 (−0.67)	−0.009 (−0.70)
$Bigsh_{i,t-1}$	−0.000 * (−1.66)	0 (−1.62)	0 (−1.59)	0 (0.84)	0 (0.77)	0 (0.83)
公司层级效应	控制	—	控制	控制	—	控制

续表

变量	(1)	(2)	(3)	(4)	(5)	(6)
	Over$_{i,t}$			Under$_{i,t}$		
	全样本	全样本	全样本	全样本	全样本	全样本
行业效应	控制	控制	—	控制	控制	—
年度效应	控制	控制	控制	控制	控制	控制
地区效应	控制	控制	控制	控制	控制	控制
_Cons	−0.004 (−0.18)	−0.009 (−0.44)	−0.001 (−0.06)	0.044*** (3.20)	0.044*** (3.13)	0.044*** (3.19)
N	3 578	3 578	3 578	3 578	3 578	3 578
(Pseudo/Adj) R^2	0.035	0.036	0.036	0.08	0.081	0.08
(卡方) F 统计值	21.25***	21.21***	20.29***	45.94***	45.67***	43.55***

注：括号内为（T）Z值，＊＊＊、＊＊、＊分别表示在1%、5%、10%水平上显著。

国有企业高管捕捉投资机会的能力事关投资效果，直接影响公司价值。表6－7分样本报告了国企高管在晋升评价激励机制驱动下，把握投资机会能动性的差异。回归（1）～回归（3）全样本、央企及地方国企样本中，$Promoexp_{i,t} \times Tobin'q_{i,t}$的系数显著为正，意味着晋升期望大的国企高管会主动把握好的投资机会，但央企高管的投资机会敏感系数高于地方国企高管（0.149 > 0.097）；$DH_{i,t} \times Promoexp_{i,t} \times Tobin'q_{i,t}$的系数在央企与地方国企样本中显著为负，国企高管的任职预期会减弱其对投资机会的捕捉。回归（4）～回归（5）对比了竞争行业国企高管与垄断行业国企高管的投资机会敏感度，$Promoexp_{i,t} \times Tobin'q_{i,t}$为正，但仅回归（5）显著，$DH_{i,t} \times Promoexp_{i,t} \times Tobin'q_{i,t}$显著为负，表明受晋升期望激励，垄断行业国企高管比竞争行业国企高管善于捕捉增加公司价值的投资机会。但结合陈信元等（2013）与金宇超等（2016）的研究发现，这里无法推断出垄断行业国企高管投资决策更有质量的结论。原因在于，本书未定量区分行业竞争程度，简单的二元行业划分，并不能严格界定行业竞争程度与国企高管投资机会捕捉能力的关系。充分竞争通常有益，但过度竞争会加剧行业经营风险，加大竞争压力，挤压有效投资机会，并影响投资灵活性。尤其竞争行业内民营企业参与程度高，投资决策更灵活逐利，导致竞争行业国企可选择的市场机会有限。因此，本书有关竞争行业国企高管与垄断行业国企高管投资机会敏感性的比较尚需深入分析，这也是本书研究不足之处。

表 6 - 7　　　　　国企高管晋升期望、职业思量与投资机会把握：
央企与地方国企，竞争行业国企与垄断行业国企

变量	(1)	(2)	(3)	(4)	(5)
	$Newinvest_{i,t}$				
	全样本	央企	地方国企	竞争行业国企	垄断行业国企
$Promoexp_{i,t} \times Tobin'q_{i,t-1}$	0.112 *** (2.65)	0.149 ** (2.43)	0.097 * (1.65)	0.009 (0.17)	0.186 *** (3.14)
$DH_{i,t} \times Promoexp_{i,t} \times Tobin'q_{i,t-1}$	-0.002 ** (-2.20)	-0.003 * (-1.66)	-0.002 * (-1.69)	0 (0.24)	-0.005 *** (-2.98)
$Tobin'q_{i,t-1}$	-0.015 (-0.55)	-0.053 (-1.17)	-0.004 (-0.11)	0.03 (0.90)	-0.055 (-1.29)
$Size_{i,t-1}$	0.003 * (1.70)	0.002 (0.49)	0.002 (0.81)	0.003 * (1.68)	0.003 (1.17)
$Leverage_{i,t-1}$	-0.063 *** (-3.45)	-0.057 ** (-2.06)	-0.061 ** (-2.54)	-0.051 ** (-2.23)	-0.078 *** (-2.90)
$Roa_{i,t-1}$	0.220 *** (5.51)	0.067 0 (0.88)	0.329 *** (7.50)	0.229 *** (4.22)	0.218 *** (3.92)
$Fcf_{i,t-1}$	0.168 *** (6.69)	0.102 ** (2.45)	0.194 *** (6.23)	0.188 *** (6.17)	0.114 ** (2.53)
$Adm_{i,t-1}$	-0.048 ** (-2.12)	-0.075 ** (-2.22)	-0.039 (-1.29)	-0.034 (-1.27)	-0.099 ** (-2.06)
$Comp_{i,t-1}$	0.009 *** (3.16)	0.013 *** (2.91)	0.007 * (1.89)	0.002 (0.52)	0.019 *** (3.85)
$Board_{i,t-1}$	0.008 (0.85)	-0.012 (-0.88)	0.016 (1.21)	0.024 * (1.83)	-0.01 (-0.62)
$Indep_{i,t-1}$	0.003 (0.09)	0 (-0.01)	0.007 (0.14)	0.036 (0.86)	-0.006 (-0.09)
$Bigsh_{i,t-1}$	0 (-1.18)	0 (0.78)	-0.000 ** (-2.57)	0 (-0.56)	0 (-1.38)
公司层级效应	控制	—	—	控制	控制
行业效应	控制	控制	控制	—	—
年度效应	控制	控制	控制	控制	控制
地区效应	控制	控制	控制	控制	控制

变量	(1)	(2)	(3)	(4)	(5)
	Newinvest$_{i,t}$				
	全样本	央企	地方国企	竞争行业国企	垄断行业国企
_Cons	−0.087* (−1.82)	−0.109 (−1.65)	−0.072 (−1.12)	−0.053 (−0.84)	−0.104 (−0.80)
N	2 968	1 119	1 849	1 636	1 332
Adj-R^2	0.165	0.121	0.204	0.105	0.139
F 统计值	29.96***	10.05***	28.07***	11.36***	11.13***

注：括号内为（T）Z 值，***、**、*分别表示在1%、5%、10%水平上显著。

6.5 扩展性分析

6.5.1 内生性解释与进一步分析

由于国企高管的晋升期望与投资决策存在时间上的先后关系，故本书首先排除互为因果的内生性顾虑。同时，还控制了其他不随时间变化的影响因素，例如企业层级、行业、时间及地区等，尽可能降低遗漏变量带来的内生性干扰。

另外，本书还加入更多的约束条件，区分不同情景，进一步加强本书研究结论。限于篇幅，垄断行业与竞争行业国有企业高管投资行为的回归结果，不再列示。

1. 2008 年"一揽子"计划与 2012 年反腐风暴

本书将研究样本按照 2003～2007 年、2008～2011 年、2012～2014 年三个阶段分组进行回归，进一步验证晋升评价—激励机制与国有企业高管投资决策行为的因果关系。

表 6-8～表 6-16，区分全体国有企业、中央企业与地方国有企业，检验晋升机会与政治风险强弱变化的年份，国有企业高管固定投资扩张水平、并购行为、投资偏好及投资效率的变化。

表 6 - 8　　　　　国企高管晋升期望、职业思量与固定投资
扩张水平："一揽子"计划与反腐反暴

变量	(1)	(2)	(3)	(4)	(5)	(6)	(7)	(8)	(9)
	$Fixinv_{i,t}$			$Fixinv_{i,t}$			$Fixinv_{i,t}$		
	全样本			中央企业			地方国有企业		
	2003 ~ 2007 年	2008 ~ 2011 年	2012 ~ 2014 年	2003 ~ 2007 年	2008 ~ 2011 年	2012 ~ 2014 年	2003 ~ 2007 年	2008 ~ 2011 年	2012 ~ 2014 年
$Promoexp_{i,t}$	0.115 ** (1.98)	0.122 *** (3.93)	0.005 (0.13)	0.087 (1.18)	0.101 ** (2.33)	0.029 (0.57)	0.087 (0.90)	0.135 *** (3.13)	- 0.029 (- 0.55)
$DH_{i,t} \times Promoexp_{i,t}$	- 0.003 (- 1.60)	- 0.001 (- 1.62)	- 0.001 (- 0.83)	- 0.002 (- 1.26)	- 0.002 (- 1.40)	- 0.001 (- 0.54)	- 0.002 (- 0.75)	- 0.002 (- 1.33)	0 (- 0.31)
$Size_{i,t-1}$	0.001 (0.25)	0.001 (0.74)	0 (0.15)	0.009 * (1.94)	0.001 (0.39)	- 0.003 (- 0.87)	- 0.003 (- 0.61)	0 (0.24)	0.002 (0.74)
$Leverage_{i,t-1}$	0.089 ** (2.47)	- 0.012 (- 0.63)	- 0.060 ** (- 2.53)	0.089 ** (2.11)	- 0.006 (- 0.22)	- 0.119 *** (- 2.96)	0.089 * (1.65)	- 0.012 (- 0.46)	- 0.023 (- 0.90)
$Roa_{i,t-1}$	0.421 *** (6.14)	0.146 *** (4.16)	- 0.02 (- 0.36)	0.438 *** (5.23)	0.029 (0.42)	- 0.172 * (- 1.84)	0.436 *** (4.07)	0.213 *** (5.30)	0.112 * (1.96)
$Tobin'q_{i,t-1}$	- 0.131 ** (- 2.23)	- 0.006 (- 0.28)	0.014 (0.68)	- 0.202 ** (- 2.37)	- 0.037 (- 0.99)	0.044 (1.37)	- 0.106 (- 1.24)	0.01 (0.33)	- 0.002 (- 0.08)
$Fcf_{i,t-1}$	0.162 *** (2.79)	0.160 *** (7.13)	0.160 *** (4.88)	0.089 (1.21)	0.084 ** (2.45)	0.254 *** (4.52)	0.199 ** (2.47)	0.199 *** (6.85)	0.125 *** (3.14)
$Adm_{i,t-1}$	0.018 (0.46)	0.007 (0.29)	- 0.039 * (- 1.70)	0.045 (0.79)	0.015 (0.36)	- 0.095 ** (- 2.16)	0.013 (0.24)	- 0.001 (- 0.05)	- 0.023 (- 0.80)
$Comp_{i,t-1}$	0.003 (0.47)	0.014 *** (4.96)	0.003 (0.72)	0.015 * (1.75)	0.021 *** (4.49)	0.012 ** (2.02)	- 0.003 (- 0.35)	0.011 *** (3.06)	- 0.003 (- 0.52)
$Board_{i,t-1}$	- 0.004 (- 0.19)	0.006 (0.63)	0.032 ** (2.58)	- 0.012 (- 0.56)	- 0.004 (- 0.28)	0.02 (1.33)	0.002 (0.07)	0.008 (0.70)	0.044 ** (2.45)
$Indep_{i,t-1}$	- 0.088 (- 1.17)	- 0.039 (- 1.08)	0.028 (0.68)	0.14 (1.12)	- 0.07 (- 1.19)	0.018 (0.34)	- 0.167 * (- 1.73)	- 0.016 (- 0.35)	0.068 (1.04)
$Bigsh_{i,t-1}$	0.001 * (1.84)	0 (- 1.60)	0 (- 1.60)	0.001 * (1.75)	0 (0.32)	0 (0.33)	0 (1.12)	- 0.000 *** (- 2.89)	- 0.000 ** (- 2.12)
公司层级效应	控制	控制	控制	—	—	—	控制	控制	控制
行业效应	控制	控制	控制	控制	控制	控制	控制	控制	控制
年度效应	控制	控制	控制	控制	控制	控制	控制	控制	控制
地区效应	控制	控制	控制	控制	控制	控制	控制	控制	控制
_Cons	0.023 (0.22)	- 0.187 *** (- 4.47)	- 0.049 (- 0.80)	- 0.208 (- 1.41)	- 0.233 *** (- 3.80)	- 0.12 (- 1.44)	0.146 (0.94)	- 0.165 *** (- 2.71)	- 0.015 (- 0.17)
N	710	1 831	985	262	689	397	448	1142	588
Adj-R^2	0.238	0.174	0.158	0.326	0.135	0.2	0.233	0.214	0.176
F 统计值	10.70 ***	28.07 ***	15.73 ***	11.48 ***	10.80 ***	9.072 ***	6.224 ***	21.88 ***	10.04 ***

注：括号内为（T）Z 值，***、**、* 分别表示在 1%、5%、10% 水平上显著。

表6-9　国企高管晋升期望、职业思量与并购规模:"一揽子"计划与反腐风暴

变量	(1)	(2)	(3)	(4)	(5)	(6)	(7)	(8)	(9)
	$Ymergesize_{i,t}$			$Ymergesize_{i,t}$			$Ymergesize_{i,t}$		
	全样本			中央企业			地方国有企业		
	2003~2007年	2008~2011年	2012~2014年	2003~2007年	2008~2011年	2012~2014年	2003~2007年	2008~2011年	2012~2014年
$Promoexp_{i,t}$	11.192***	4.201	3.675	16.869***	4.732	-1.845	9.105	3.913	-0.029
	(2.59)	(1.38)	(0.91)	(2.67)	(0.92)	(-0.30)	(1.54)	(1.00)	(-0.55)
$DH_{i,t} \times Promoexp_{i,t}$	-0.284**	0.005	-0.04	-0.132	0.122	0.177	-0.424**	-0.089	0
	(-2.04)	(0.06)	(-0.37)	(-0.63)	(0.99)	(1.11)	(-2.20)	(-0.79)	(-0.31)
$Size_{i,t-1}$	-0.178	0.444***	-0.005	-0.278	0.294	0.03	-0.165	0.514***	0.002
	(-0.70)	(2.89)	(-0.03)	(-0.59)	(1.09)	(0.12)	(-0.55)	(2.61)	(0.74)
$Leverage_{i,t-1}$	6.194**	-1.032	-4.281*	11.505***	0.883	-1.464	1.712	-2.853	-0.023
	(2.37)	(-0.64)	(-1.71)	(2.93)	(0.35)	(-0.39)	(0.52)	(-1.38)	(-0.90)
$Roa_{i,t-1}$	-4.040	2.137	1.907	-4.305	-4.631	-5.010	-4.713	7.076	0.112*
	(-0.66)	(0.64)	(0.39)	(-0.55)	(-0.96)	(-0.54)	(-0.57)	(1.48)	(1.96)
$Tobin'q_{i,t-1}$	-11.287**	5.740***	2.928	-17.115**	3.760	-0.128	-6.958	7.436***	-0.002
	(-2.26)	(3.10)	(1.21)	(-2.07)	(1.31)	(-0.04)	(-1.18)	(3.05)	(-0.08)
$Fcf_{i,t-1}$	2.409	0.0210	-4.256	7.043	1.142	-10.37	-0.493	-1.199	0.125***
	(0.63)	(0.01)	(-1.19)	(1.35)	(0.29)	(-1.51)	(-0.10)	(-0.45)	(3.14)
$Adm_{i,t-1}$	1.262	2.571	-4.515**	2.419	0.182	-9.909***	0.811	5.121*	-0.023
	(0.35)	(1.14)	(-2.00)	(0.40)	(0.05)	(-2.85)	(0.18)	(1.69)	(-0.80)
$Comp_{i,t-1}$	0.627	0.799***	0.634	0.724	0.891*	0.945	0.335	0.497	-0.003
	(1.56)	(2.72)	(1.45)	(1.24)	(1.84)	(1.22)	(0.64)	(1.33)	(-0.52)
$Board_{i,t-1}$	0.662	0.825	-3.669***	2.445	1.775	-3.157	-0.483	-0.175	0.044**
	(0.51)	(0.88)	(-2.75)	(1.12)	(1.09)	(-1.38)	(-0.30)	(-0.15)	(2.45)
$Indep_{i,t-1}$	-4.443	-1.641	-0.700	-16.476**	-0.258	7.151	0.541	-2.399	0.068
	(-0.72)	(-0.44)	(-0.13)	(-2.02)	(-0.04)	(0.86)	(0.07)	(-0.55)	(1.04)
$Bigsh_{i,t-1}$	0.004	-0.002	-0.012	0.0390	0.0200	-0.0120	-0.025	-0.017	-0.000**
	(0.19)	(-0.17)	(-0.75)	(0.96)	(0.89)	(-0.52)	(-0.91)	(-1.03)	(-2.12)
公司层级效应	控制	控制	控制	—	—	—	控制	控制	控制
行业效应	控制	控制	控制	控制	控制	控制	控制	控制	控制
年度效应	控制	控制	控制	控制	控制	控制	控制	控制	控制
地区效应	控制	控制	控制	控制	控制	控制	控制	控制	控制
_Cons	-3.103	-18.368***	2.805	-9.122	-22.808***	-2.038	3.949	-11.321*	-0.015
	(-0.47)	(-4.21)	(0.42)	(-0.91)	(-3.27)	(-0.19)	(0.47)	(-1.95)	(-0.17)
N	747	1846	985	270	697	397	477	1149	588
Adj-R²	0.045	0.034	0.032	0.12	0.068	0.053	0.0570	0.0320	0.176
F统计值	2.014***	3.117***	2.071***	1.997**	2.791***	1.665*	1.720**	1.903**	10.04***

注:括号内为(T)Z值,***、**、*分别表示在1%、5%、10%水平上显著。

表 6 - 10　　国企高管晋升期望、职业思量与并购概率："一揽子"计划与反腐风暴

变量	(1)	(2)	(3)	(4)	(5)	(6)	(7)	(8)	(9)
	Mergebe$_{i,t}$			Mergebe$_{i,t}$			Mergebe$_{i,t}$		
	全样本			中央企业			地方国有企业		
	2003 ~ 2007 年	2008 ~ 2011 年	2012 ~ 2014 年	2003 ~ 2007 年	2008 ~ 2011 年	2012 ~ 2014 年	2003 ~ 2007 年	2008 ~ 2011 年	2012 ~ 2014 年
Promoexp$_{i,t}$	9.161 ***	5.066 ***	5.753 ***	9.964 ***	2.999 **	5.614 ***	10.992 ***	6.550 ***	6.868 ***
	(6.19)	(5.86)	(4.77)	(3.70)	(2.11)	(2.99)	(5.29)	(5.55)	(4.14)
DH$_{i,t}$ × Promoexp$_{i,t}$	- 0.224 ***	- 0.143 ***	- 0.122 ***	- 0.166 **	- 0.039	- 0.075	- 0.331 ***	- 0.236 ***	- 0.156 ***
	(- 4.83)	(- 6.01)	(- 4.06)	(- 2.10)	(- 1.09)	(- 1.58)	(- 5.02)	(- 7.10)	(- 3.67)
Size$_{i,t-1}$	- 0.161 **	0.0390	0.0490	- 0.141	0.129 *	0.084	- 0.146	- 0.049	- 0.008
	(- 2.13)	(0.96)	(0.84)	(- 0.93)	(1.81)	(0.89)	(- 1.54)	(- 0.92)	(- 0.10)
Leverage$_{i,t-1}$	1.322	0.16	- 0.821	5.770 ***	2.181 ***	1.222	- 1.423	- 1.128 *	- 1.972 *
	(1.61)	(0.36)	(- 1.16)	(3.77)	(2.85)	(1.15)	(- 1.32)	(- 1.91)	(- 1.79)
Roa$_{i,t-1}$	2.298	2.234 **	2.575 *	8.189 **	3.494 **	3.201	- 0.374	1.665	3.248
	(1.31)	(2.37)	(1.67)	(2.12)	(2.35)	(1.43)	(- 0.18)	(1.38)	(1.50)
Tobin'q$_{i,t-1}$	0.155	0.734	1.168 *	- 4.052 *	- 0.271	- 0.995	3.396 *	1.581 **	2.567 **
	(0.11)	(1.41)	(1.75)	(- 1.71)	(- 0.32)	(- 0.92)	(1.81)	(2.26)	(2.47)
Fcf$_{i,t-1}$	0.903	- 0.334	- 1.522	1.980	- 0.900	- 4.707 ***	- 0.243	0.269	- 0.554
	(0.76)	(- 0.50)	(- 1.45)	(0.91)	(- 0.74)	(- 2.68)	(- 0.17)	(0.33)	(- 0.41)
Adm$_{i,t-1}$	1.583	0.866	- 0.289	2.549	3.525 **	2.501 **	1.282	- 0.555	- 2.432 **
	(1.25)	(1.24)	(- 0.31)	(1.13)	(2.39)	(1.98)	(0.88)	(- 0.66)	(- 2.20)
Comp$_{i,t-1}$	0.173	- 0.11	- 0.01	0.285	- 0.054	- 0.033	0.027	- 0.166	0.054
	(1.27)	(- 1.33)	(- 0.08)	(1.10)	(- 0.38)	(- 0.16)	(0.16)	(- 1.56)	(0.33)
Board$_{i,t-1}$	- 0.36	- 0.550 **	- 0.912 **	0.664	- 0.234	- 0.537	- 0.914 *	- 0.710 **	- 1.067 **
	(- 0.91)	(- 2.00)	(- 2.30)	(0.86)	(- 0.50)	(- 0.86)	(- 1.85)	(- 1.99)	(- 2.05)
Indep$_{i,t-1}$	- 1.569	0.574	- 2.143	- 9.923 ***	2.815	1.671	2.168	- 0.025 0	- 5.129 ***
	(- 0.83)	(0.54)	(- 1.53)	(- 2.61)	(1.50)	(0.79)	(0.94)	(- 0.02)	(- 2.67)
Bigsh$_{i,t-1}$	- 0.017 **	- 0.006 *	- 0.005	- 0.011	0	- 0.004	- 0.032 ***	- 0.017 ***	- 0.007
	(- 2.54)	(- 1.68)	(- 1.06)	(- 0.86)	(0.03)	(- 0.55)	(- 3.70)	(- 3.32)	(- 1.07)
公司层级效应	控制	控制	控制	—	—	—	控制	控制	控制
行业效应	控制	控制	控制	控制	控制	控制	控制	控制	控制
年度效应	控制	控制	控制	控制	控制	控制	控制	控制	控制
地区效应	控制	控制	控制	控制	控制	控制	控制	控制	控制
_Cons	- 3.967 *	- 0.209	0.427	- 6.472 *	- 3.756 *	- 2.999	- 3.168	1.755	1.131
	(- 1.94)	(- 0.17)	(0.23)	(- 1.73)	(- 1.84)	(- 0.98)	(- 1.16)	(1.04)	(0.45)
N	747	1 846	985	270	697	397	477	1 149	588
Pseudo R^2	0.0817	0.0333	0.0472	0.1748	0.0573	0.0464	0.0974	0.0555	0.0747
卡方统计值	73.22 ***	77.43 ***	52.47 ***	48.97 ***	50.21 ***	22.33	57.27 ***	80.73 ***	49.23 ***

注：括号内为 (T) Z 值，*** 、 ** 、 * 分别表示在 1% 、5% 、10% 水平上显著。

表 6 - 11　　国企高管晋升期望、职业思量与并购次数："一揽子"计划与反腐风暴

变量	（1）	（2）	（3）	（4）	（5）	（6）	（7）	（8）	（9）
	Mergenum$_{i,t}$			Mergenum$_{i,t}$			Mergenum$_{i,t}$		
	全样本			中央企业			地方国有企业		
	2003 ~ 2007 年	2008 ~ 2011 年	2012 ~ 2014 年	2003 ~ 2007 年	2008 ~ 2011 年	2012 ~ 2014 年	2003 ~ 2007 年	2008 ~ 2011 年	2012 ~ 2014 年
$Promoexp_{i,t}$	5.948 ***	5.620 ***	6.760 ***	6.309 ***	5.191 ***	7.101 ***	6.199 ***	6.057 ***	6.794 ***
	（4.82）	（6.80）	（6.10）	（3.09）	（3.67）	（3.78）	（4.15）	（5.77）	（4.91）
$DH_{i,t} \times Promoexp_{i,t}$	- 0.119 ***	- 0.103 ***	- 0.208 ***	- 0.025	0.009	- 0.106 ***	- 0.210 ***	- 0.190 ***	- 0.261 ***
	（ - 2.64）	（ - 4.84）	（ - 7.67）	（ - 0.29）	（0.29）	（ - 2.75）	（ - 4.14）	（ - 6.35）	（ - 6.38）
$Size_{i,t-1}$	0.033	0.170 ***	0.236 ***	0.075	0.233 ***	0.203 **	0.015	0.095	0.191 **
	（0.40）	（3.48）	（3.70）	（0.41）	（2.92）	（2.45）	（0.17）	（1.54）	（2.09）
$Leverage_{i,t-1}$	1.809 ***	1.363 ***	0.0460	2.257 **	2.338 ***	1.164	1.208	0.512	- 0.742
	（3.11）	（3.01）	（0.08）	（2.16）	（3.07）	（1.47）	（1.61）	（0.89）	（ - 0.99）
$Roa_{i,t-1}$	3.454 ***	1.568 **	2.318 **	3.199 *	0.820	3.521 **	3.037	2.493 **	2.122
	（2.59）	（2.19）	（2.16）	（1.72）	（0.72）	（2.28）	（1.62）	（2.58）	（1.39）
$Tobin'q_{i,t-1}$	- 0.187	- 0.164	0.466	1.468	- 0.584	- 0.154	- 0.825	0.408	1.140 *
	（ - 0.19）	（ - 0.29）	（0.91）	（0.84）	（ - 0.62）	（ - 0.19）	（ - 0.62）	（0.58）	（1.76）
$Fcf_{i,t-1}$	0.974	1.164 *	- 0.734	1.004	1.148	- 2.540	0.888	1.285	- 0.136
	（0.98）	（1.80）	（ - 0.89）	（0.61）	（1.00）	（ - 1.48）	（0.73）	（1.60）	（ - 0.14）
$Adm_{i,t-1}$	1.290	0.671	0.299	0.718	1.024	- 0.0260	1.284	0.642	0.561
	（1.52）	（1.28）	（0.45）	（0.46）	（1.27）	（ - 0.02）	（1.30）	（0.90）	（0.59）
$Comp_{i,t-1}$	0.598 ***	0.515 ***	0.496 ***	0.869 ***	0.567 ***	0.363 **	0.400 **	0.433 ***	0.617 ***
	（4.71）	（6.20）	（4.05）	（3.74）	（4.55）	（2.25）	（2.53）	（3.86）	（3.67）
$Board_{i,t-1}$	0.0420	- 0.436	- 1.473 ***	0.517	0.0390	- 1.222	- 0.242	- 0.749 **	- 1.532 ***
	（0.15）	（ - 1.46）	（ - 3.41）	（0.95）	（0.08）	（ - 1.60）	（ - 0.73）	（ - 2.03）	（ - 2.97）
$Indep_{i,t-1}$	- 0.444	- 0.511	0.334	- 8.782 **	- 0.844	2.758	3.340 *	- 0.197	- 1.256
	（ - 0.23）	（ - 0.44）	（0.22）	（ - 2.34）	（ - 0.32）	（1.03）	（1.70）	（ - 0.17）	（ - 0.78）
$Bigsh_{i,t-1}$	- 0.005	0.005	- 0.010 **	0.001	0.016 **	0.003	- 0.015 **	- 0.006	- 0.017 ***
	（ - 0.83）	（1.28）	（ - 2.20）	（0.08）	（2.31）	（0.43）	（ - 2.40）	（ - 1.39）	（ - 3.09）
公司层级效应	控制	控制	控制	—	—	—	控制	控制	控制
行业效应	控制	控制	控制	控制	控制	控制	控制	控制	控制
年度效应	控制	控制	控制	控制	控制	控制	控制	控制	控制
地区效应	控制	控制	控制	控制	控制	控制	控制	控制	控制
_Cons	- 10.118 ***	- 9.394 ***	- 7.280 ***	- 14.734 ***	- 12.860 ***	- 8.545 ***	- 6.848 ***	- 6.728 ***	- 7.617 ***
	（ - 4.83）	（ - 6.67）	（ - 3.54）	（ - 3.91）	（ - 6.38）	（ - 2.97）	（ - 2.71）	（ - 3.54）	（ - 2.62）
N	747	1 846	985	270	697	397	477	1 149	588
Adj-R^2	0.133	0.130	0.169	0.249	0.219	0.191	0.124	0.106	0.193
F 统计值	4.469 ***	10.15 ***	6.495 ***	3.666 ***	6.938 ***	3.057 ***	3.677 ***	6.217 ***	4.690 ***

注：括号内为（T）Z 值，*** 、** 、* 分别表示在 1% 、5% 、10% 水平上显著。

表 6 - 12　　国企高管晋升期望、职业思量与投资方式:"一揽子"计划与反腐风暴

变量	(1)	(2)	(3)	(4)	(5)	(6)	(7)	(8)	(9)
	$Path_{i,t}$			$Path_{i,t}$			$Path_{i,t}$		
	全样本			中央企业			地方国有企业		
	2003 ~ 2007 年	2008 ~ 2011 年	2012 ~ 2014 年	2003 ~ 2007 年	2008 ~ 2011 年	2012 ~ 2014 年	2003 ~ 2007 年	2008 ~ 2011 年	2012 ~ 2014 年
$Promoexp_{i,t}$	9. 103***	5. 067***	5. 753***	10. 548***	2. 971**	5. 614***	10. 879***	6. 590***	6. 868***
	(6. 05)	(5. 81)	(4. 77)	(3. 87)	(2. 06)	(2. 99)	(5. 08)	(5. 56)	(4. 14)
$DH_{i,t} \times Promoexp_{i,t}$	- 0. 226***	- 0. 145***	- 0. 122***	- 0. 171**	- 0. 039	- 0. 075	- 0. 339***	- 0. 240***	- 0. 156***
	(- 4. 77)	(- 6. 03)	(- 4. 06)	(- 2. 13)	(- 1. 09)	(- 1. 58)	(- 4. 86)	(- 7. 16)	(- 3. 67)
$Size_{i,t-1}$	- 0. 189**	0. 044	0. 049	- 0. 159	0. 121*	0. 084	- 0. 180*	- 0. 04	- 0. 008
	(- 2. 41)	(1. 06)	(0. 84)	(- 0. 99)	(1. 70)	(0. 89)	(- 1. 86)	(- 0. 73)	(- 0. 10)
$Leverage_{i,t-1}$	1. 612*	0. 083	- 0. 821	6. 083***	2. 030***	1. 222	- 1. 418	- 1. 171*	- 1. 972*
	(1. 84)	(0. 18)	(- 1. 16)	(3. 99)	(2. 64)	(1. 15)	(- 1. 21)	(- 1. 97)	(- 1. 79)
$Roa_{i,t-1}$	3. 737*	2. 172**	2. 575*	9. 564**	3. 507**	3. 201	1. 135	1. 635	3. 248
	(1. 83)	(2. 30)	(1. 67)	(2. 45)	(2. 34)	(1. 43)	(0. 45)	(1. 36)	(1. 50)
$Tobin'q_{i,t-1}$	0. 0910	0. 823	1. 168*	- 4. 158*	- 0. 066 0	- 0. 995	3. 848**	1. 604**	2. 567**
	(0. 07)	(1. 57)	(1. 75)	(- 1. 75)	(- 0. 08)	(- 0. 92)	(1. 97)	(2. 28)	(2. 47)
$Fcf_{i,t-1}$	0. 611	- 0. 225	- 1. 522	1. 248	- 0. 762	- 4. 707***	- 0. 238	0. 286	- 0. 554
	(0. 48)	(- 0. 34)	(- 1. 45)	(0. 55)	(- 0. 63)	(- 2. 68)	(- 0. 15)	(0. 35)	(- 0. 41)
$Adm_{i,t-1}$	2. 245*	0. 986	- 0. 289	2. 627	3. 412**	2. 501**	2. 124	- 0. 381	- 2. 432**
	(1. 65)	(1. 38)	(- 0. 31)	(1. 15)	(2. 33)	(1. 98)	(1. 28)	(- 0. 44)	(- 2. 20)
$Comp_{i,t-1}$	0. 148	- 0. 113	- 0. 01	0. 29	- 0. 064	- 0. 033	- 0. 008	- 0. 165	0. 0540
	(1. 05)	(- 1. 36)	(- 0. 08)	(1. 09)	(- 0. 46)	(- 0. 16)	(- 0. 05)	(- 1. 55)	(0. 33)
$Board_{i,t-1}$	- 0. 423	- 0. 521*	- 0. 912**	0. 539	- 0. 182	- 0. 537	- 0. 998*	- 0. 701*	- 1. 067**
	(- 1. 04)	(- 1. 89)	(- 2. 30)	(0. 68)	(- 0. 39)	(- 0. 86)	(- 1. 94)	(- 1. 95)	(- 2. 05)
$Indep_{i,t-1}$	- 1. 937	0. 463	- 2. 143	- 11. 501***	2. 779	1. 671	1. 937	- 0. 125	- 5. 129***
	(- 0. 99)	(0. 44)	(- 1. 53)	(- 2. 97)	(1. 48)	(0. 79)	(0. 82)	(- 0. 09)	(- 2. 67)
$Bigsh_{i,t-1}$	- 0. 015**	- 0. 006*	- 0. 005	- 0. 013	0. 001	- 0. 004	- 0. 031***	- 0. 017***	- 0. 007
	(- 2. 18)	(- 1. 66)	(- 1. 06)	(- 0. 91)	(0. 16)	(- 0. 55)	(- 3. 41)	(- 3. 40)	(- 1. 07)
公司层级效应	控制	控制	控制	—	—	—	控制	控制	控制
行业效应	控制	控制	控制	控制	控制	控制	控制	控制	控制
年度效应	控制	控制	控制	控制	控制	控制	控制	控制	控制
地区效应	控制	控制	控制	控制	控制	控制	控制	控制	控制
_Cons	- 3. 407	- 0. 248	0. 427	- 6. 004	- 3. 711*	- 2. 999	- 2. 626	1. 683	1. 131
	(- 1. 62)	(- 0. 20)	(0. 23)	(- 1. 58)	(- 1. 82)	(- 0. 98)	(- 0. 92)	(1. 00)	(0. 45)
N	710	1 831	985	262	689	397	448	1 142	588
Adj-R^2	0. 0861	0. 0333	0. 0472	0. 1829	0. 0555	0. 0464	0. 1005	0. 0562	0. 0747
F 统计值	71. 45***	76. 39***	52. 47***	52. 05***	48. 90***	22. 33	54. 84***	80. 70***	49. 23***

注: 括号内为 (T) Z 值,***、**、* 分别表示在 1%、5%、10% 水平上显著。

表6-13 国企高管晋升期望、职业思量与投资偏好："一揽子"计划与反腐风暴

变量	(1)	(2)	(3)	(4)	(5)	(6)	(7)	(8)	(9)
	$Prefer_{i,t}$			$Prefer_{i,t}$			$Prefer_{i,t}$		
	全样本			中央企业			地方国有企业		
	2003~2007年	2008~2011年	2012~2014年	2003~2007年	2008~2011年	2012~2014年	2003~2007年	2008~2011年	2012~2014年
$Promoexp_{i,t}$	-6.216**	-6.299***	-7.775***	-10.46	-6.588**	-7.815**	-2.118	-6.778***	-7.950***
	(-2.44)	(-4.19)	(-4.12)	(-1.48)	(-2.22)	(-2.27)	(-0.66)	(-3.49)	(-3.03)
$DH_{i,t} \times Promoexp_{i,t}$	0.095	0.123***	0.161***	0.112	0.215***	0.382***	0.011	0.089	0.115*
	(1.16)	(2.96)	(3.29)	(0.68)	(3.02)	(3.99)	(0.10)	(1.57)	(1.84)
$Size_{i,t-1}$	-0.348***	-0.367***	-0.516***	-0.294	-0.321**	-0.343*	-0.318**	-0.416***	-0.633***
	(-2.90)	(-5.32)	(-5.92)	(-0.98)	(-2.34)	(-1.85)	(-2.25)	(-5.00)	(-5.70)
$Leverage_{i,t-1}$	-0.865	-1.900***	-4.884***	0.979	-0.793	-1.693	-1.822	-2.460***	-7.476***
	(-0.57)	(-2.68)	(-4.17)	(0.26)	(-0.59)	(-0.98)	(-1.14)	(-2.70)	(-4.83)
$Roa_{i,t-1}$	-0.821	-4.263***	-4.706	-7.626	-4.941	2.476	-0.458	-3.101*	-9.221**
	(-0.25)	(-3.02)	(-1.43)	(-1.05)	(-1.63)	(0.52)	(-0.12)	(-1.78)	(-2.52)
$Tobin'q_{i,t-1}$	1.492	2.828***	4.304***	-4.913	4.086**	4.155**	2.594	2.210*	4.678***
	(0.58)	(3.11)	(4.04)	(-0.90)	(2.56)	(2.35)	(0.87)	(1.82)	(3.49)
$Fcf_{i,t-1}$	-1.024	0.061	0.051	-0.599	0.689	-6.075*	-0.659	-0.09	1.285
	(-0.49)	(0.05)	(0.03)	(-0.15)	(0.30)	(-1.73)	(-0.26)	(-0.07)	(0.62)
$Adm_{i,t-1}$	3.499*	2.637	-0.950	4.777	3.481	1.506	2.842	2.141	-3.802*
	(1.89)	(1.57)	(-0.48)	(0.81)	(0.67)	(0.48)	(1.60)	(1.44)	(-1.89)
$Comp_{i,t-1}$	-0.827***	-0.725***	0.167	-0.396	-0.840***	-0.754*	-1.252***	-0.715***	0.736***
	(-3.17)	(-5.27)	(0.85)	(-0.62)	(-3.29)	(-1.90)	(-3.72)	(-4.14)	(2.83)
$Board_{i,t-1}$	0.710	-0.341	-0.256	0.120	-1.028	0.214	1.318	-0.101	-1.662**
	(0.95)	(-0.72)	(-0.45)	(0.04)	(-1.16)	(0.22)	(1.38)	(-0.17)	(-1.96)
$Indep_{i,t-1}$	5.007	2.378	8.745***	11.18	0.782	6.541*	5.733	3.259	9.493**
	(1.30)	(1.44)	(3.89)	(1.58)	(0.23)	(1.86)	(1.25)	(1.63)	(2.56)
$Bigsh_{i,t-1}$	0.008	0.021***	0.015**	0.052*	0.021*	0.030**	-0.003	0.020**	0.011
	(0.77)	(3.16)	(2.16)	(1.87)	(1.68)	(2.00)	(-0.22)	(2.23)	(1.19)
公司层级效应	控制	控制	控制	—	—	—	控制	控制	控制
行业效应	控制	控制	控制	控制	控制	控制	控制	控制	控制
年度效应	控制	控制	控制	控制	控制	控制	控制	控制	控制
地区效应	控制	控制	控制	控制	控制	控制	控制	控制	控制
_Cons	10.534***	13.062***	1.226	6.680	15.472***	11.507*	12.488**	13.520***	-1.094
	(2.67)	(5.74)	(0.40)	(0.82)	(3.73)	(1.95)	(2.53)	(4.55)	(-0.27)
N	395	1 095	581	132	407	206	263	688	375
Adj-R^2	0.2052	0.2381	0.2144	0.3971	0.3297	0.2832	0.2089	0.2118	0.2518
F统计值	76.58***	202.6***	117.5***	39.71***	107.5***	69.98***	47.84***	123.0***	88.45***

注：括号内为（T）Z值，***、**、*分别表示在1%、5%、10%水平上显著。

表 6 - 14　　国企高管晋升期望、职业思量与过度投资："一揽子"计划与反腐风暴

变量	(1)	(2)	(3)	(4)	(5)	(6)	(7)	(8)	(9)
	$Over_{i,t}$			$Over_{i,t}$			$Over_{i,t}$		
	全样本			中央企业			地方国有企业		
	2003~2007 年	2008~2011 年	2012~2014 年	2003~2007 年	2008~2011 年	2012~2014 年	2003~2007 年	2008~2011 年	2012~2014 年
$Promoexp_{i,t}$	—	0.023 (0.95)	-0.025 (-0.75)	—	-0.057* (-1.75)	0.05 (1.07)	—	0.064* (1.88)	-0.073 (-1.63)
$DH_{i,t} \times Promoexp_{i,t}$		0 (0.10)	0 (0.15)		0.001 (1.04)	-0.001 (-0.52)		-0.001 (-1.25)	0.001 (0.91)
$Size_{i,t-1}$		-0.003*** (-3.06)	-0.003 (-1.38)		-0.001 (-0.99)	-0.006* (-1.74)		-0.005*** (-3.21)	-0.001 (-0.41)
$Leverage_{i,t-1}$		0.002 (0.12)	-0.056** (-2.31)		0.037** (2.07)	-0.045 (-1.22)		-0.015 (-0.80)	-0.048* (-1.70)
$Roa_{i,t-1}$		0.082*** (2.94)	-0.012 (-0.22)		0.054 (0.95)	-0.141 (-1.53)		0.103*** (3.31)	0.105** (2.01)
$Tobin'q_{i,t-1}$		-0.002 (-0.10)	0.032 (1.41)		-0.017 (-0.73)	0.005 (0.18)		0.006 (0.30)	0.036 (1.24)
$Fcf_{i,t-1}$	—	0.029* (1.72)	0.039 (1.39)		0.001 (0.03)	0.018 (0.34)		0.047** (2.26)	0.036 (1.11)
$Adm_{i,t-1}$		-0.001 (-0.07)	-0.031* (-1.70)		-0.006 (-0.27)	-0.064** (-2.15)		-0.003 (-0.15)	-0.015 (-0.56)
$Comp_{i,t-1}$		0.003* (1.68)	-0.004 (-1.08)		0.002 (0.73)	-0.001 (-0.20)		0.004 (1.57)	-0.006 (-1.21)
$Board_{i,t-1}$		-0.007 (-1.12)	0.018* (1.73)		-0.007 (-0.71)	-0.001 (-0.07)		-0.007 (-0.82)	0.029** (2.10)
$Indep_{i,t-1}$		-0.037 (-1.40)	0.080** (2.06)		-0.04 (-1.01)	0.067 (1.20)		-0.027 (-0.76)	0.099* (1.75)
$Bigsh_{i,t-1}$		0 (-1.53)	0 (-1.24)		0 (0.14)	0 (-0.51)		-0.000*** (-3.09)	0 (-1.28)
公司层级效应		控制	控制		—	—		控制	控制
行业效应		控制	控制		控制	控制		控制	控制
年度效应		控制	控制		控制	控制		控制	控制
地区效应		控制	控制		控制	控制		控制	控制
_Cons	—	0.033 (1.16)	0.052 (0.90)	—	0.06 (1.34)	0.059 (0.82)		0.021 (0.51)	0.053 (0.60)
N	—	1 846	985	—	697	397	—	1 149	588
Adj-R²		0.027	0.04		0.025	0.079		0.055	0.057
F 统计值		2.684**	1.562*		1.374	1.323		3.455**	1.704*

注：括号内为（T）Z 值，＊＊＊、＊＊、＊分别表示在1% 、5% 、10%水平上显著。

表 6 – 15　国企高管晋升期望、职业思量与投资不足："一揽子"计划与反腐风暴

变量	(1)	(2)	(3)	(4)	(5)	(6)	(7)	(8)	(9)
	$Under_{i,t}$			$Under_{i,t}$			$Under_{i,t}$		
	全样本			中央企业			地方国有企业		
	2003~2007年	2008~2011年	2012~2014年	2003~2007年	2008~2011年	2012~2014年	2003~2007年	2008~2011年	2012~2014年
$Promoexp_{i,t}$	0.001	-0.037**	-0.003	0.003	-0.060**	0.058**		-0.03	-0.031
	(1.31)	(-2.40)	(-0.17)	(1.37)	(-2.42)	(2.09)		(-1.52)	(-1.25)
$DH_{i,t} \times Promoexp_{i,t}$	0	0.001*	0.001***	0	0.001**	0.001		0	0.001**
	(-1.42)	(1.65)	(2.71)	(-1.47)	(2.28)	(1.49)		(0.48)	(2.03)
$Size_{i,t-1}$	0	-0.003***	-0.001	0	-0.003***	0		-0.001	-0.003**
	(-1.24)	(-3.41)	(-1.63)	(-1.20)	(-2.85)	(-0.01)		(-1.10)	(-2.10)
$Leverage_{i,t-1}$	-0.001	-0.016**	-0.040***	-0.003	-0.007	-0.01		-0.018*	-0.063***
	(-1.25)	(-2.01)	(-2.81)	(-1.24)	(-0.62)	(-0.60)		(-1.68)	(-3.03)
$Roa_{i,t-1}$	0	-0.040*	-0.015	0.001	-0.067*	0.017		-0.024	-0.039
	(0.78)	(-1.95)	(-0.52)	(0.55)	(-1.94)	(0.41)		(-1.00)	(-1.01)
$Tobin'q_{i,t-1}$	0.003	0.018**	0.037***	0.006	0.023*	0.009		0.011	0.059***
	(1.26)	(1.96)	(2.68)	(1.26)	(1.82)	(0.50)		(0.89)	(3.10)
$Fcf_{i,t-1}$	-0.001	0.037***	0.050***	-0.002	0.094***	0.01	—	0.01	0.054***
	(-1.22)	(2.85)	(3.02)	(-1.13)	(3.39)	(0.36)		(0.69)	(2.73)
$Adm_{i,t-1}$	0.001	0.028*	0.047**	0.004	-0.007	0.092**		0.053**	0.022
	(1.27)	(1.74)	(1.97)	(1.26)	(-0.36)	(2.23)		(2.45)	(0.84)
$Comp_{i,t-1}$	0	-0.004***	-0.005**	0	-0.004	-0.006*		-0.004**	-0.005**
	(0.91)	(-2.83)	(-2.39)	(-0.23)	(-1.55)	(-1.88)		(-2.32)	(-2.02)
$Board_{i,t-1}$	0	0	-0.004	0.002	0.008	-0.013		-0.003	0.001
	(1.35)	(0.05)	(-0.60)	(1.38)	(1.03)	(-1.50)		(-0.55)	(0.18)
$Indep_{i,t-1}$	0	0.001	-0.038*	-0.002	-0.011	-0.068**		0.002	-0.03
	(-0.45)	(0.06)	(-1.91)	(-0.95)	(-0.39)	(-2.22)		(0.07)	(-1.13)
$Bigsh_{i,t-1}$	0	0	0	0	-0.000***	0		0.000**	0
	(-1.26)	(0.14)	(0.95)	(-1.28)	(-2.92)	(0.53)		(2.07)	(0.43)
公司层级效应	控制	控制	控制	—	—	—		控制	控制
行业效应	控制	控制	控制	控制	控制	控制		控制	控制
年度效应	控制	控制	控制	控制	控制	控制		控制	控制
地区效应	控制	控制	控制	控制	控制	控制		控制	控制
_Cons	0	0.033	0.052	0	0.06	0.059		0.021	0.053
	(.)	(1.16)	(0.90)	(.)	(1.34)	(0.82)		(0.51)	(0.60)
N	747	1 846	985	270	697	397		1 149	588
Adj-R^2	0.0460	0.0560	0.0810	0.110	0.117	0.109		0.0550	0.103
F 统计值	0.120	4.513***	3.145***	0.150	4.390***	2.182*		2.778***	2.376***

注：括号内为（T）Z值，***、**、*分别表示在1%、5%、10%水平上显著。

表 6 - 16　国企高管晋升期望、职业思量与投资机会敏感性："一揽子"计划与反腐风暴

变量	(1)	(2)	(3)	(4)	(5)	(6)	(7)	(8)	(9)
	$Newinvest_{i,t}$			$Newinvest_{i,t}$			$Newinvest_{i,t}$		
	全样本			中央企业			地方国有企业		
	2003 ~ 2007 年	2008 ~ 2011 年	2012 ~ 2014 年	2003 ~ 2007 年	2008 ~ 2011 年	2012 ~ 2014 年	2003 ~ 2007 年	2008 ~ 2011 年	2012 ~ 2014 年
$Promoexp_{i,t}$ $\times Tobin'q_{i,t}$	0.028 (0.19)	0.181*** (3.33)	0.057 (0.94)	0.261 (1.42)	0.169* (1.75)	0.001 (0.01)	-0.165 (-0.81)	0.214*** (2.93)	0.07 (0.77)
$DH_{i,t} \times$ $Promoexp_{i,t}$ $\times Tobin'q_{i,t}$	-0.002 (-0.45)	-0.002 (-1.57)	-0.003* (-1.78)	-0.008 (-1.49)	-0.002 (-0.92)	-0.001 (-0.41)	0.004 (0.65)	-0.004* (-1.93)	-0.003 (-1.58)
$Tobin'q_{i,t}$	-0.298** (-2.40)	-0.073* (-1.85)	0.079* (1.71)	-0.475*** (-3.04)	-0.095 (-1.19)	0.094* (1.81)	-0.221 (-1.13)	-0.071 (-1.45)	0.072 (1.12)
$Size_{i,t-1}$	0.006 (1.06)	0.003 (1.27)	0.001 (0.37)	0.019* (1.90)	0.004 (0.72)	-0.006 (-1.22)	0 (0.02)	0 (0.07)	0.004 (1.25)
$Leverage_{i,t-1}$	0.176*** (2.86)	-0.041 (-1.63)	-0.161*** (-4.60)	0.150* (1.68)	-0.015 (-0.38)	-0.169*** (-3.80)	0.192** (2.01)	-0.055* (-1.65)	-0.144*** (-3.16)
$Roa_{i,t-1}$	0.688*** (4.24)	0.237*** (4.82)	0.037 (0.50)	0.571** (2.35)	0.144 (1.39)	-0.213* (-1.84)	0.760*** (3.71)	0.293*** (5.45)	0.252*** (3.01)
$Fcf_{i,t-1}$	0.088 (0.86)	0.160*** (5.23)	0.201*** (4.64)	-0.095 (-0.68)	0.068 (1.20)	0.297*** (3.93)	0.195 (1.45)	0.204*** (5.45)	0.151*** (2.97)
$Adm_{i,t-1}$	0.082 (0.95)	-0.036 (-1.14)	-0.080** (-2.25)	0.13 (0.78)	-0.03 (-0.69)	-0.184*** (-3.02)	0.053 (0.51)	-0.047 (-1.11)	-0.047 (-1.02)
$Comp_{i,t-1}$	0.003 (0.26)	0.014*** (4.04)	0.001 (0.27)	0.016 (1.08)	0.015** (2.54)	0.012 (1.50)	-0.005 (-0.30)	0.014*** (3.23)	-0.004 (-0.60)
$Board_{i,t-1}$	0.007 (0.17)	-0.005 (-0.45)	0.032** (2.04)	0.048 (1.17)	-0.041** (-2.01)	0.026 (1.28)	0.008 (0.15)	0.011 (0.73)	0.037* (1.76)
$Indep_{i,t-1}$	0.169 (1.29)	-0.067 (-1.28)	0.085 (1.52)	0.285* (1.77)	-0.067 (-0.83)	0.132* (1.71)	0.065 (0.34)	-0.054 (-0.79)	0.096 (1.17)
$Bigsh_{i,t-1}$	0.001 (1.41)	0 (-0.62)	0 (-0.63)	0.001 (1.37)	0 (1.08)	0 (0.28)	0.001 (1.01)	-0.001*** (-2.64)	0 (-1.37)
公司层级效应	控制	控制	控制	—	—	—	控制	控制	控制
行业效应	控制	控制	控制	控制	控制	控制	控制	控制	控制
年度效应	控制	控制	控制	控制	控制	控制	控制	控制	控制
地区效应	控制	控制	控制	控制	控制	控制	控制	控制	控制
_Cons	-0.006 (-0.03)	-0.101* (-1.86)	-0.047 (-0.57)	-0.449 (-1.54)	-0.078 (-0.88)	-0.139 (-1.31)	0.184 (0.62)	-0.103 (-1.41)	-0.006 (-0.05)
N	362	1 622	984	127	596	396	235	1 026	588

变量	(1)	(2)	(3)	(4)	(5)	(6)	(7)	(8)	(9)
	Newinvest$_{i,t}$			Newinvest$_{i,t}$			Newinvest$_{i,t}$		
	全样本			中央企业			地方国有企业		
	2003~2007年	2008~2011年	2012~2014年	2003~2007年	2008~2011年	2012~2014年	2003~2007年	2008~2011年	2012~2014年
Adj-R²	0.260	0.174	0.165	0.387	0.129	0.172	0.254	0.222	0.201
F统计值	6.902***	20.45***	11.20***	5.250***	7.308***	5.296***	3.919***	17.84***	9.911***

注：括号内为（T）Z值，***、**、*分别表示在1%、5%、10%水平上显著。

表6-8显示，$Promoexp_{i,t}$在回归（2）、回归（5）、回归（8）中的系数，整体大于其在回归（1）、回归（4）、回归（7）与回归（3）、回归（6）、回归（9）中的结果，取值为正且系数差异在1%统计水平上显著。但中央企业负责人的扩张冲动严格低于地方国有企业，$Promoexp_{i,t}$在回归（5）中的系数0.101，显著低于回归（8）中的0.135。$DH_{i,t} \times Promoexp_{i,t}$的系数尽管不显著，但整体为负，与前面结果一致。表6-9~表6-11显示国有企业高管在三个阶段，并购规模、并购倾向与并购频率的变化。如表所示，$Promoexp_{i,t}$与$DH_{i,t} \times Promoexp_{i,t}$的系数方向仍符合预期假设。只是，与固定资产投资规模不同，国企高管在2003~2007正常考核年份，并购行为更多发。可能的原因是，2008~2011年，为刺激经济，四万亿投资计划主要投向基础设施领域。表6-12与表6-13中，比较投资方式发现，晋升期望高的国企高管在2012~2014年政治风险较大年份，相对不偏爱风险较高的并购扩张方式。表6-14、表6-15及表6-16中，关于投资效率的回归结果，$Promoexp_{i,t}$与$DH_{i,t} \times Promoexp_{i,t}$的系数方向符合预期，但晋升期望大的国有企业高管，尤其地方国企高管，在2008~2011年阶段过度投资倾向明显，但投资机会敏感性并未下降。

2. 考虑国有企业高管年龄

为进一步剔除不可控或不可观察因素带来的随机误差影响，本书将国有企业高管按照年龄分组，以60岁为参照点，一组为"临近退休年龄"组（$Age \geqslant 55$岁），一组为"少壮派"（$Age \leqslant 50$岁），进行回归检验。吉本斯和墨菲（1992）发现，接近退休的人因为职业生涯关注，隐性激励效果最弱, 显性激励效果最强。表 6 – 17 ~ 表 6 – 25 中, $Promoexp_{i,t}$ 与 $DH_{i,t} \times$ $Promoexp_{i,t}$ 的系数与前面假设及基本结果内在一致, 但"少壮派"样本中的效应总体强于"临近退休年龄"组。

表 6 – 17　　国企高管晋升期望、职业思量与固定投资扩张水平: 年龄分组

变量	(1)	(2)	(3)	(4)	(5)	(6)
	$Fixinv_{i,t}$		$Fixinv_{i,t}$		$Fixinv_{i,t}$	
	全样本		中央企业		地方国企	
	≤50 岁	≥55 岁	≤50 岁	≥55 岁	≤50 岁	≥55 岁
$Promoexp_{i,t}$	0.090 ***	0.059	0.044	0.218 **	0.110 **	– 0.124
	(2.61)	(0.94)	(0.97)	(2.29)	(2.34)	(– 1.57)
$DH_{i,t} \times Promoexp_{i,t}$	– 0.001	– 0.001	0.002	0	– 0.002	– 0.002
	(– 0.53)	(– 0.55)	(1.27)	(0.09)	(– 1.50)	(– 0.61)
$Size_{i,t-1}$	0	– 0.002	0.002	– 0.003	– 0.002	0.003
	(– 0.08)	(– 0.68)	(0.77)	(– 0.64)	(– 0.82)	(1.15)
$Leverage_{i,t-1}$	– 0.001	– 0.047 *	– 0.007	– 0.068	0.01	– 0.039
	(– 0.05)	(– 1.66)	(– 0.28)	(– 1.43)	(0.42)	(– 1.07)
$Roa_{i,t-1}$	0.190 ***	– 0.112	0.095 **	– 0.391	0.259 ***	0.0530
	(6.41)	(– 0.96)	(2.23)	(– 1.48)	(6.29)	(0.71)
$Tobin'q_{i,t-1}$	– 0.011	– 0.007	– 0.018	– 0.044	– 0.008	0.028
	(– 0.54)	(– 0.27)	(– 0.55)	(– 1.00)	(– 0.30)	(0.79)
$Fcf_{i,t-1}$	0.172 ***	0.158 ***	0.164 ***	0.227 **	0.179 ***	0.139 ***
	(7.28)	(3.60)	(4.87)	(2.34)	(5.81)	(2.75)
$Adm_{i,t-1}$	– 0.013	– 0.133 ***	– 0.011	– 0.150 **	– 0.012	– 0.087 **
	(– 0.64)	(– 3.57)	(– 0.33)	(– 2.23)	(– 0.47)	(– 2.07)
$Comp_{i,t-1}$	0.009 ***	0.005	0.017 ***	0.012	0.005	– 0.002
	(3.14)	(0.98)	(4.16)	(1.34)	(1.45)	(– 0.26)
$Board_{i,t-1}$	0.013	– 0.001	0.014	– 0.011	0.013	0.006
	(1.36)	(– 0.05)	(1.00)	(– 0.45)	(1.04)	(0.31)
$Indep_{i,t-1}$	– 0.012	– 0.090 *	– 0.049	– 0.091	0.027	– 0.103
	(– 0.34)	(– 1.75)	(– 1.08)	(– 0.90)	(0.57)	(– 1.47)
$Bigsh_{i,t-1}$	0	– 0.001 ***	0	– 0.001 *	– 0.000 *	– 0.001 **
	(– 0.08)	(– 2.77)	(0.83)	(– 1.95)	(– 1.82)	(– 2.23)
公司层级效应	控制	控制	—	—	控制	控制
行业效应	控制	控制	控制	控制	控制	控制
年度效应	控制	控制	控制	控制	控制	控制
地区效应	控制	控制	控制	控制	控制	控制
_Cons	– 0.121 ***	0.0950	– 0.227 ***	0.006	– 0.086	0.157
	(– 2.61)	(1.38)	(– 3.83)	(0.05)	(– 1.27)	(1.59)
N	2 162	624	788	264	1 374	360

续表

变量	(1)	(2)	(3)	(4)	(5)	(6)
	$\text{Fixinv}_{i,t}$		$\text{Fixinv}_{i,t}$		$\text{Fixinv}_{i,t}$	
	全样本		中央企业		地方国企	
	≤50 岁	≥55 岁	≤50 岁	≥55 岁	≤50 岁	≥55 岁
Adj-R^2	0.173	0.212	0.167	0.273	0.195	0.205
F 统计值	21.89***	8.959***	12.06***	4.894***	15.80***	6.532***

注：括号内为（T）Z 值，***、**、* 分别表示在1%、5%、10%水平上显著。

表 6-18　　　　国企高管晋升期望、职业思量与并购规模：年龄分组

变量	(1)	(2)	(3)	(4)	(5)	(6)
	$\text{Ymergesize}_{i,t}$		$\text{Ymergesize}_{i,t}$		$\text{Ymergesize}_{i,t}$	
	全样本		中央企业		地方国企	
	≤50 岁	≥55 岁	≤50 岁	≥55 岁	≤50 岁	≥55 岁
$Promoexp_{i,t}$	8.479***	4.464	10.281*	2.904	7.161**	5.423
	(2.94)	(0.83)	(1.86)	(0.41)	(2.08)	(0.63)
$DH_{i,t} \times Promoexp_{i,t}$	-0.031	0.144	0.002	0.363	-0.039	-0.045
	(-0.37)	(0.59)	(0.02)	(1.12)	(-0.36)	(-0.12)
$Size_{i,t-1}$	0.339**	0.280	0.325	0.330	0.266	0.255
	(2.28)	(1.25)	(1.25)	(1.10)	(1.43)	(0.70)
$Leverage_{i,t-1}$	-0.095	0.048	2.028	-4.50	-2.365	2.54
	(-0.07)	(0.02)	(0.93)	(-0.90)	(-1.23)	(0.72)
$Roa_{i,t-1}$	-1.655	15.656**	-6.052	-11.73	1.610	32.102***
	(-0.52)	(2.42)	(-1.23)	(-0.97)	(0.38)	(3.81)
$Tobin'q_{i,t-1}$	0.340	7.156**	-1.473	7.656	2.292	7.393*
	(0.20)	(2.36)	(-0.57)	(1.46)	(1.02)	(1.89)
$Fcf_{i,t-1}$	-1.736	-0.294	-3.493	0.828	-0.985	-0.108
	(-0.83)	(-0.06)	(-0.96)	(0.10)	(-0.39)	(-0.02)
$Adm_{i,t-1}$	2.241	-1.452	-0.814	-1.343	3.824	-0.749
	(1.10)	(-0.43)	(-0.26)	(-0.24)	(1.45)	(-0.15)
$Comp_{i,t-1}$	0.505*	0.176	0.832*	0.696	0.136	-0.107
	(1.93)	(0.33)	(1.78)	(0.83)	(0.43)	(-0.15)
$Board_{i,t-1}$	-0.234	-0.007	1.145	-1.502	-1.216	0.301
	(-0.27)	(-0.00)	(0.69)	(-0.59)	(-1.19)	(0.15)
$Indep_{i,t-1}$	-3.872	-0.065	-9.964*	8.028	-0.949	-4.261
	(-1.10)	(-0.01)	(-1.73)	(0.71)	(-0.22)	(-0.55)
$Bigsh_{i,t-1}$	0.01	-0.069***	0.027	-0.04	-0.008	-0.101***
	(0.87)	(-3.23)	(1.32)	(-1.25)	(-0.56)	(-3.38)
公司层级效应	控制	控制	—	—	控制	控制
行业效应	控制	控制	控制	控制	控制	控制

续表

变量	（1）	（2）	（3）	（4）	（5）	（6）
	Ymergesize$_{i,t}$		Ymergesize$_{i,t}$		Ymergesize$_{i,t}$	
	全样本		中央企业		地方国企	
	≤50 岁	≥55 岁	≤50 岁	≥55 岁	≤50 岁	≥55 岁
年度效应	控制	控制	控制	控制	控制	控制
地区效应	控制	控制	控制	控制	控制	控制
_Cons	-10.306 **	-4.824	-18.364 ***	-9.375	-2.046	-1.463
	（-2.52）	（-0.63）	（-2.81）	（-0.76）	（-0.38）	（-0.14）
N	2 199	627	799	265	1 400	362
Adj-R^2	0.022	0.075	0.069	0.055	0.016	0.124
F 统计值	1.907 ***	2.335 ***	2.719 ***	0.900	1.153	2.861 ***

注：括号内为（T）Z值，＊＊＊、＊＊、＊分别表示在1%、5%、10%水平上显著。

表 6 - 19　　　国企高管晋升期望、职业思量与并购概率：年龄分组

变量	（1）	（2）	（3）	（4）	（5）	（6）
	Merge$_{i,t}$		Merge$_{i,t}$		Merge$_{i,t}$	
	全样本		中央企业		地方国企	
	≤50 岁	≥55 岁	≤50 岁	≥55 岁	≤50 岁	≥55 岁
Promoexp$_{i,t}$	6.831 ***	2.253	5.166 ***	4.981 **	7.333 ***	3.059
	（7.73）	（1.44）	（3.15）	（2.18）	（6.34）	（1.23）
DH$_{i,t}$ × Promoexp$_{i,t}$	-0.208 ***	-0.184 ***	-0.162 ***	-0.003	-0.233 ***	-0.495 ***
	（-8.19）	（-2.64）	（-3.86）	（-0.03）	（-6.88）	（-4.49）
Size$_{i,t-1}$	0.005	0.07	0.028	0.192 *	-0.035	0.041
	（0.13）	（0.97）	（0.36）	（1.85）	（-0.69）	（0.35）
Leverage$_{i,t-1}$	-0.059	2.737 ***	2.458 ***	3.562 **	-1.764 ***	2.709 **
	（-0.14）	（2.90）	（3.49）	（2.01）	（-3.25）	（2.19）
Roa$_{i,t-1}$	1.724 *	9.058 ***	2.966 **	2.766	1.781	12.117 ***
	（1.91）	（3.74）	（2.01）	（0.75）	（1.55）	（3.27）
Tobin'q$_{i,t-1}$	0.319	0.318	-1.360 *	-1.609	1.637 **	2.074 *
	（0.66）	（0.36）	（-1.70）	（-0.89）	（2.54）	（1.77）
Fcf$_{i,t-1}$	-0.313	-0.478	-1.664	-1.019	0.209	1.812
	（-0.50）	（-0.33）	（-1.39）	（-0.38）	（0.27）	（0.95）
Adm$_{i,t-1}$	1.707 ***	1.512	3.587 ***	9.036 ***	0.930	-1.923
	（2.70）	（1.00）	（2.95）	（2.65）	（1.23）	（-0.97）
Comp$_{i,t-1}$	-0.03	-0.001	0.054	-0.255	-0.145	0.242
	（-0.39）	（-0.01）	（0.39）	（-0.99）	（-1.46）	（0.98）
Board$_{i,t-1}$	-0.568 **	1.116 **	0.950 *	0.407	-1.288 ***	1.855 **
	（-2.24）	（2.01）	（1.90）	（0.46）	（-4.09）	（2.03）

续表

变量	(1)	(2)	(3)	(4)	(5)	(6)
	Merge$_{i,t}$		Merge$_{i,t}$		Merge$_{i,t}$	
	全样本		中央企业		地方国企	
	≤50 岁	≥55 岁	≤50 岁	≥55 岁	≤50 岁	≥55 岁
Indep$_{i,t-1}$	-1.325	3.328 *	-0.649	2.489	-1.522	4.137
	(-1.30)	(1.67)	(-0.37)	(0.77)	(-1.15)	(1.39)
Bigsh$_{i,t-1}$	-0.007 **	-0.017 **	0.01	-0.019 *	-0.020 ***	-0.025 **
	(-2.08)	(-2.57)	(1.51)	(-1.70)	(-4.67)	(-2.31)
公司层级效应	控制	控制	控制	控制	—	—
行业效应	控制	控制	控制	控制	控制	控制
年度效应	控制	控制	控制	控制	控制	控制
地区效应	控制	控制	控制	控制	控制	控制
_Cons	-0.842	-8.521 ***	-7.172 ***	-3.795	3.190 **	-15.987 ***
	(-0.72)	(-3.32)	(-3.46)	(-0.88)	(2.02)	(-3.68)
N	2 199	627	799	265	1 400	362
Pseudo R^2	0.0529	0.1475	0.0941	0.1629	0.0732	0.2311
卡方统计值	147.1 ***	91.21 ***	97.61 ***	37.79 ***	125.6 ***	84.95 ***

注：括号内为（T）Z 值，＊＊＊、＊＊、＊分别表示在1%、5%、10%水平上显著。

表 6-20　　　　　　　　国企高管晋升期望、职业思量与并购次数

变量	(1)	(2)	(3)	(4)	(5)	(6)
	Mergenum$_{i,t}$		Mergenum$_{i,t}$		Mergenum$_{i,t}$	
	全样本		中央企业		地方国企	
	≤50 岁	≥55 岁	≤50 岁	≥55 岁	≤50 岁	≥55 岁
Promoexp$_{i,t}$	8.228 ***	3.020 **	10.909 ***	0.158	6.018 ***	7.246 ***
	(9.77)	(2.01)	(6.91)	(0.09)	(6.87)	(3.12)
DH$_{i,t}$ × Promoexp$_{i,t}$	-0.155 ***	-0.210 ***	-0.117 ***	-0.065	-0.153 ***	-0.438 ***
	(-6.77)	(-3.26)	(-2.78)	(-0.76)	(-6.05)	(-4.72)
Size$_{i,t-1}$	0.171 ***	0.183 **	0.245 ***	0.199 ***	0.058	0.150
	(3.65)	(2.37)	(2.75)	(2.80)	(1.23)	(1.25)
Leverage$_{i,t-1}$	0.946 ***	1.790 **	1.750 ***	1.981	-0.17	1.675 *
	(2.62)	(2.18)	(2.80)	(1.47)	(-0.40)	(1.82)
Roa$_{i,t-1}$	1.296 **	5.422 ***	0.0850	1.278	2.546 ***	6.466 ***
	(2.00)	(3.42)	(0.08)	(0.44)	(2.95)	(2.86)
Tobin'q$_{i,t-1}$	-0.208	0.439	-0.888	0.195	0.748	1.13
	(-0.49)	(0.51)	(-1.18)	(0.12)	(1.62)	(1.11)
Fcf$_{i,t-1}$	0.16	1.597	-0.171	1.474	0.298	2.3
	(0.29)	(1.34)	(-0.17)	(0.63)	(0.47)	(1.62)

续表

变量	(1)	(2)	(3)	(4)	(5)	(6)
	Mergenum$_{i,t}$		Mergenum$_{i,t}$		Mergenum$_{i,t}$	
	全样本		中央企业		地方国企	
	≤50 岁	≥55 岁	≤50 岁	≥55 岁	≤50 岁	≥55 岁
$Adm_{i,t-1}$	1.025 **	1.271	0.948	1.922	0.944 *	0.72
	(2.36)	(1.35)	(1.23)	(1.59)	(1.80)	(0.51)
$Comp_{i,t-1}$	0.315 ***	0.832 ***	0.507 ***	0.527 ***	0.136	0.998 ***
	(4.59)	(5.75)	(4.20)	(2.85)	(1.60)	(5.02)
$Board_{i,t-1}$	−0.815 ***	0.599	0.364	−0.0540	−1.528 ***	0.842
	(−3.13)	(1.35)	(0.73)	(−0.08)	(−5.47)	(1.32)
$Indep_{i,t-1}$	−1.349	1.668	−1.633	−2.512	−1.358	5.321 **
	(−1.21)	(1.02)	(−0.62)	(−1.33)	(−1.47)	(2.25)
$Bigsh_{i,t-1}$	0.008 **	−0.025 ***	0.025 ***	−0.006	−0.007 **	−0.039 ***
	(2.41)	(−3.37)	(4.07)	(−0.64)	(−2.22)	(−4.25)
公司层级效应	控制	控制	控制	控制	—	—
行业效应	控制	控制	控制	控制	控制	控制
年度效应	控制	控制	控制	控制	控制	控制
地区效应	控制	控制	控制	控制	控制	控制
_Cons	−6.498 ***	−15.847 ***	−15.512 ***	−8.238 ***	0.024	−21.640 ***
	(−5.36)	(−6.58)	(−7.27)	(−3.10)	(0.02)	(−5.91)
N	2 199	627	799	265	1 400	362
Adj-R^2	0.144	0.250	0.280	0.197	0.101	0.341
F 统计值	11.36 ***	6.171 ***	7.997 ***	2.385 ***	7.466 ***	6.920 ***

注：括号内为（T）Z 值，＊＊＊、＊＊、＊分别表示在 1%、5%、10% 水平上显著。

表 6-21　　　　国企高管晋升期望、职业思量与投资方式：年龄分组

变量	(1)	(2)	(3)	(4)	(5)	(6)
	Path$_{i,t}$		Path$_{i,t}$		Path$_{i,t}$	
	全样本		中央企业		地方国企	
	≤50 岁	≥55 岁	≤50 岁	≥55 岁	≤50 岁	≥55 岁
$Promoexp_{i,t}$	6.884 ***	2.166	5.513 ***	4.856 **	7.280 ***	3.182
	(7.72)	(1.36)	(3.33)	(2.09)	(6.25)	(1.28)
$DH_{i,t} \times Promoexp_{i,t}$	−0.211 ***	−0.183 ***	−0.168 ***	−0.004	−0.234 ***	−0.486 ***
	(−8.21)	(−2.62)	(−3.98)	(−0.03)	(−6.84)	(−4.44)
$Size_{i,t-1}$	0.008	0.072	0.022	0.193 *	−0.032	0.049
	(0.19)	(1.00)	(0.29)	(1.86)	(−0.62)	(0.42)
$Leverage_{i,t-1}$	−0.056	2.681 ***	2.275 ***	3.534 **	−1.683 ***	2.623 **
	(−0.13)	(2.83)	(3.23)	(1.99)	(−3.05)	(2.10)

变量	(1)	(2)	(3)	(4)	(5)	(6)
	Path$_{i,t}$		Path$_{i,t}$		Path$_{i,t}$	
	全样本		中央企业		地方国企	
	≤50 岁	≥55 岁	≤50 岁	≥55 岁	≤50 岁	≥55 岁
$Roa_{i,t-1}$	2.011**	9.164***	3.069**	2.761	2.183*	12.398***
	(2.16)	(3.77)	(2.06)	(0.76)	(1.81)	(3.28)
$Tobin'q_{i,t-1}$	0.389	0.359	−1.111	−1.583	1.618**	2.110*
	(0.80)	(0.40)	(−1.39)	(−0.87)	(2.49)	(1.80)
$Fcf_{i,t-1}$	−0.329	−0.575	−1.634	−0.997	0.209	1.564
	(−0.51)	(−0.39)	(−1.35)	(−0.38)	(0.27)	(0.81)
$Adm_{i,t-1}$	2.021***	1.450	3.573***	8.931***	1.300	−1.971
	(3.09)	(0.96)	(2.98)	(2.61)	(1.61)	(−1.00)
$Comp_{i,t-1}$	−0.034	−0.007	0.036	−0.249	−0.149	0.204
	(−0.44)	(−0.05)	(0.25)	(−0.96)	(−1.48)	(0.82)
$Board_{i,t-1}$	−0.562**	1.154**	1.008**	0.415	−1.321***	1.926**
	(−2.19)	(2.06)	(2.00)	(0.47)	(−4.12)	(2.06)
$Indep_{i,t-1}$	−1.624	3.434*	−1.015	2.534	−1.856	4.274
	(−1.58)	(1.72)	(−0.57)	(0.78)	(−1.39)	(1.43)
$Bigsh_{i,t-1}$	−0.006*	−0.017***	0.01	−0.019*	−0.019***	−0.026**
	(−1.77)	(−2.61)	(1.62)	(−1.70)	(−4.38)	(−2.34)
公司层级效应	控制	控制	控制	控制	—	—
行业效应	控制	控制	控制	控制	控制	控制
年度效应	控制	控制	控制	控制	控制	控制
地区效应	控制	控制	控制	控制	控制	控制
_Cons	−0.904	−8.404***	−7.319***	−3.852	3.340**	−15.547***
	(−0.76)	(−3.27)	(−3.51)	(−0.90)	(2.06)	(−3.59)
N	2 162	624	788	264	1 374	360
Pseudo R^2	0.0556	0.1449	0.0985	0.1601	0.0749	0.228
卡方统计值	150.5***	89.58***	100.5***	37.04***	126.0***	84.00***

注：括号内为（T）Z值，***、**、*分别表示在1%、5%、10%水平上显著。

表 6-22　　　　国企高管晋升期望、职业思量与投资偏好：年龄分组

变量	(1)	(2)	(3)	(4)	(5)	(6)
	Prefer$_{i,t}$		Prefer$_{i,t}$		Prefer$_{i,t}$	
	全样本		中央企业		地方国企	
	≤50 岁	≥55 岁	≤50 岁	≥55 岁	≤50 岁	≥55 岁
$Promoexp_{i,t}$	−10.309***	2.414	−8.761***	−5.076	−10.332***	10.408*
	(−6.83)	(0.85)	(−2.86)	(−0.88)	(−5.73)	(1.88)

变量	（1）	（2）	（3）	（4）	（5）	（6）
	$\text{Prefer}_{i,t}$		$\text{Prefer}_{i,t}$		$\text{Prefer}_{i,t}$	
	全样本		中央企业		地方国企	
	≤50 岁	≥55 岁	≤50 岁	≥55 岁	≤50 岁	≥55 岁
$DH_{i,t} \times Promoexp_{i,t}$	0.192 ***	0.118	0.226 ***	0.696 **	0.179 ***	-0.183
	(4.49)	(1.04)	(2.90)	(2.24)	(3.38)	(-0.96)
$Size_{i,t-1}$	-0.384 ***	-0.538 ***	-0.465 ***	-0.237	-0.382 ***	-1.044 ***
	(-6.16)	(-4.29)	(-3.68)	(-0.97)	(-5.13)	(-4.13)
$Leverage_{i,t-1}$	-2.189 ***	-2.643	-2.763 *	-1.279	-1.922 **	-7.476 ***
	(-3.22)	(-1.64)	(-1.78)	(-0.41)	(-2.43)	(-3.48)
$Roa_{i,t-1}$	-4.807 ***	1.239	-6.814 *	6.914	-3.808 **	-2.878
	(-3.18)	(0.32)	(-1.83)	(0.90)	(-2.24)	(-0.59)
$Tobin'q_{i,t-1}$	2.271 ***	1.539	3.603 **	6.781 **	1.816 **	0.888
	(3.06)	(1.15)	(2.50)	(2.04)	(2.02)	(0.58)
$Fcf_{i,t-1}$	-1.481	0.173	-1.253	-8.992 **	-1.700	3.707
	(-1.34)	(0.09)	(-0.60)	(-1.97)	(-1.29)	(1.50)
$Adm_{i,t-1}$	2.023 **	-2.571	5.597 ***	-1.250	1.152	-2.015
	(2.19)	(-1.06)	(2.65)	(-0.35)	(1.10)	(-0.46)
$Comp_{i,t-1}$	-0.473 ***	0.132	-0.679 ***	-0.0790	-0.363 **	0.654 **
	(-3.68)	(0.65)	(-2.82)	(-0.16)	(-2.25)	(2.00)
$Board_{i,t-1}$	0.142	-1.882 **	-1.104	-4.918 **	0.421	-5.628 ***
	(0.34)	(-2.22)	(-1.02)	(-2.55)	(0.92)	(-3.88)
$Indep_{i,t-1}$	2.280	9.531 ***	3.327	7.648 *	2.476	9.249 **
	(1.34)	(4.10)	(1.10)	(1.66)	(1.18)	(2.34)
$Bigsh_{i,t-1}$	0.018 ***	0.002	0.033 ***	0.015	0.015 **	-0.01
	(3.31)	(0.25)	(2.94)	(0.61)	(2.29)	(-0.68)
公司层级效应	控制	控制	控制	控制	—	—
行业效应	控制	控制	控制	控制	控制	控制
年度效应	控制	控制	控制	控制	控制	控制
地区效应	控制	控制	控制	控制	控制	控制
_Cons	10.081 ***	-0.225	13.798 ***	9.720	8.543 ***	0.991
	(4.84)	(-0.07)	(3.49)	(1.47)	(3.25)	(0.17)
N	1 281	366	454	140	827	226
Pseudo R^2	0.2319	0.2275	0.3453	0.3381	0.1817	0.369
卡方统计值	266.8 ***	95.43 ***	104.7 ***	36.16 ***	157.3 ***	59.53 ***

注：括号内为（T）Z 值，＊＊＊、＊＊、＊分别表示在 1%、5%、10% 水平上显著。

表 6 - 23　　　　国企高管晋升期望、职业思量与过度投资：年龄分组

变量	(1)	(2)	(3)	(4)	(5)	(6)
	$Over_{i,t}$		$Over_{i,t}$		$Over_{i,t}$	
	全样本		中央企业		地方国企	
	≤50 岁	≥55 岁	≤50 岁	≥55 岁	≤50 岁	≥55 岁
$Promoexp_{i,t}$	0.03	0.024	- 0.027	0.038	0.061 **	0.023
	(1.30)	(0.57)	(- 0.91)	(0.66)	(2.03)	(0.46)
$DH_{i,t} \times Promoexp_{i,t}$	0	- 0.001	0.002 **	0	- 0.002 **	0
	(- 0.22)	(- 0.41)	(1.97)	(- 0.02)	(- 2.05)	(- 0.07)
$Size_{i,t-1}$	- 0.002 **	- 0.006 **	- 0.002	- 0.005	- 0.003 **	- 0.006 ***
	(- 2.53)	(- 2.43)	(- 1.45)	(- 1.37)	(- 1.98)	(- 2.60)
$Leverage_{i,t-1}$	0.008	- 0.016	0.031 **	0.01	- 0.001	- 0.038
	(0.72)	(- 0.73)	(2.22)	(0.29)	(- 0.04)	(- 1.38)
$Roa_{i,t-1}$	0.068 ***	- 0.155	0.079 ***	- 0.441 *	0.070 ***	- 0.009
	(3.53)	(- 1.45)	(3.08)	(- 1.79)	(2.58)	(- 0.16)
$Tobin'q_{i,t-1}$	- 0.015	- 0.003	- 0.02	- 0.044	- 0.011	0.019
	(- 0.99)	(- 0.19)	(- 1.07)	(- 1.65)	(- 0.53)	(0.75)
$Fcf_{i,t-1}$	0.022	0.065 *	0.01	0.129	0.025	0.055
	(1.60)	(1.84)	(0.40)	(1.47)	(1.50)	(1.56)
$Adm_{i,t-1}$	0.008	- 0.060 **	- 0.002	- 0.04	0.015	- 0.051 *
	(0.78)	(- 2.24)	(- 0.13)	(- 0.91)	(1.07)	(- 1.76)
$Comp_{i,t-1}$	0.002	0	0.001	- 0.003	0.003	0
	(1.44)	(- 0.07)	(0.35)	(- 0.48)	(1.60)	(0.01)
$Board_{i,t-1}$	0.001	0.007	- 0.005	- 0.003	0.005	0.003
	(0.18)	(0.69)	(- 0.67)	(- 0.18)	(0.67)	(0.28)
$Indep_{i,t-1}$	0.017	0.003	0.011	- 0.051	0.035	0.011
	(0.68)	(0.07)	(0.41)	(- 0.63)	(1.03)	(0.19)
$Bigsh_{i,t-1}$	0	0	0	0	- 0.000 **	- 0.000 *
	(- 1.00)	(- 1.42)	(0.37)	(0.06)	(- 2.19)	(- 1.90)
公司层级效应	控制	控制	控制	控制	—	—
行业效应	控制	控制	控制	控制	控制	控制
年度效应	控制	控制	控制	控制	控制	控制
地区效应	控制	控制	控制	控制	控制	控制
_Cons	- 0.023	0.051	0.023	0.131	- 0.06	0.063
	(- 0.84)	(1.07)	(0.65)	(1.35)	(- 1.56)	(0.91)
N	2 199	627	799	265	1 400	362
Adj-R^2	0.05	0.061	0.054	0.154	0.066	0.074
F 统计值	12.50 ***	2.717 ***	4.499 ***	1.008	8.572 ***	2.014 ***

注：括号内为（T）Z 值，＊＊＊、＊＊、＊分别表示在1%、5%、10%水平上显著。

表 6 - 24　　　　　国企高管晋升期望、职业思量与投资不足：年龄分组

变量	(1)	(2)	(3)	(4)	(5)	(6)
	$Under_{i,t}$		$Under_{i,t}$		$Under_{i,t}$	
	全样本		中央企业		地方国企	
	≤50 岁	≥55 岁	≤50 岁	≥55 岁	≤50 岁	≥55 岁
$Promoexp_{i,t}$	0.005	-0.0310	0.027	-0.012	-0.004	-0.039
	(0.35)	(-1.40)	(0.97)	(-0.50)	(-0.28)	(-1.01)
$DH_{i,t} \times Promoexp_{i,t}$	0.001 *	0	0.001 **	-0.001	0	0.001
	(1.87)	(-0.26)	(2.04)	(-0.45)	(0.64)	(0.59)
$Size_{i,t-1}$	-0.002 ***	-0.002	-0.004 ***	-0.002	-0.001 **	-0.001
	(-3.66)	(-1.48)	(-2.81)	(-0.89)	(-1.99)	(-0.74)
$Leverage_{i,t-1}$	-0.014 **	0.009	-0.002	0.017	-0.019 **	0.008
	(-1.99)	(0.67)	(-0.18)	(0.93)	(-2.13)	(0.42)
$Roa_{i,t-1}$	-0.035 *	0.024	-0.046	-0.027	-0.03	0.075
	(-1.86)	(0.69)	(-1.32)	(-0.57)	(-1.55)	(1.45)
$Tobin'q_{i,t-1}$	0.011	-0.013	0.004	-0.007	0.014	-0.027
	(1.27)	(-1.02)	(0.31)	(-0.40)	(1.19)	(-1.43)
$Fcf_{i,t-1}$	0.026 **	0.031	0.052 **	0.027	0.013	0.034
	(2.50)	(1.41)	(2.25)	(0.55)	(1.17)	(1.37)
$Adm_{i,t-1}$	0.019	0.051 *	0.021	0.065	0.02	0.051
	(1.51)	(1.72)	(0.93)	(1.24)	(1.29)	(1.38)
$Comp_{i,t-1}$	-0.001	-0.004 **	-0.002	-0.002	-0.001	-0.006 **
	(-1.13)	(-2.17)	(-1.13)	(-0.73)	(-0.57)	(-2.20)
$Board_{i,t-1}$	-0.004	0.006	-0.004	0.007	-0.005	0.004
	(-1.10)	(0.84)	(-0.54)	(0.84)	(-1.36)	(0.43)
$Indep_{i,t-1}$	-0.017	0.047	-0.005	-0.031	-0.027	0.090 *
	(-1.07)	(1.51)	(-0.18)	(-1.00)	(-1.41)	(1.95)
$Bigsh_{i,t-1}$	0	0	0	0	0.000 *	0
	(0.39)	(0.84)	(-1.35)	(-0.33)	(1.68)	(1.10)
公司层级效应	0	0	0	0	0	0
行业效应	控制	控制	控制	控制	控制	控制
年度效应	控制	控制	控制	控制	控制	控制
地区效应	控制	控制	控制	控制	控制	控制
_Cons	0.041 **	0.041	0.055 *	0.033	0.035	0.06
	(2.11)	(1.43)	(1.69)	(0.72)	(1.47)	(1.49)
N	2199	627	799	265	1400	362
Adj-R^2	0.093	0.086	0.133	0.098	0.085	0.121
F 统计值	30.66 ***	7.260 ***	12.22 ***	2.696 ***	20.67 ***	5.487 ***

注：括号内为（T）Z 值，*** 、** 、* 分别表示在1% 、5% 、10% 水平上显著。

表6 - 25   **国企高管晋升期望、职业思量与投资机会敏感性：年龄分组**

变量	(1)	(2)	(3)	(4)	(5)	(6)
	$Newinvest_{i,t}$		$Newinvest_{i,t}$		$Newinvest_{i,t}$	
	全样本		中央企业		地方国企	
	≤50 岁	≥55 岁	≤50 岁	≥55 岁	≤50 岁	≥55 岁
$Promoexp_{i,t} \times Tobin'q_{i,t-1}$	0.103 **	0.082	0.062	0.218 ***	0.126 **	- 0.066
	(2.37)	(0.89)	(0.80)	(2.63)	(2.00)	(- 0.58)
$DH_{i,t} \times Promoexp_{i,t} \times Tobin'q_{i,t-1}$	- 0.001	- 0.003	0.003 *	0	- 0.003 **	- 0.004
	(- 0.80)	(- 0.92)	(1.67)	(0.09)	(- 2.02)	(- 1.07)
$Tobin'q_{i,t-1}$	0.002	- 0.003	0.003	- 0.003	0.001	- 0.001
	(0.97)	(- 0.78)	(1.02)	(- 0.81)	(0.23)	(- 0.17)
$Size_{i,t-1}$	- 0.039 *	- 0.081 **	- 0.016	- 0.068	- 0.046	- 0.074
	(- 1.81)	(- 2.13)	(- 0.49)	(- 1.47)	(- 1.36)	(- 1.62)
$Leverage_{i,t-1}$	0.266 ***	- 0.153	0.168 **	- 0.391 ***	0.352 ***	0.043
	(5.98)	(- 0.91)	(2.56)	(- 3.21)	(5.90)	(0.43)
$Roa_{i,t-1}$	0.021	0.026	0.004	- 0.044	0.031	0.067
	(0.87)	(0.83)	(0.12)	(- 0.92)	(0.80)	(1.50)
$Fcf_{i,t-1}$	0.167 ***	0.188 ***	0.140 ***	0.227 ***	0.174 ***	0.186 ***
	(5.23)	(3.10)	(2.60)	(2.63)	(4.27)	(3.11)
$Adm_{i,t-1}$	- 0.0310	- 0.172 ***	- 0.0640	- 0.150 **	- 0.0150	- 0.112 *
	(- 0.98)	(- 3.19)	(- 1.34)	(- 2.13)	(- 0.36)	(- 1.95)
$Comp_{i,t-1}$	0.008 **	0.007	0.015 **	0.012	0.006	0.004
	(2.13)	(1.06)	(2.35)	(1.34)	(1.22)	(0.48)
$Board_{i,t-1}$	0.005	0.007	- 0.007	- 0.011	0.01	0.019
	(0.38)	(0.34)	(- 0.32)	(- 0.38)	(0.56)	(0.76)
$Indep_{i,t-1}$	0.056	- 0.059	- 0.028	- 0.091	0.122 *	- 0.13
	(1.09)	(- 0.74)	(- 0.35)	(- 0.90)	(1.80)	(- 1.25)
$Bigsh_{i,t-1}$	0	- 0.001 **	0	- 0.001 *	- 0.000 *	- 0.001 **
	(0.00)	(- 2.19)	(1.50)	(- 1.92)	(- 1.94)	(- 2.17)
公司层级效应	0	0	0	0	0	0
行业效应	控制	控制	控制	控制	控制	控制
年度效应	控制	控制	控制	控制	控制	控制
地区效应	控制	控制	控制	控制	控制	控制
_Cons	- 0.134	0.0290	- 0.208	0.0060	- 0.154 *	0.0860
	(- 1.15)	(0.29)	(- 1.53)	(0.05)	(- 1.68)	(0.61)
N	1 785	554	634	264	1 151	324
Adj-R^2	0.163	0.175	0.141	0.273	0.188	0.215
F 统计值	17.22 ***	7.240 ***	5.608 ***	5.101 ***	14.02 ***	5.800 ***

注：括号内为（T）Z 值，***、**、*分别表示在1%、5%、10%水平上显著。

3. 晋升期望与在职消费

本书进一步检验晋升空间不同的国有企业高管对职位消费的偏好差异，以期为前述研究结论补充更坚实证据。

职务消费兼具激励与代理属性，一般很难将二者严格分离。对于国有企业高管而言，在职消费本身既是受管制显性薪酬激励的必要补充，也是控制权私人收益的重要来源。在职消费通常不公开，作为资源耗费行为，原则上应有所约束，尽可能以较少支出实现激励目标，减少代理成本。

表6-26列示了国有企业高管晋升期望与职务消费的检验结果。回归（1）~回归（5）中，$Promoexp_{i,t}$的系数显著为负，$DH_{i,t} \times Promoexp_{i,t}$则显著为正，符合研究预期，表明晋升期望大的国有企业高管，整体上会减少职务消费等代理行为，与本书发现基本一致。但$Promoexp_{i,t}$在回归（2）与回归（4）中的系数分别为-0.096与-0.072，显著低于回归（3）与回归（5）的回归结果，即晋升期望对职务消费抑制效应，在地方国有企业与垄断性国有企业中更明显。中央企业负责人社会关注度高，受外部监管的压力更大，为避免社会舆论争议，不论晋升期望大小，央企高管皆有动机抑制在职消费，而地方国有企业高管因为晋升空间不同，职务消费水平差异比较大；竞争行业国企与垄断行业国企的分析类似。这从高管职务消费的统计特征上就可以看出，中央企业与竞争行业国企样本的标准差分别为0.16与0.29，显著低于地方国有企业的0.24与0.75，与王曾等（2014）研究发现一致。

表6-26　　　　国企高管晋升期望、职业思量与在职消费：区分企业类型

变量	(1)	(2)	(3)	(4)	(5)
	$Perks_{i,t}$				
	全样本	中央企业	地方国企	竞争行业国企	垄断行业国企
$Promoexp_{i,t}$	-0.115***	-0.096***	-0.116***	-0.072***	-0.151***
	(-12.98)	(-5.98)	(-10.22)	(-5.93)	(-12.44)
$DH_{i,t} \times Promoexp_{i,t}$	0.002***	0.002***	0.002***	0.001***	0.002***
	(8.50)	(4.08)	(6.84)	(3.99)	(7.41)
$Size_{i,t-1}$	0.004***	0.002***	0.005***	0.005***	0.004***
	(9.76)	(2.88)	(9.43)	(7.97)	(5.43)

变量	(1)	(2)	(3)	(4)	(5)
	$Perks_{i,t}$				
	全样本	中央企业	地方国企	竞争行业国企	垄断行业国企
$Leverage_{i,t-1}$	-0.012 **	-0.028 ***	0.003	-0.008	-0.015 **
	(-2.52)	(-3.67)	(0.53)	(-1.21)	(-2.15)
$Roa_{i,t-1}$	-0.017 *	-0.033	0	-0.048 ***	0.004
	(-1.72)	(-1.49)	(-0.02)	(-2.60)	(0.26)
$Tobin'q_{i,t-1}$	-0.012 **	0	-0.024 ***	-0.019 **	-0.007
	(-2.22)	(0.04)	(-3.43)	(-2.48)	(-0.83)
$Fcf_{i,t-1}$	0.023 ***	0.007	0.030 ***	0.020 **	0.032 ***
	(3.13)	(0.54)	(3.39)	(2.17)	(2.67)
$Comp_{i,t-1}$	-0.001	-0.002	0	-0.001	-0.001
	(-0.89)	(-1.10)	(0.27)	(-0.71)	(-0.54)
$Board_{i,t-1}$	-0.012 ***	-0.016 ***	-0.009 **	-0.010 **	-0.014 ***
	(-3.91)	(-3.20)	(-2.57)	(-2.21)	(-3.26)
$Indep_{i,t-1}$	0.005	0.005	0.008	-0.001	0.001
	(0.47)	(0.31)	(0.53)	(-0.05)	(0.04)
$Bigsh_{i,t-1}$	0	0	0	0	0
	(-0.64)	(0.53)	(-0.07)	(0.60)	(-0.71)
公司层级效应	控制	—	—	控制	控制
行业效应	控制	控制	控制	—	—
年度效应	控制	控制	控制	控制	控制
地区效应	控制	控制	控制	控制	控制
_Cons	0.116 ***	0.160 ***	0.088 ***	0.082 ***	0.137 ***
	(3.75)	(6.89)	(2.73)	(4.13)	(4.10)
N	2 744	1 039	1 705	1 501	1 243
R^2	0.148	0.172	0.145	0.128	0.179
F 统计值	24.87 ***	17.49 ***	15.87 ***	10.92 ***	14.84 ***

注：括号内为（T）Z 值，＊＊＊、＊＊、＊分别表示在 1%、5%、10% 水平上显著。

最后，根据国有企业高管职位升降结果分组，采用均值、中值差异检验统计方法，对高管任职期间投资行为进行事实验证。限于篇幅，这里不一一列示。

6.5.2 稳健性测试

其他稳健性测试与扩展性分析还包括：（1）将原有国企高管样本划分为晋升—降职样本或晋升—非晋升样本，使用二元 Logit 模型重新估算国企高管的晋升预期替代原有的解释变量；（2）删除因违法犯罪而离职的国企高管样本。

另外，省属国企、市县级国企样本的回归结果，限于篇幅，正文未列示，但基本结论不变，特此强调。

最后，本书还粗略统计了国企高管并购行为的地域与行业选择差异，计算并购事件的市场收益率，确定并购质量，佐证本书研究结论。

6.6　结语

本书基于国有企业高管的职位变更数据，区分监管主体独立性与外部竞争环境，从晋升期望与职业思量的角度探究了晋升评价—激励机制对央企高管与地方国企高管，竞争类国企高管与垄断类国企高管投资扩张行为的激励效果。研究发现，国企高管会权衡个人晋升可能性与可能耗费的时间机会成本，"相机"调整投资扩张水平及成长方式，导致投资决策质量发生变化，从而影响国有资产的价值。本书将上述现象概括为国有企业高管对当前晋升激励机制的应激行为反应。比较而言，央企高管的行为敏感度高于地方国企高管，竞争行业国企高管与垄断行业国企高管差异化的行为反应一定程度上依赖所处行业的竞争程度，这有待未来进一步挖掘。

第**7**章

晋升评价激励机制
与国企高管的捐赠偏好

与民营企业追求股东财富最大化不同，国有企业除经济目标外，还需兼顾政治任务与社会责任。在第 6 章基础上，本章实证检验晋升评价激励机制对国有企业高管的非经营政治行为——社会公益实践的激励效果，并结合经营产出质量作综合评价，扩展和完善了国有企业微观公司治理问题的分析思路。

7.1　引言

中国社会历经经济关系调整、社会财富及财富阶层增长扩大的同时，各种社会问题逐步凸显。慈善公益作为一种自发的财富调节方式，有益于缓和社会矛盾，创造和谐。企业作为社会财富的创造者，是公益事业的重要参与主体，无论国有企业还是其他非公有制企业，践行社会公益都是企业承担社会责任的重要表现（卡罗尔，1979）。尤其是国有企业，作为产权公有的"企业公民"，完成经济责任的同时，回应社会期望，帮助改善民生，是其政治责任与社会责任的内在要求（黄速建和余菁，2006）。但与民营企业自主创富，自主决策及自发捐赠的公益模式不同，国有企业财富民有共享，导致其公益实践颇受争议，公益实践程度参差不齐。《企业公益蓝皮书（2016）》公布的"国有企业100强公益发展指数"中，公益发展指数高者达91.38分，如中央企业华润（集团），但同样是央企，低者甚至不足均值（22.64分），遑论其他地方国企。在企业财务状况一定的条件下，为什么国有企业慈善公益行为差别如此明显？尽管国有企业的公益捐赠决策受政府与社会民意影响，但国有企业高管作为企业的核心决策者（格雷厄姆等，2013，2015），其进行慈善捐赠的动机又是什么？再综合其他财务表现，其公益慈善行为到底是国有企业高管利用控制权谋求晋升私利的短期"形象工程"，还是合理践行社会责任的"社会担当"？

实际上，企业进行慈善捐赠的缘由与影响因素各种各样，尤其在中国情境下。各级政府在慈善公益中扮演着重要角色，民营企业家基于政治考量，会将慈善捐赠视作发展政治关系，参与政治生活并获取商业审批、税收优惠、政府补贴与银行贷款的重要手段（戴亦一等，2014）。当然，慈善公益活动从经济本质上具备广告营销效果，考虑经济利益，不论民营企业还是国有企业都可以借助慈善捐赠扩大产品影响，积累声誉资本并提升企业价值（波特和克莱默，2002；莱夫等，2010；山立威等，2008）。徐莉萍等（2011）还从媒体关注的角度，区别股权性质、产品性质与市场竞争程度，实证检验了企业在汶川地震捐款中的行为差异。高勇强等（2012）发现，民营企业会通过慈善捐赠转移外界对其内在社会责任缺失的注意力。海明威和麦克拉根（2004）及麦克威廉姆斯等（2006）认为管理层会凭借慈善公益提升个人名望并获取社会关注，或者掩盖其他不法行为。此外，除"利己"动机外，现有文献还从"利他"与制度驱动两个方面解释企业的公益慈善动机（加里加和梅莱，2004；雅各布森，2013）。例如，企业管理层进行慈善捐赠也可能是受"利他主义"道德驱动，许年行和李哲（2016）发现，有贫困经历的CEO慈善捐赠更多。坎贝尔（2007）认为，企业会考虑相关利益者的期望，承担社会责任以契合社会制度规范。高勇强等（2011）发现，民营企业家的社会身份对企业慈善捐赠有积极影响。

国有企业（高管）从事慈善公益活动的驱动因素比较复杂。与处于行业竞争程度较高的民营企业不同，国有企业多集中在涉及国家安全与国民经济命脉的关键领域，并无通过大额捐赠进行品牌营销的压力。国有企业履行社会责任，尤其参与"救急难"等公益慈善事业，是内在使命，也是全社会的期望和要求；国有企业高管为"契合社会规范"，也会积极承担社会公益义务。

郑志刚等（2012）通过案例分析发现，实现晋升的地方国有企业高管任职期间会通过异常的慈善捐赠，吸引公众及上级主管部门关注，为未来晋升造势。实际上，国有企业高管进行慈善捐赠，既可能是履行社会责任，也可能是为完成政治任务而积累晋升资历。因此，需要借助恰当的实证研究设计识别出国有企业高管慈善公益活动的本质，回应公众认知争议：慈善捐赠是国企高管谋求晋升资本的"自利工具"，还是受晋升激励机制刺激，合理践行社会责任的重要表现？

为明确国企高管的公益慈善实质，本书首先整理 A 股国有上市公司的慈善捐赠数据，据此统计国企高管的公益实践差异；其次，收集离任国企高管的离职去向及职位升降数据，基于晋升评价激励机制，考虑高管的晋升期望强度与时间耗费，建立国企高管晋升激励与公益慈善行为的因果关系，检验"自利"动机；最后，将企业经营成果质量纳入分析框架，如果发现从事公益慈善活动的国企高管，其任职期间盈余质量更好，则不能否定国企高管公益慈善行为的经济效率与"利他"可能。

7.2 制度背景、理论分析与研究假设

本书参照斯旺森（1995）与桑切斯（2000）有关企业从事社会责任与慈善捐赠活动的理论范式，结合我国特有的制度环境，推导国有企业高管公益慈善的行为逻辑，并据此探究其潜在的行为动机。

7.2.1 国有企业高管公益慈善的行为逻辑

国有企业身兼经济、政治、社会等多重任务（林等，1998；白等，2006），除促进国有资产保值增值外，还肩负改善国计民生的重任。公益慈善是企业社会责任的高级表现形式（图佐利诺和阿曼迪，1981；卡罗

尔，1991），国有企业通过赈灾、扶弱济贫等善举，有助于调节社会资源，促进公平。同时，绝大多数国有企业高管是共产党党员，兼任人大代表或政协委员，直接参政议政，社会关注度高，社会大众与政府对其道德诉求也相对较高（梁建等，2010），国有企业高管会积极参与公益慈善回应社会期望。而政治参与度高的国有企业高管也更有可能关注民计民生，产生同理心与"利他"思量，支持慈善公益事业。

尽管慈善公益是国有企业产权公有的客观要求，也是国企高管对其社会身份的道德回应，契合国有企业的组织定位，但受晋升评价—激励机制驱动，国有企业高管公益慈善行为的开展动机与实践程度存在明显差异。

作为非生产性行为（弗里德曼，1970；鲍莫尔，1996），也会分散国有企业高管的经营努力，占用企业资源并影响经营绩效（范·比尔登和戈斯林，2008）。为防止捐赠决策权滥用，各级国资委也对所辖国有企业的对外捐赠行为，从程序、金额及用途上有所限制。因此，国有企业高管进行捐赠决策时，需要权衡捐赠支出带来的收益与成本。

国有企业每一行政级别任职设有隐性年龄限制，为尽快实现晋升，降低时间成本，晋升预期较高的国有企业高管倾向于积极作为，领先其他潜在竞争者，吸引上级主管部门关注并为职业晋升增加砝码（刘青松和肖星，2015；张霖琳等，2015）。国有企业高管不仅需要通过并购扩张战略等方式，在财务行为上表现良好，还需要兼具政治与社会担当。尤其在"公益摊派"政治任务广泛存在的现实背景下（张敏等，2013），高管主动承担公益任务，帮助分担政府目标；"利用自有资金积极进行捐赠"或"在投资兴业中吸纳困难群体"，可以向外界传递政治素质信号，加强已有政治联系，提升个人形象并积累晋升资本。因此，晋升期望高的国有企业高管有更大的激励从事社会公益，加强个人晋升优势。本书提出假设 H_{7-1}，并考虑国有企业高管晋升耗费的时间成本，延伸出假设 H_{7-2}：

H_{7-1}：其他条件一定，国有企业高管晋升期望越高，其开展社会公益的可能性与水平越高。

H_{7-2}：其他条件一定，国企高管职业思量即任职预期越短，H_{7-1} 相关性越强。

7.2.2　国有企业高管公益慈善行为的经济评价

追求晋升激励的国有企业高管，需要兼顾经济表现与政治表现，但承担政治任务不应妨害国有资产的保值增值目标。评价国有企业高管公益慈善行为效率，离不开讨论高管任职期间的业绩表现。

理论上讲，国有企业高管晋升预期越高，盈余裁量程度越低，经营产出质量越高。通常，国有上市公司面临较强的外部审计压力，如年度财报审计以及国有企业高管的任中与离任经济责任审计。而受晋升激励（陈冬华等，2011；郑志刚等，2012），顾虑违规成本，晋升期望大的国有企业高管会规避盈余管理活动，降低晋升风险。因此，可以推断：若慈善公益未减弱国有企业高管晋升期望与经营产出质量之间的关系强度，则表明国企高管的慈善公益活动更可能是一种社会担当；反之，则为国企高管晋升造势的"利器"。

现有文献分别从道德期望与管理层自利两个角度，讨论企业社会责任（CSR）或慈善公益与企业盈余质量之间的关系（詹森和麦克林 1976；琼斯，1995；加里加和梅勒，2004；麦克威廉姆斯等，2006；麦基等，2007）。佩特罗维茨（2006）与普赖尔等（2008）实证检验企业社会责任 CSR 与盈余报告之间的关系发现，慈善捐赠项目或 CSR 实践越多的公司，管理层盈余操纵水平越高，经理层会利用 CSR 谋求个人私利，CSR 会增加代理成本（麦克威廉姆斯等，2006；海明威和麦克拉根，2004）。而金等（2012）发现企业社会责任（CSR，含慈善捐赠）得分高的公司道德约束更强，利润操纵的概率与水平更低。程锐等（2015）也发现，慈善捐赠可以降低民营企业的真实盈余管理水平。基于上述分析，本书提出竞争假设 H_{7-3a} 与 H_{7-3b}，同时，继续考虑晋升的时间耗费，延伸出假设 H_{7-4}，对国企高管慈善公益活动进行评价：

H_{7-3a}：其他条件一定，国有企业高管慈善公益活动会减弱晋升激励与经营产出质量之间的关系强度，沦为"形象工程"。

H_{7-3b}：其他条件一定，国有企业高管慈善公益活动不会减弱晋升激励与经营产出质量之间的关系强度，更多表现为"社会担当"。

H_{7-4}：其他条件一定，国企高管任职的职业思量即预期任期越短，H_{7-3a} 或 H_{7-3b} 的相关关系越显著。

7.2.3　中央企业与地方国有企业差异讨论

基于中央企业与地方国有企业在实际控制人层次以及行业经济重要性上的区别，本书从监管独立性与媒体关注度两方面，探讨前述研究假设在两类国有企业中的不同表现。

比较而言，地方国有资产管理部门的监管独立性与媒体弱于国务院国资委，地方国有企业的媒体关注度弱于中央企业。现有国有资产管理体制下，各级地方政府控制地方国有企业，联合当地国有资产管理部门考评与任免所辖国有企业高管。作为国有资产中间代理人，同时掌握地区资源配置权力，地方政府官员受政治晋升锦标赛激励，有较强动机和能力赋予所辖国有企业政治与社会任务，以塑造政绩获取竞争优势地位。公益慈善事业对于保障和改善民生、促进社会和谐和提升当地公共服务水平有重要意义。尤其当自然灾害发生时，地方政府往往会通过慈善捐赠摊派的方式缓解地区政府财政资金压力，维持社会稳定，（周黎安，2007；张建君，2013）。而地方国有企业高管出于晋升自利考虑，乐于响应地方政府号召，分担社会公益责任，强化个人政治关系优势并增加晋升资本。因此，H_{7-1} 与 H_{7-2} 在地方国有企业中可能表现得更明显。而作为利益交换，地方政府官员也乐于给所辖国有企业高管任职考核大开方便之门，降低考核的业绩标准，使晋升评价激励机制的治理效果"打折"，H_{7-3a} 与 H_{7-4} 在地方国有企业中显著成立。

而中央企业作为我国国民经济支柱，本身被委以促进经济社会和谐发展的重任。国务院国资委数次下发《关于中央企业履行社会责任的指导意见》（2008）与《民政部、国资委关于支持中央企业积极投身公益慈善事业的意见》（2015）等文件，督促中央企业主动投身公益慈善事业，为中国慈善事业发展和树立良好国际形象作表率。

中央企业高管因经营庞大的资产规模，兼之中央企业重要的经济地位而备受社会关注，承受了较大的媒体舆论压力（徐莉萍等，2011），同时受立场相对独立的国资委监管，除实现央企资产保值增值的经营目标外，还需自觉开展不同形式的慈善活动，包括救助灾害、救孤济困、扶老助残等，践行社会公益，实现政治与社会目标。而国资委则严格依照绩效考评方法考核央企高管的经营表现与社会责任表现，监督不合理行为，并对其进行职务任免奖惩。因此，H_{7-3b} 与 H_{7-4} 在中央企业中显著成立，即中央企业高管受晋升期望激励而进行的慈善公益实践更多是一种社会担当。综上所述，本书进一步提出研究假设 H_{7-5a} 与 H_{7-5b}：

H_{7-5a}：其他条件一定，H_{7-1} 与 H_{7-2}，H_{7-3a} 与 H_{7-4} 在地方国企中表现更明显。

H_{7-5b}：其他条件一定，H_{7-3b} 与 H_{7-4} 在中央企业中表现更明显。

7.3　研究设计

7.3.1　样本选择与数据来源

考虑实际控制人信息披露时间和国资委成立时间，并排除 2014 年后国企分类管理与混合改革等制度冲击，本文选择 2003～2014 年间产权稳定国有的沪深 A 股非金融上市公司作为研究样本，2014 年之后，国企分类管理与混改实验启动，但国有资产纵向分级管理制度依然有效。因此，样本选择不影响结论。其中，国有企业高管晋升激励变量数据根据国泰安数据库、上市公司年报及高管变更公告等手工收集整理而成，并参照新浪财经、公司网站及各级国资委官网等相关网站的信息材料进一步核实。其他国有上市公司财务特征与治理特征变量根据 CSMAR 与 WIND 数据库整理而成。公司"慈善捐赠"数据根据上市公司年报"财务报表附注"里"营业外支出"的捐赠项目收集而得。

7.3.2　变量定义与模型设定

1. 晋升激励变量

自变量晋升期望与职业思量的设定依照前述，不再赘述。

2. 社会公益参与

本书从慈善捐赠行为出发，观察国有企业高管的社会公益实践 $Cweal_{i,t}$。借鉴过往文献，首先设置虚拟变量 $Ydonr_{i,t}$ 与序数变量 $Ndonr_{i,t}$，统计高管任职期内是否发生捐赠行为以及捐赠的频次；其次考虑国有企业的资产规模与盈利能力，设置相对变量 $Donr_{i,t}$，为年度慈善捐赠金额与营业收入的比值。

3. 盈余裁量

本书从应计盈余管理与真实盈余管理程度两方面，计算高管任职期间的盈余裁量程度，在此基础之上，设定变量 $DAE_{i,t}$ 衡量国有企业高管任职期间的经营产出质量，间接测度国有企业高管晋升评价体系的激励效率。

（1）应计盈余管理模型。

本书选择模型（7-1）分年度分行业估计盈余管理水平。德肖等（1995）和夏立军（2003）分别对美国与中国市场的盈余管理计量模型进行检验发现，基于行业分类的横截面修正的琼斯（1991）模型可以更好地估计企业的盈余管理，后续我们也使用基本琼斯模型与卡萨瑞等（2005）模型进行了稳健性检验。

$$\frac{TAC_{i,t}}{A_{i,t-1}} = \sigma_0\left(\frac{1}{A_{i,t-1}}\right) + \sigma_1 \frac{(\Delta REV_{i,t} - \Delta AR_{i,t})}{A_{i,t-1}}$$
$$+ \sigma_2 \frac{PPE_{i,t}}{A_{i,t-1}} + \epsilon_{i,t} \tag{7-1}$$

其中，$TAC_{i,t} = (\Delta CA_{i,t} - \Delta Cash_{i,t}) - (\Delta CL_{i,t} - \Delta STD_{i,t}) - Dep_{i,t}$，为企业 i 第 t 年的总应计利润，$\Delta CA_{i,t}$ 为企业 i 的 t 年流动资产的增加额，$\Delta CL_{i,t}$ 为企业 i 第 t 年的流动负债的增加额，$\Delta Cash_{i,t}$ 为企业第 i 年第 t 年的现金及现金等价物增加额，$\Delta STD_{i,t}$ 为企业 i 第 t 年的将于一年内到期的长期负债增加额，$Dep_{i,t}$ 为企业 i 第 t 年的折旧和摊销成本。$A_{i,t-1}$ 为企业 i 第 $t-1$ 年末的总资产，$\Delta REV_{i,t}$ 为企业 i 第 t 年的主营业务收入增加额，$\Delta AR_{i,t}$ 为企业 i 第 t 年的应收账款增加额，$PPE_{i,t}$ 为企业 i 的 t 年的固定资产。模型（7-1）计量回归得残差为非操控性应计利润 $NDAC_{i,t}$，进一步运用模型（7-2）

即得到公司盈余管理的替代指标操控性应计利润（DAC）：

$$DAC_{i,t} = \frac{TAC_{i,t}}{A_{i,t-1}} - NDAC_{i,t} \qquad (7-2)$$

处于不同任期阶段的国企高管，会"相机"向上或向下调节当期利润水平，导致操控性应计利润（DAC）可正可负。我们对操控性应计利润（DAC）取绝对值，测算国企高管任职期间的盈余操纵程度，即|DAC|。

（2）真实盈余管理模型。

参考罗伊乔杜里（2006）和藏（2012），企业可以通过销售操控（如放宽销售条件限制、信用条件、加大销售折扣等）、生产操控（比如利用规模效应大量生产以降低单位产品成本），以及费用性操控（比如削减广告和维修等日常开支）来实现真实盈余管理。本书先估计每个公司每年度销售收入，生产成本和操控性费用的正常水平，然后计算残差估算异常销售收入、异常生产成本和异常可操控性费用，构建真实盈余管理的代理变量。本书依次设定模型（7-3）、模型（7-4）与模型（7-5），对其分行业分年度进行截面回归：

$$\frac{CFO_{i,t}}{Asset_{i,t-1}} = \beta_0 + \beta_1 \frac{1}{Asset_{i,t-1}} + \beta_2 \frac{Sales_{i,t}}{Asset_{i,t-1}} + \beta_3 \frac{\Delta Sales_{i,t}}{Asset_{i,t-1}} + \tau_{i,t} \qquad (7-3)$$

$$\frac{PROD_{i,t}}{Asset_{i,t-1}} = p_0 + p_1 \frac{1}{Asset_{i,t-1}} + p_2 \frac{Sales_{i,t}}{Asset_{i,t-1}} + p_3 \frac{\Delta Sales_{i,t}}{Asset_{i,t-1}}$$

$$+ p_4 \frac{\Delta Sales_{i,t-1}}{Asset_{i,t-1}} + \varepsilon_{i,t} \qquad (7-4)$$

$$\frac{DISEXP_{i,t}}{Asset_{i,t-1}} = \varphi_0 + \varphi_1 \frac{1}{Asset_{i,t-1}} + \varphi_2 \frac{Sales_{i,t-1}}{Asset_{i,t-1}} + \rho_{i,t} \qquad (7-5)$$

模型（7-3）、模型（7-4）与模型（7-5）中，$CFO_{i,t}$ 为 t 年经营活动现金净流量；$Asset_{i,t-1}$ 为 t-1 年总资产；$Sales_{i,t}$ 为 t 年的营业收入；$PROD_{i,t}$ 为 t 年产品成本，由 t 年营业成本与存货变化额相加得到，$DISEXP_{i,t}$ 为 t 年营业费用与管理费用之和。对模型（7-3）、模型（7-4）与模型（7-5）计量回归后得残差 REM_CFO、REM_PROD 与 REM_DIS-EXP，分别为销售操控、生产操控和酌量性费用操控的衡量指标；考虑公司可能同时进行3类真实活动盈余管理，李增福等（2010）构建包括销售操控、生产操控和酌量性费用操控 3 类真实活动盈余管理行为的综合指标，即模型（7 - 6）：

$$REM\_3 = REM\_PROD - REM\_CFO - REM\_DISEXP \qquad (7-6)$$

与前面一致，本书取 REM_3 的绝对值构建衡量真实活动盈余管理的综合指标，$|REM\_3|$ 越大，表明真实活动盈余管理的幅度越大。

4. 模型设定

本书首先设定模型（7 - 7），检验国有企业高管晋升预期与社会公益实践之间的关系。$Cweal_{i,t}$ 衡量国有企业高管慈善捐赠实践的倾向与强度，分别用 $Ydonr_{i,t}$、$Ndonr_{i,t}$ 及 $Donr_{i,t}$ 三个指标衡量。参照 H_{7-1} 与 H_{7-2}、$Promoexp_{i,t}$ 与 $DH_{i,t} \times Promoexp_{i,t}$ 的回归系数 ω_1 与 ω_2 预期取正值和负值。

$$Cweal_{i,t} = \omega_0 + \omega_1 Promoexp_{i,t} + \omega_2 DH_{i,t} \times Promoexp_{i,t} + \sum Control_{i,t}$$
$$+ \omega_3 Level + \omega_4 Monopoly + \omega_5 Stage + \omega_6 District + \theta_{i,t} \qquad (7-7)$$

借鉴过往文献（山立威等，2008；梁建等，2010；高勇强等，2011，2012；徐莉萍等，2011；张敏等，2013；戴亦一等，2014；许年行和李哲，2016），模型（7 - 7）还控制了公司财务特征与治理特质变量，具体如下：公司规模（$Size_{i,t}$），为公司 i 第 t 年总资产取对数；公司财务杠杆（$Leverage_{i,t}$），为资产负债率；公司的盈利能力（$Roa_{i,t}$），等于净利润与年初总资产的比值；公司的增长能力（$Growth_{i,t}$），这里用 Tobin'q 衡量，等于（每股价格×流通股份数 + 每股净资产×非流通股份数 + 负债账面价值）/ 总资产；高管薪酬水平（$Comp_{i,t-1}$），薪酬最高的前三位高管薪酬的自然对数；自由现金流比率 $Fcf_{i,t-1}$，等于经营现金净流量与总资产之比；管理费用率（$Adm_{i,t-1}$），等于公司 i 第 t - 1 年的管理费用/主营业务收入；独董比例（$Indep_{i,t}$），等于独董人数占董事会规模的比例；董事会规模（$Board_{i,t}$），等于董事会人数；第一大股东持股比例（$Bigsh_{i,t}$）；Level（Gov）表示高管所在企业的行政级别，为序列变量，即 1 - 市县级国企，2 - 省属国企，3 - 央企（0 - 地方国企，1 - 央企）；Monopoly 为虚拟变量，控制行业差异，管制行业取 1，竞争行业取 0；Stage 为序数变量，控制国企高管考核阶段的结构性差异，2003 ~ 2005 年为第一个考核阶段，取值 1，2006 ~ 2008 年为第二个考核阶段，取值 2，2009 ~ 2011 为第三个考核阶段，取值3，2012～2014为第四个考核阶段，取值4；$District$ 为序数变量，控制地区效应，西部地区取1，中部地区取2，东部地区取3。

为检验假设 H_{7-3a}、假设 H_{7-3b} 与假设 H_{7-4}，本文建立模型（7-8），其中，δ_1 的回归系数预期为负，即晋升预期高、压力小的国有企业高管盈余裁量程度相对较低；进一步，若 $Cweal_{i,t} \times Promoexp_{i,t}$ 的回归系数 δ_2 取正，则说明 $Cweal_{i,t}$ 会削弱国有企业高管晋升期望与盈余质量的关系，H_{7-3a} 得证，表明慈善捐赠可能是高管强化晋升优势的工具；反之，若 δ_2 取负，H_{7-3b} 得证，说明受职业晋升激励，国有企业高管不仅会努力实现国有资产保值增值，同时亦积极承担社会公益责任。模型（7-8）中，$Promoexp_{i,t}$ 为国有企业高管年初晋升期望，$DAE_{i,t}$ 与 $Cweal_{i,t}$ 为年末企业经营产出质量及当年捐赠行为，故本书不存在互为因果的内生性顾虑，其他内生性问题讨论如下所述。

$$DAE_{i,t} = \delta_0 + \delta_1 Promoexp_{i,t} + \delta_2 Cweal_{i,t} \times Promoexp_{i,t} + \delta_3 DH_{i,t}$$
$$\times Cweal_{i,t} \times Promotion_{i,t} + \sum Control_{i,t} + \delta_4 Level$$
$$+ \delta_5 Monopoly + \delta_6 Stage + \delta_7 District + \vartheta_{i,t} \qquad (7-8)$$

注意，模型（7-8）中控制变量为当年项，但变量定义与模型（7-7）一致；参照文献（罗伊乔杜里，2006；王克敏和王志超，2007；薄仙慧和吴联生，2009；科恩和扎罗温，2010；藏，2012），模型（7-8）还加入虚拟变量 $Big4_{i,t}$，控制会计师事务所类型（"四大"—非"四大"）对盈余管理的影响（贝克尔等，1998）。

最后，为检验假设 H_{7-5a} 与 H_{7-5b}，在模型（7-7）与模型（7-8）的基础上，再分组或交叉项验证 H_{7-1} 与 H_{7-2}，H_{7-3a}、H_{7-3b} 与 H_{7-4} 中央企业与地方国有企业（Gov，1 和 0）中的差异化表现，详见模型（7-9）与模型（7-10）。

$$Cweal_{i,t} = k_0 + k_1 Promoexp_{i,t} + k_2 GOV \times Promoexp_{i,t} + k_3 DH_{i,t}$$
$$\times Promotion_{i,t} + k_4 Gov \times DH_{i,t} \times Promotion_{i,t} + \sum Control_{i,t}$$
$$+ k_5 Monopoly + k_6 Stage + k_7 District + \epsilon_{i,t} \qquad (7-9)$$
$$DAE_{i,t} = z_0 + z_1 Promoexp_{i,t} + z_2 GOV \times Promoexp_{i,t} + z_3 Cweal_{i,t}$$

$$\times Promoexp_{i,t} + z_4 Gov \times Cweal_{i,t} \times Promoexp_{i,t}$$

$$+ z_5 DH_{i,t} \times Cweal_{i,t} \times Promotion_{i,t} + z_6 Gov$$

$$\times DH_{i,t} \times Cweal_{i,t} \times Promotion_{i,t} + \sum Control_{i,t}$$

$$+ z_7 Monopoly + z_8 Stage + z_9 District + \ni_{i,t} \qquad (7-10)$$

以上关键变量定义见表 7 – 1。

表 7 – 1　　　　　　　　　　关键变量定义

概念范畴	变量名称	变量定义
慈善捐赠	$Ydonr$	当年是否发生捐赠行为，若是取值为 1，否则为 0
	$Ndonr$	任职期内捐赠频次
	$Donr$	捐赠规模，等于年度慈善捐赠金额/营业收入
盈余质量	$|DAC|$	应计盈余操纵，由模型（7 – 2）计算可得
	$|REM\_3|$	真实盈余操纵，由模型（7 – 6）计算可得
自变量	$Promoexp$	晋升期望，衡量高管的晋升前景，估算模型详见模型（5 – 2）
	DH	职业思量，衡量高管任职的不确定性，计算办法详见模型（5 – 4）
控制变量	$Big4$	是否被国际"四大"审计，若是则取值 1，否则为 0
	$Size$	公司规模，总资产取对数
	$Leverage$	公司杠杆，等于总负债/总资产
	Roa	公司盈利能力，等于净利润与年初总资产的比值
	$Tobin'Q$	公司成长性 Tobin'Q，等于（每股价格 × 流通股份数 + 每股净资产 × 非流通股份数 + 负债账面价值）/总资产
	Fcf	现金流比率，等于经营现金净流量与总资产之比
	Adm	管理费用率，等于管理费用/主营业务收入
	$Comp$	高管薪酬，等于薪酬最高的前三位高管薪酬的自然对数
	$Board$	董事会规模，等于董事会人数取对数
	$Indep$	独董比例，等于独董人数占董事会规模的比例
	$Bigsh$	第一大股东持股比例
其他	$Level/Gov$	企业行政级别，市县级国企取值 1，省属国企取值 2，央企取值 3 /地方国企取值 0，央企取值 1
	$Monopoly$	企业所属行业，垄断行业取值 1，竞争行业取值 0
	$Stage$	控制考核阶段的结构性差异，2003 ~ 2005 年为第一个考核阶段，取值 1；2006 ~ 2008 年为第二个考核阶段，取值 2；2009 ~ 2011 为第三个考核阶段，取值 3；2012 ~ 2014 为第四个考核阶段，取值 4
	$District$	企业所在地，西部地区取值 1，中部地区取值 2，东部地区取值 3

7.4 实证结果

1. 关键回归变量描述性统计

表 7 - 2 为捐赠决策模型（7 - 6）、模型（7 - 7）与模型（7 - 8）关键变量的描述性统计。首先分析慈善捐赠变量，样本中 $Ydon$ 与 $Ndonr$ 的均值分别为 0.604 与 3.141，标准差为 0.489 和 2.560，表明约 60.37% 的国有企业高管任中发生了捐赠行为，平均捐赠三次，但高管之间的捐赠行为差异明显；捐赠金额 $Donation$ 平均为 215.083 万元，但标准差高达 2050 万元，进一步说明国有企业高管慈善捐赠行为具有内在异质性。下面结合高管的晋升激励特征，再做深入分析。

表 7 - 2 　　　　　　捐赠决策模型关键变量描述性统计

	变量	观察值	均值	标准差	最小值	最大值
盈余质量	应计盈余操纵（$\lvert DAC \rvert$）	5 935	0.085	0.086	0.001	0.471
	真实盈余操纵（$\lvert REM\_3 \rvert$）	5 800	0.136	0.133	0.002	0.698
慈善捐赠	当年是否发生捐赠行为（$Ydonr$）	6 370	0.604	0.489	0	1
	任职期内捐赠次数（$Ndonr$）	6 370	3.141	2.56	0	12
	捐赠金额（万元）（$Donation$）	6 370	215.083	2050	0	62 500
	捐赠营收比（每万元）（$Donr$）	6 362	2.125	5.272	0	34.143
自变量	晋升期望（$Promoexp$）	4 126	0.489	0.093	0.278	0.705
	职业思量（DH）	6 368	0.001	5.545	-21.071	19.607
控制变量	公司规模（对数）（$Size$）	6 370	21.934	1.338	19.371	26.089
	资产负债率（$Leverage$）	6 362	0.535	0.215	0.079	1.281

续表

	变量	观察值	均值	标准差	最小值	最大值
控制变量	资产收益率（Roa）	6 362	0.022	0.071	-0.308	0.194
	成长性（Tobin'Q）	6 311	0.708	0.182	0.184	1.119
	现金流比率（Fcf）	6 370	0.05	0.079	-0.197	0.277
	管理费用率（Adm）	6 342	18.641	1.245	16.191	22.658
	高管薪酬（Comp）	5 636	13.722	0.764	11.542	15.565
	董事会规模（对数）（Board）	6 285	2.249	0.195	1.609	2.708
	独董比例（Indep）	6 285	0.358	0.048	0.25	0.556
	第一大股东持股比例（Bigsh）	6 361	42.735	16.017	11.9	81.19
	是否被国际四大审计（Big4）	6 165	0.081	0.273	0	1
其他	企业层级（Level）	6 359	央企 37.99%；省属国企 44.02%；市县级国企 17.99%			
	行业分布（Monopoly）	6 370	0.444	0.497	0	1
	地区分布（District）	6 246	东部地区 51.68%；中部地区 24.27%；西部地区 24.05%			
	考核阶段分布（Stage）	6 370	2003~2006 年 28.26%；2007~2009 年 32.68%；2010~2012 年 29.18%；2013~2014 年 9.87%			

应计盈余操纵与真实盈余操纵水平平均为 0.085 与 0.136，参照相关文献（薄仙慧和吴联生，2009；李增福等，2011；龚启辉等，2015），统计特征不存在异常。关键解释变量晋升期望的统计特征，前已陈述，这里不再赘述。职业思量 DH 均值为 0.001 年，标准差为 5.545 年，取值范围为 -21.071~19.607 年，说明国有企业高管的任职预期即职业思量弹性差异较大。其中，DH 为负表明该高管早在几年以前就该合理离任，正值则表明其未来可期留任时间尚多。另外，其他公司财务特征与治理特征控制变量，以及层级、行业、地区分布特征如表 7-2 所列，不再详述。

2. 中央企业与地方国有企业差异测试

表 7-3 比较了中央企业与地方国有企业在高管晋升激励特征、企业捐赠行为、经营产出质量及其他公司财务治理特征方面的差异。

表7-3　　　　　　　　中央企业与地方国有企业关键变量差异测试

概念	变量	地方国企	均值1	中央企业	均值2	均值差异（T检验）
晋升激励特征	晋升期望（Promoexp）	2 564	0.47	1 556	0.521	-0.051***
	职业思量（DH）	3 941	0.151	2 416	-0.217	0.368**
	实际任期（Tenure）	3 943	5.176	2 416	4.967	0.209***
慈善捐赠行为	是否发生捐赠（Ydonr）	3 943	0.632	2 416	0.557	0.075***
	捐赠次数（Ndonr）	3 943	3.331	2 416	2.819	0.512***
	捐赠比例（Donr）	3 938	2.931	2 413	1.564	1.367***
经营产出质量	应计盈余操纵（|DAC|）	3 698	0.088	2 226	0.081	0.007***
	真实盈余操纵（|REM_3|）	3 610	0.144	2 179	0.123	0.021***
公司财务与治理特征	公司规模（对数）（Size）	3 943	21.861	2 416	22.056	-0.195***
	资产负债率（Leverage）	3 940	0.543	2 411	0.523	0.020***
	资产收益率（Roa）	3 940	0.023	2 411	0.022	0.001
	成长性（Tobin'Q）	3 910	0.715	2 390	0.698	0.017***
	现金流比率（Fcf）	3 943	0.052	2 416	0.046	0.005***
	管理费用率（Adm）	3 927	18.518	2 404	18.843	-0.326***
	高管薪酬（Comp）	3 450	13.65	2 176	13.84	-0.189***
	董事会规模（对数）（Board）	3 888	2.241	2 386	2.261	-0.020***
	独董比例（Indep）	3 888	0.358	2 386	0.357	0.001
	第一大股东持股比例（Bigsh）	3 939	42.56	2 411	43.052	-0.493
	是否被国际"四大"审计（Big4）	3 845	0.058	2 309	0.12	-0.062***
	是否为垄断行业（Monopoly）	3 943	0.451	2 416	0.433	0.018

注：***、**、*分别表示在1%、5%、10%的水平上显著。

如表7-3所示，地方国有企业高管与中央企业高管相比，晋升期望（Promoexp）相对较低，任职预期（DH）及实际任期（Tenure）则较高；另外，捐赠倾向（Ydon与Donum）及规模（Donr）也较高。但经营产出质量则较低，地方国有企业的应计盈余操纵（\|DAC\|）及真实盈余操纵水平（\|REM_3\|）皆显著高于中央企业。表7-3事实初步说明：（1）地方国有企业高管在面临较大的晋升压力（晋升期望较低）下，有更强烈的动机从事慈善公益实

践。（2）中央企业的盈余质量平均高于地方国有企业，但无法据此推断慈善捐赠行为的效率，还需结合下面的实证分析再做评定。其他公司财务或治理特征变量差异符合预期，不再赘述。

3. 国有企业高管社会公益实践

（1）晋升期望与慈善捐赠选择。

表7-4从捐赠倾向、频次与规模三方面出发，区别企业层级，分析国有企业高管晋升期望与任职预期对其慈善公益偏好的激励与约束作用。回归（1）、回归（3）及回归（5）为基础回归，主要检验假设 H_{7-1} 与 H_{7-2}；回归（2）、回归（4）及回归（6）在回归（1）、回归（3）及回归（5）的基础上，引入 GOV 与 $Promoexp_{i,t}$ 及 $DH_{i,t}$ 的交乘项，继续验证假设 H_{7-5a}。

如表7-4，回归（1）~回归（6）中，$Promoexp_{i,t}$ 的系数取正，其中回归（3）~回归（6）皆在5%以下统计的水平上显著，表明受职业晋升期望激励，国有企业高管倾向于积极捐赠，承担社会公益责任，以加强自身在国有企业高管绩效考评中的竞争优势，假设 H_{7-1} 得到验证。进一步考虑国有企业高管实现职业晋升的时间成本约束 $DH_{i,t}$，回归 $DH_{i,t} \times Promoexp_{i,t}$ 在回归（3）与回归（4）中显著为负，随着任职预期增加，国有企业高管捐赠的频次会下降，假设 H_{7-2} 部分得到验证。

表7-4　　　　国有企业高管晋升期望与慈善公益偏好：交叉项

变量	(1)	(2)	(3)	(4)	(5)	(6)
	$Ydonr_{i,t}$		$Ndonr_{i,t}$		$Donr_{i,t}$	
	全样本	全样本	全样本	全样本	全样本	全样本
$Promoexp_{i,t}$	0.177 (0.28)	0.761 (1.15)	10.795*** (16.77)	11.993*** (17.61)	2.435* (1.77)	3.108** (2.10)
$Gov \times Promoexp_{i,t}$		-1.287*** (-8.10)		-2.689*** (-16.00)		-2.387*** (-6.55)
$DH_{i,t} \times Promoexp_{i,t}$	0 (0.01)	-0.022 (-1.06)	-0.322*** (-17.81)	-0.366*** (-16.30)	0.005 (0.12)	0.01 (0.21)
$Gov \times DH_{i,t} \times Promoexp_{i,t}$		0.056** (1.97)		0.109*** (3.60)		0.007 (0.12)
$Size_{i,t}$	0.122** (2.16)	0.125** (2.22)	-0.291*** (-5.08)	-0.279*** (-4.87)	0.105 (0.80)	0.119 (0.90)
$Leverage_{i,t}$	0.558* (1.71)	0.641** (1.97)	1.502*** (4.51)	1.631*** (4.86)	-2.681*** (-3.48)	-2.457*** (-3.18)

变量	(1)	(2)	(3)	(4)	(5)	(6)
	$Ydonr_{i,t}$		$Ndonr_{i,t}$		$Donr_{i,t}$	
	全样本	全样本	全样本	全样本	全样本	全样本
$Roa_{i,t}$	2.365***	2.251***	5.030***	4.900***	0.654	0.596
	(3.63)	(3.45)	(7.93)	(7.68)	(0.39)	(0.35)
$Tobin'q_{i,t}$	0.141	0.096	−0.702*	−0.769**	−0.465	−0.607
	(0.40)	(0.27)	(−1.92)	(−2.08)	(−0.49)	(−0.64)
$Fcf_{i,t}$	0.273	0.331	−0.052	0.052	−0.001	0.173
	(0.54)	(0.66)	(−0.10)	(0.10)	(−0.00)	(0.14)
$Adm_{i,t}$	0.263***	0.244***	0.436***	0.411***	−0.067	−0.116
	(5.20)	(4.82)	(8.34)	(7.85)	(−0.55)	(−0.95)
$Comp_{i,t}$	0.391***	0.386***	0.415***	0.417***	0.763***	0.750***
	(5.91)	(5.84)	(5.63)	(5.68)	(5.53)	(5.42)
$Board_{i,t}$	0.24	0.253	0.028	0.075	−0.431	−0.364
	(1.18)	(1.25)	(0.13)	(0.35)	(−0.87)	(−0.73)
$Indep_{i,t}$	−2.475***	−2.339***	−3.360***	−3.116***	0.83	1.03
	(−3.00)	(−2.85)	(−4.12)	(−3.80)	(0.51)	(0.63)
$Bigsh_{i,t}$	−0.012***	−0.014***	−0.014***	−0.016***	−0.004	−0.006
	(−4.58)	(−5.16)	(−5.23)	(−6.03)	(−0.56)	(−0.96)
公司层级效应	控制	—	控制	—	控制	—
行业效应	控制	控制	控制	控制	控制	控制
年度效应	控制	控制	控制	控制	控制	控制
地区效应	控制	控制	控制	控制	控制	控制
_Cons	−11.040***	−11.357***	−6.749***	−7.659***	−6.715***	−7.063***
	(−11.09)	(−11.40)	(−6.69)	(−7.49)	(−3.20)	(−3.31)
N	3 863	3 863	3 863	3 863	3 862	3 862
(Pseudo) Adj-R^2	0.0921	0.0875	0.209	0.204	0.051	0.044
(卡方) F 统计值	396.9***	384.97***	55.98***	54.03***	8.320***	7.707***

注：***、**、*分别表示在1%、5%、10%的水平上显著。Logit 回归模型的括号内为 Z 值，OLS 回归模型的括号内为 T 值，且模型经过了稳健标准差调整。、

回归（2）、回归（4）及回归（6）中，$Gov \times Promoexp_{i,t}$的回归系数在1%的统计水平上显著为负，意味着与中央企业高管相比，地方国企高管在晋升压力下，受地方政府"捐赠任务"摊派的影响，更有可能进行高频次、大规模的慈善捐赠，帮助上级主管实现社会目标；$Gov \times DH_{i,t} \times Promoexp_{i,t}$在回归（2）与回归（4）中显著为正，即高管任职预期对晋升期望与慈善公益行为关系的调节效应在地方国有企业中更明显，H_{7-5a}部分得证。其他控制变量的回归系数基本符合预期，以 $Roa_{i,t}$为例，企业业绩越好，

越有能力进行慈善捐赠；$Size_{i,t}$ 的回归系数在回归（1）、回归（2）、回归（5）及回归（6）中取正，回归（3）与回归（4）中取负，也可以理解为，规模大的国有企业捐赠倾向与水平普遍较高，但不意味着捐赠频次更高，其他不作赘述。

（2）慈善捐赠："形象工程"还是"社会担当"？

如前所述，如果晋升期望驱动下的国有企业高管慈善捐赠行为未负面影响企业经营成果，则该捐赠可视作国有企业社会责任担当的重要表现，反之，则可能是国有企业高管迎合政府社会公益需求，强化个人晋升优势的"形象工程"。为此，本书首先区分全样本、中央企业与地方省属、市县级国有企业，实证检验国有企业高管晋升评价激励机制对企业综合产出质量的经济影响（表7-5与表7-6），在此基础之上，加入高管捐赠行为变量，判定高管捐赠效率（表7-7～表7-11）。

表7-5　　　国有企业高管晋升激励机制的经营效果测评：交叉项

变量	(1)	(2)	(3)	(4)	(5)	(6)
	$\|DAC\|_{i,t}$			$\|REM\_3\|_{i,t}$		
	全样本	全样本	全样本	全样本	全样本	全样本
$Promoexp_{i,t}$	-0.083*** (-4.05)	-0.144*** (-5.43)	-0.141*** (-5.14)	-0.084*** (-2.77)	-0.097** (-2.47)	-0.094** (-2.31)
$DH_{i,t}\times Promoexp_{i,t}$		0.003*** (4.13)	0.002*** (2.73)		0.001 (0.56)	0.001 (0.59)
$Gov\times Promoexp_{i,t}$			0.005 (0.87)			-0.038*** (-4.22)
$Gov\times DH_{i,t}\times Promoexp_{i,t}$			0.002 (1.40)			0 (-0.17)
$Big4_{i,t}$	-0.015*** (-3.11)	-0.014*** (-3.04)	-0.014*** (-3.01)	-0.009 (-0.92)	-0.009 (-0.92)	-0.009 (-1.00)
$Size_{i,t}$	0 (-0.18)	0.002 (0.82)	0.002 (0.80)	-0.009** (-2.35)	-0.008** (-2.10)	-0.007* (-1.87)
$Leverage_{i,t}$	-0.009 (-0.56)	-0.007 (-0.46)	-0.008 (-0.51)	0.047** (2.09)	0.048** (2.12)	0.046** (2.04)
$Roa_{i,t}$	0.066* (1.96)	0.066* (1.95)	0.065* (1.93)	0.350*** (7.89)	0.349*** (7.84)	0.348*** (7.77)
$Tobin'q_{i,t}$	0.083*** (5.54)	0.079*** (5.33)	0.080*** (5.38)	0.016 (0.67)	0.015 (0.65)	0.016 (0.68)
$Adm_{i,t}$	-0.004* (-1.74)	-0.004** (-2.09)	-0.004** (-2.02)	0.011*** (3.39)	0.011*** (3.34)	0.011*** (3.43)

续表

变量	(1)	(2)	(3)	(4)	(5)	(6)
	$|DAC|_{i,t}$			$|REM\_3|_{i,t}$		
	全样本	全样本	全样本	全样本	全样本	全样本
$Comp_{i,t}$	0.002	0.003	0.003	0.009 **	0.009 **	0.009 **
	(0.76)	(0.95)	(0.99)	(2.18)	(2.21)	(2.27)
$Board_{i,t}$	−0.016 **	−0.014 *	−0.014 *	−0.028 **	−0.028 **	−0.028 **
	(−2.20)	(−1.88)	(−1.92)	(−2.14)	(−2.12)	(−2.14)
$Indep_{i,t}$	−0.008	−0.008	−0.007	−0.106 **	−0.106 **	−0.105 **
	(−0.28)	(−0.28)	(−0.25)	(−2.25)	(−2.26)	(−2.21)
$Fcf_{i,t}$	−0.054 *	−0.047 *	−0.048 *	−0.178 ***	−0.177 ***	−0.174 ***
	(−1.89)	(−1.67)	(−1.70)	(−4.04)	(−4.00)	(−3.94)
$Bigsh_{i,t}$	0	0	0	0.000 **	0.000 **	0.000 ***
	(−1.55)	(−1.52)	(−1.54)	(2.49)	(2.49)	(2.77)
公司层级效应	控制	—	—	控制	—	—
行业效应	控制	控制	控制	控制	控制	控制
年度效应	控制	控制	控制	控制	控制	控制
地区效应	控制	控制	控制	控制	控制	控制
_Cons	0.151 ***	0.128 ***	0.126 ***	0.079	0.076	0.055
	(3.68)	(3.14)	(3.07)	(1.27)	(1.20)	(0.87)
N	3 671	3 670	3 670	3 754	3 753	3 753
Adj-R²	0.046	0.050	0.051	0.083	0.083	0.08
F 统计值	8.871 ***	8.717 ***	8.742 ***	14.77 ***	14.08 ***	13.64 ***

注：＊＊＊、＊＊、＊分别表示在1%、5%、10%的水平上显著，OLS 回归模型的括号内为 T 值，模型经过了稳健标准差调整。

表7−6　　国有企业高管晋升激励机制的经营效果测评：央企与地方国有企业

变量	(1)	(2)	(3)	(4)	(5)	(6)	(7)	(8)
	$|DAC|_{i,t}$				$|REM\_3|_{i,t}$			
	中央企业	地方国企	省属国企	市县级国企	中央企业	地方国企	省属国企	市县级国企
$Promoexp_{i,t}$	−0.184 ***	−0.121 ***	−0.103 **	−0.177 **	−0.112 *	−0.089 *	−0.141 **	0.038
	(−4.16)	(−3.53)	(−2.55)	(−2.55)	(−1.74)	(−1.79)	(−2.40)	(0.40)
$DH_{i,t} \times Promoexp_{i,t}$	0.005 ***	0.002 **	0.002 *	0.002	0	0.001	0.001	−0.001
	(4.20)	(2.12)	(1.93)	(1.15)	(0.26)	(0.46)	(0.97)	(−0.41)
$Big4_{i,t}$	−0.019 ***	−0.015 **	−0.014 *	−0.033 ***	−0.022 *	−0.006	−0.009	−0.031
	(−2.63)	(−2.16)	(−1.86)	(−3.03)	(−1.66)	(−0.43)	(−0.65)	(−0.92)
$Size_{i,t}$	0.002	0.002	−0.002	0.020 **	−0.002	−0.015 ***	−0.022 ***	0.013
	(0.36)	(0.65)	(−0.44)	(2.58)	(−0.36)	(−2.91)	(−3.58)	(1.16)

续表

变量	(1)	(2)	(3)	(4)	(5)	(6)	(7)	(8)
	$|DAC|_{i,t}$				$|REM\_3|_{i,t}$			
	中央企业	地方国企	省属国企	市县级国企	中央企业	地方国企	省属国企	市县级国企
$Leverage_{i,t}$	− 0.041	0.009	0.018	− 0.02	0.016	0.069 **	0.088 **	0.068
	(− 1.44)	(0.48)	(0.85)	(− 0.57)	(0.51)	(2.29)	(2.43)	(1.32)
$Roa_{i,t}$	0.037	0.077 *	0.129 **	− 0.042	0.206 ***	0.467 ***	0.591 ***	0.170 **
	(0.65)	(1.87)	(2.52)	(− 0.65)	(3.31)	(7.70)	(7.40)	(2.40)
$Tobin'q_{i,t}$	0.105 ***	0.068 ***	0.066 ***	0.085 **	0.017	0.01	0.014	− 0.02
	(4.01)	(3.74)	(3.27)	(2.07)	(0.57)	(0.31)	(0.36)	(− 0.37)
$Adm_{i,t}$	0.003	− 0.007 ***	− 0.006 *	− 0.020 ***	0.012 ***	0.013 ***	0.016 ***	− 0.023 **
	(0.79)	(− 2.73)	(− 1.97)	(− 2.90)	(2.73)	(3.05)	(3.28)	(− 2.40)
$Comp_{i,t}$	0.003	0.004	0.007 *	0	0	0.012 **	0.022 ***	− 0.009
	(0.65)	(1.36)	(1.87)	(0.03)	(0.01)	(2.32)	(3.32)	(− 1.13)
$Board_{i,t}$	0.001	− 0.018 **	− 0.011	− 0.049 ***	0.01	− 0.057 ***	− 0.066 ***	− 0.029
	(0.04)	(− 1.97)	(− 1.00)	(− 2.62)	(0.52)	(− 3.28)	(− 3.25)	(− 0.88)
$Indep_{i,t}$	− 0.005	− 0.021	0.001	− 0.067	− 0.153 **	− 0.102 *	− 0.094	− 0.146
	(− 0.10)	(− 0.56)	(0.03)	(− 0.96)	(− 2.19)	(− 1.65)	(− 1.27)	(− 1.47)
$Fcf_{i,t}$	0.03	− 0.078 **	− 0.093 **	− 0.0430	− 0.167 **	− 0.185 ***	− 0.143 **	− 0.301 ***
	(0.56)	(− 2.32)	(− 2.33)	(− 0.73)	(− 2.40)	(− 3.32)	(− 2.18)	(− 3.18)
$Bigsh_{i,t}$	− 0.001 ***	0	0	0	0	0.001 ***	0.000 *	0
	(− 3.38)	(0.41)	(− 0.03)	(0.00)	(0.93)	(2.82)	(1.76)	(0.58)
公司层级效应	—	—	—	—	—	—	—	—
行业效应	控制	控制	控制	控制	控制	控制	控制	控制
年度效应	控制	控制	控制	控制	控制	控制	控制	控制
地区效应	控制	控制	控制	控制	控制	控制	控制	控制
_Cons	− 0.003	0.159 ***	0.147 **	0.184 *	− 0.014	0.196 **	0.197 *	0.449 ***
	(− 0.04)	(3.02)	(2.35)	(1.70)	(− 0.15)	(2.32)	(1.85)	(3.39)
N	1 356	2 314	1 660	654	1 397	2 356	1 696	660
Adj-R^2	0.069	0.053	0.057	0.092	0.061	0.104	0.124	0.157
F 统计值	4.594 ***	5.589 ***	4.456 ***	3.257 ***	4.080 ***	12.85 ***	10.49 ***	6.639 ***

注：*** 、** 、* 分别表示在 1% 、5% 、10% 的水平上显著，OLS 回归模型的括号内为 T 值，模型经过了稳健标准差调整。

表 7 − 7　　　　　　国有企业高管慈善公益行为的效率评价：全样本

变量	(1)	(2)	(3)	(4)	(5)	(6)
	$|DAC|_{i,t}$			$|REM\_3|_{i,t}$		
	全样本			全样本		
$Promoexp_{i,t}$	− 0.091 ***	− 0.092 ***	− 0.086 ***	− 0.088 **	− 0.118 ***	− 0.083 ***
	(− 3.79)	(− 3.67)	(− 4.03)	(− 2.47)	(− 3.24)	(− 2.58)

变量	(1)	(2)	(3)	(4)	(5)	(6)
	$\lvert DAC\rvert_{i,t}$			$\lvert REM\_3\rvert_{i,t}$		
	全样本			全样本		
$Ydonr_{i,t} \times Promoexp_{i,t}$	-0.003 (-0.39)			0.007 (0.54)		
$Ndonr_{i,t} \times Promoexp_{i,t}$		-0.001 (-0.80)			0.003 (1.40)	
$Donr_{i,t} \times Promoexp_{i,t}$			0.002*** (3.16)			0.001 (1.18)
$Gov \times Ydonr_{i,t} \times Promoexp_{i,t}$	-0.011 (-1.01)			0.014 (0.87)		
$Gov \times Ndonr_{i,t} \times Promoexp_{i,t}$		-0.002 (-1.18)			0 (-0.11)	
$Gov \times Donr_{i,t} \times Promoexp_{i,t}$			-0.002 (-0.99)			0 (0.15)
$DH_{i,t} \times Ydonr_{i,t} \times Promoexp_{i,t}$	0.001 (0.91)			0 (-0.09)		
$DH_{i,t} \times Ndonr_{i,t} \times Promoexp_{i,t}$		0 (1.30)			0 (1.29)	
$DH_{i,t} \times Donr_{i,t} \times Promoexp_{i,t}$			0 (-0.73)			0 (-0.84)
$Gov \times DH_{i,t} \times Ydonr_{i,t} \times Promoexp_{i,t}$	0.001 (0.51)			-0.001 (-0.24)		
$Gov \times DH_{i,t} \times Ndonr_{i,t} \times Promoexp_{i,t}$		0 (1.20)			0 (-0.55)	
$Gov \times DH_{i,t} \times Donr_{i,t} \times Promoexp_{i,t}$			0.001 (1.00)			0.001 (0.63)
$Big4_{i,t}$	-0.016*** (-3.23)	-0.015*** (-3.12)	-0.014*** (-2.88)	-0.007 (-0.71)	-0.007 (-0.72)	-0.008 (-0.82)
$Size_{i,t}$	0.001 (0.21)	0.001 (0.27)	0 (-0.18)	-0.009** (-2.43)	-0.008** (-2.18)	-0.009** (-2.44)
$Leverage_{i,t}$	-0.007 (-0.48)	-0.006 (-0.38)	-0.006 (-0.41)	0.046** (2.02)	0.046** (2.04)	0.049** (2.16)
$Roa_{i,t}$	0.069** (2.04)	0.070** (2.08)	0.068** (2.01)	0.347*** (7.82)	0.342*** (7.66)	0.349*** (7.87)
$Tobin'q_{i,t}$	0.082*** (5.44)	0.081*** (5.37)	0.084*** (5.59)	0.016 (0.70)	0.015 (0.67)	0.017 (0.72)
$Fcf_{i,t}$	-0.051* (-1.80)	-0.051* (-1.77)	-0.053* (-1.87)	0.010*** (3.27)	0.010*** (3.18)	0.011*** (3.44)

续表

变量	(1)	(2)	(3)	(4)	(5)	(6)
	$\|DAC\|_{i,t}$			$\|REM\_3\|_{i,t}$		
	全样本			全样本		
$Adm_{i,t}$	-0.004*	-0.003	-0.004*	0.009**	0.009**	0.008**
	(-1.80)	(-1.64)	(-1.85)	(2.07)	(2.08)	(2.06)
$Comp_{i,t}$	0.002	0.003	0.001	-0.029**	-0.028**	-0.028**
	(0.89)	(1.01)	(0.56)	(-2.20)	(-2.14)	(-2.15)
$Board_{i,t}$	-0.015**	-0.015**	-0.016**	-0.105**	-0.104**	-0.105**
	(-2.05)	(-2.07)	(-2.09)	(-2.22)	(-2.21)	(-2.23)
$Indep_{i,t}$	-0.008	-0.007	-0.007	-0.180***	-0.177***	-0.179***
	(-0.27)	(-0.24)	(-0.24)	(-4.07)	(-3.99)	(-4.05)
$Bigsh_{i,t}$	0	-0.000*	0	0.000**	0.000***	0.000**
	(-1.62)	(-1.69)	(-1.54)	(2.54)	(2.60)	(2.47)
公司层级效应	控制	控制	控制	控制	控制	控制
行业效应	控制	控制	控制	控制	控制	控制
年度效应	控制	控制	控制	控制	控制	控制
地区效应	控制	控制	控制	控制	控制	控制
_Cons	0.131***	0.119***	0.156***	0.104	0.097	0.088
	(3.17)	(2.85)	(3.82)	(1.62)	(1.51)	(1.40)
N	3 670	3 670	3 670	3 753	3 753	3 753
Adj-R²	0.047	0.049	0.049	0.084	0.084	0.084
F统计值	7.532***	7.667***	7.998***	12.62***	12.61***	12.36***

注：***、**、*分别表示在1%、5%、10%的水平上显著，OLS回归模型的括号内为T值，模型经过了稳健标准差调整。

表7-8 　　　国有企业高管慈善公益行为的效率评价：中央企业

变量	(1)	(2)	(3)	(4)	(5)	(6)
	$\|DAC\|_{i,t}$			$\|REM\_3\|_{i,t}$		
	中央企业			中央企业		
$Promoexp_{i,t}$	-0.092**	-0.091**	-0.079**	-0.104*	-0.121**	-0.105**
	(-2.29)	(-2.19)	(-2.19)	(-1.92)	(-2.20)	(-2.16)
$Ydonr_{i,t} \times Promoexp_{i,t}$	-0.019**			0.013		
	(-2.16)			(1.08)		
$Ndonr_{i,t} \times Promoexp_{i,t}$		-0.005***			0.002	
		(-2.60)			(0.94)	
$Donr_{i,t} \times Promoexp_{i,t}$			0			0.002
			(0.34)			(1.06)
$DH_{i,t} \times Ydonr_{i,t} \times Promoexp_{i,t}$	0.002			0		
	(1.58)			(-0.23)		

续表

变量	(1)	(2)	(3)	(4)	(5)	(6)
	$\|DAC\|_{i,t}$			$\|REM\_3\|_{i,t}$		
	中央企业			中央企业		
$DH_{i,t} \times Ndonr_{i,t} \times Promoexp_{i,t}$		0.001***			0	
		(2.72)			(0.29)	
$DH_{i,t} \times Donr_{i,t} \times Promoexp_{i,t}$			0			0
			(-0.43)			(-0.27)
$Big4_{i,t}$	-0.023***	-0.020***	-0.020***	-0.02	-0.021	-0.021
	(-3.04)	(-2.74)	(-2.74)	(-1.42)	(-1.58)	(-1.59)
$Size_{i,t}$	-0.002	-0.002	-0.003	-0.003	-0.002	-0.003
	(-0.41)	(-0.42)	(-0.78)	(-0.54)	(-0.39)	(-0.55)
$Leverage_{i,t}$	-0.038	-0.038	-0.042	0.014	0.014	0.017
	(-1.32)	(-1.30)	(-1.46)	(0.45)	(0.45)	(0.55)
$Roa_{i,t}$	0.048	0.052	0.048	0.204***	0.201***	0.209***
	-0.83	-0.9	-0.83	(3.29)	(3.20)	(3.35)
$Tobin'q_{i,t}$	0.105***	0.107***	0.107***	0.017	0.017	0.017
	-3.98	-4.04	-4.05	(0.56)	(0.56)	(0.57)
$Fcf_{i,t}$	0.023	0.022	0.018	0.012***	0.012**	0.013***
	-0.43	-0.41	-0.33	(2.60)	(2.57)	(2.81)
$Adm_{i,t}$	0.004	0.005	0.004	-0.001	-0.001	-0.001
	-1.13	-1.39	-1	(-0.11)	(-0.08)	(-0.11)
$Comp_{i,t}$	0.002	0.003	0.001	0.009	0.01	0.011
	-0.41	-0.63	-0.14	(0.47)	(0.50)	(0.56)
$Board_{i,t}$	-0.001	-0.003	-0.002	-0.151**	-0.152**	-0.151**
	(-0.12)	(-0.21)	(-0.19)	(-2.17)	(-2.20)	(-2.17)
$Indep_{i,t}$	-0.017	-0.012	-0.016	-0.171**	-0.169**	-0.168**
	(-0.33)	(-0.22)	(-0.31)	(-2.47)	(-2.46)	(-2.46)
$Bigsh_{i,t}$	-0.001***	-0.001***	-0.000***	0	0	0
	(-3.17)	(-3.37)	(-2.95)	(1.08)	(1.01)	(0.90)
公司层级效应	—	—	—	—	—	—
行业效应	控制	控制	控制	控制	控制	控制
年度效应	控制	控制	控制	控制	控制	控制
地区效应	控制	控制	控制	控制	控制	控制
_Cons	0.0180	-0.00900	0.0640	0.019	0.009	0
	(0.26)	(-0.12)	(0.95)	(0.19)	(0.10)	(-0.00)
N	1 356	1 356	1 356	1 397	1 397	1 397
Adj-R^2	0.059	0.066	0.055	0.062	0.061	0.062
F 统计值	4.167***	4.427***	4.168***	3.952***	4.022***	3.880***

注：***、**、*分别表示在1%、5%、10%的水平上显著，OLS回归模型的括号内为T值，模型经过了稳健标准差调整。

表 7 - 9　　国有企业高管慈善公益行为的效率评价：地方国有企业

变量	(1)	(2)	(3)	(4)	(5)	(6)
	$\|DAC\|_{i,t}$			$\|REM\_3\|_{i,t}$		
	地方国企			地方国企		
$Promoexp_{i,t}$	- 0.091 ***	- 0.091 ***	- 0.088 ***	- 0.068	- 0.106 **	- 0.07
	(- 2.93)	(- 2.82)	(- 3.23)	(- 1.44)	(- 2.16)	(- 1.63)
$Ydonr_{i,t} \times Promoexp_{i,t}$	0			0.002		
	(0.00)			(0.13)		
$Ndonr_{i,t} \times Promoexp_{i,t}$		- 0.001			0.002	
		(- 0.50)			(1.07)	
$Donr_{i,t} \times Promoexp_{i,t}$			0.002 ***			0
			(3.58)			(0.39)
$DH_{i,t} \times Ydonr_{i,t} \times Promoexp_{i,t}$	0.001			- 0.001		
	(0.81)			(- 0.41)		
$DH_{i,t} \times Ndonr_{i,t} \times Promoexp_{i,t}$		0			0	
		(1.13)			(0.77)	
$DH_{i,t} \times Donr_{i,t} \times Promoexp_{i,t}$			0			0
			(- 0.15)			(- 0.57)
$Big4_{i,t}$	- 0.014 **	- 0.015 **	- 0.012 *	- 0.006	- 0.003	- 0.006
	(- 2.07)	(- 2.22)	(- 1.82)	(- 0.42)	(- 0.25)	(- 0.41)
$Size_{i,t}$	0.001	0.001	0.001	- 0.016 ***	- 0.016 ***	- 0.016 ***
	- 0.34	- 0.4	- 0.19	(- 3.13)	(- 3.01)	(- 3.19)
$Leverage_{i,t}$	0.007	0.008	0.012	0.069 **	0.068 **	0.069 **
	- 0.4	- 0.48	- 0.67	(2.26)	(2.24)	(2.28)
$Roa_{i,t}$	0.077 *	0.078 *	0.076 *	0.467 ***	0.461 ***	0.467 ***
	- 1.88	- 1.9	- 1.84	(7.70)	(7.59)	(7.73)
$Tobin'q_{i,t}$	0.070 ***	0.069 ***	0.072 ***	0.012	0.011	0.012
	- 3.85	- 3.78	- 3.96	(0.37)	(0.35)	(0.38)
$Fcf_{i,t}$	- 0.080 **	- 0.079 **	- 0.081 **	0.014 ***	0.013 ***	0.014 ***
	(- 2.41)	(- 2.37)	(- 2.41)	(3.09)	(3.02)	(3.12)
$Adm_{i,t}$	- 0.007 ***	- 0.007 ***	- 0.007 ***	0.012 **	0.012 **	0.012 **
	(- 2.64)	(- 2.60)	(- 2.63)	(2.27)	(2.22)	(2.25)
$Comp_{i,t}$	0.004	0.005	0.004	- 0.057 ***	- 0.057 ***	- 0.057 ***
	- 1.31	- 1.37	- 1.06	(- 3.31)	(- 3.30)	(- 3.32)
$Board_{i,t}$	- 0.019 **	- 0.019 **	- 0.019 **	- 0.099	- 0.098	- 0.1
	(- 2.06)	(- 2.04)	(- 2.02)	(- 1.59)	(- 1.58)	(- 1.61)
$Indep_{i,t}$	- 0.018	- 0.021	- 0.018	- 0.187 ***	- 0.184 ***	- 0.187 ***
	(- 0.48)	(- 0.56)	(- 0.47)	(- 3.35)	(- 3.30)	(- 3.35)
$Bigsh_{i,t}$	0	0	0	0.001 ***	0.001 ***	0.001 ***
	- 0.29	- 0.28	- 0.41	(2.77)	(2.89)	(2.79)
公司层级效应	—	—	—	—	—	—
行业效应	控制	控制	控制	控制	控制	控制

续表

变量	(1)	(2)	(3)	(4)	(5)	(6)
	$\|DAC\|_{i,t}$			$\|REM\_3\|_{i,t}$		
	地方国企			地方国企		
年度效应	控制	控制	控制	控制	控制	控制
地区效应	控制	控制	控制	控制	控制	控制
_Cons	0.164 ***	0.158 ***	0.175 ***	0.201 **	0.210 **	0.200 **
	(3.08)	(2.96)	(3.33)	(2.33)	(2.44)	(2.37)
N	2 314	2 314	2 314	2 356	2 356	2 356
Adj-R²	0.052	0.052	0.058	0.104	0.104	0.104
F 统计值	5.323 ***	5.202 ***	5.960 ***	12.17 ***	12.37 ***	12.17 ***

注：***、**、*分别表示在1%、5%、10%的水平上显著，OLS回归模型的括号内为T值，模型经过了稳健标准差调整。

表 7 - 10　　　国有企业高管慈善公益行为的效率评价：省属国有企业

变量	(1)	(2)	(3)	(4)	(5)	(6)
	$\|DAC\|_{i,t}$			$\|REM\_3\|_{i,t}$		
	省属国企			省属国企		
$Promoexp_{i,t}$	- 0.083 **	- 0.088 **	- 0.084 ***	- 0.116 **	- 0.165 ***	- 0.114 **
	(- 2.28)	(- 2.36)	(- 2.59)	(- 2.06)	(- 2.84)	(- 2.21)
$Ydonr_{i,t} \times Promoexp_{i,t}$	0.002			0.012		
	(0.21)			(0.79)		
$Ndonr_{i,t} \times Promoexp_{i,t}$		0			0.006 **	
		(- 0.04)			(2.14)	
$Donr_{i,t} \times Promoexp_{i,t}$			0.003 ***			0.002
			(3.29)			(1.40)
$DH_{i,t} \times Ydonr_{i,t} \times$ $Promoexp_{i,t}$	0.001			0		
	(1.32)			(- 0.02)		
$DH_{i,t} \times Ndonr_{i,t} \times$ $Promoexp_{i,t}$		0.000 *			0	
		(1.86)			(0.99)	
$DH_{i,t} \times Donr_{i,t} \times$ $Promoexp_{i,t}$			0			0
			(0.99)			(- 0.29)
$Big4_{i,t}$	- 0.013 *	- 0.014 *	- 0.010	- 0.008	- 0.003	- 0.007
	(- 1.70)	(- 1.80)	(- 1.37)	(- 0.51)	(- 0.20)	(- 0.48)
$Size_{i,t}$	- 0.002	- 0.002	- 0.003	- 0.023 ***	- 0.023 ***	- 0.023 ***
	(- 0.67)	(- 0.60)	(- 0.86)	(- 3.87)	(- 3.78)	(- 3.98)
$Leverage_{i,t}$	0.016	0.018	0.023	0.086 **	0.082 **	0.090 **
	(0.78)	(0.86)	(1.10)	(2.37)	(2.26)	(2.47)
$Roa_{i,t}$	0.128 **	0.128 **	0.123 **	0.589 ***	0.577 ***	0.586 ***
	(2.51)	(2.52)	(2.41)	(7.38)	(7.26)	(7.37)

续表

变量	(1)	(2)	(3)	(4)	(5)	(6)
	$\|DAC\|_{i,t}$			$\|REM\_3\|_{i,t}$		
	省属国企			省属国企		
$Tobin'q_{i,t}$	0.068 ***	0.066 ***	0.069 ***	0.017	0.02	0.017
	(3.35)	(3.28)	(3.44)	(0.45)	(0.52)	(0.45)
$Fcf_{i,t}$	−0.096 **	−0.094 **	−0.091 **	−0.146 **	−0.145 **	−0.144 **
	(−2.39)	(−2.36)	(−2.30)	(−2.22)	(−2.19)	(−2.19)
$Adm_{i,t}$	−0.006 *	−0.006 *	−0.006 *	0.016 ***	0.015 ***	0.016 ***
	(−1.90)	(−1.86)	(−1.94)	(3.28)	(3.19)	(3.33)
$Comp_{i,t}$	0.007 *	0.007 *	0.006 *	0.021 ***	0.021 ***	0.021 ***
	(1.85)	(1.90)	(1.67)	(3.21)	(3.13)	(3.18)
$Board_{i,t}$	−0.012	−0.011	−0.011	−0.067 ***	−0.068 ***	−0.066 ***
	(−1.06)	(−1.02)	(−0.97)	(−3.31)	(−3.34)	(−3.31)
$Indep_{i,t}$	0.002	0.001	0.003	−0.088	−0.082	−0.092
	(0.05)	(0.02)	(0.06)	(−1.19)	(−1.11)	(−1.25)
$Bigsh_{i,t}$	0	0	0	0.000 *	0.001 *	0.000 *
	(−0.11)	(−0.08)	(−0.01)	(1.72)	(1.85)	(1.74)
公司层级效应	—	—	—	—	—	—
行业效应	控制	控制	控制	控制	控制	控制
年度效应	控制	控制	控制	控制	控制	控制
地区效应	控制	控制	控制	控制	控制	控制
_Cons	0.153 **	0.146 **	0.168 ***	0.217 **	0.236 **	0.214 **
	(2.41)	(2.29)	(2.67)	(1.98)	(2.17)	(2.00)
N	1 660	1 660	1 660	1 696	1 696	1 696
Adj-R^2	0.056	0.057	0.064	0.124	0.126	0.125
F 统计值	4.294 ***	4.247 ***	4.818 ***	9.885 ***	10.12 ***	9.789 ***

注：＊＊＊、＊＊、＊分别表示在1%、5%、10%的水平上显著，OLS 回归模型的括号内为 T 值，模型经过了稳健标准差调整。

表 7－11　　　国有企业高管慈善公益行为的效率评价：市县级国有企业

变量	(1)	(2)	(3)	(4)	(5)	(6)
	$\|DAC\|_{i,t}$			$\|REM\_3\|_{i,t}$		
	市县级国企			市县级国企		
$Promoexp_{i,t}$	−0.121 *	−0.120 *	−0.113 **	0.025	−0.025	0.031
	(−1.96)	(−1.81)	(−2.11)	(0.29)	(−0.28)	(0.41)
$Ydonr_{i,t} \times Promoexp_{i,t}$	0.001			0.004		
	(0.09)			(0.18)		
$Ndonr_{i,t} \times Promoexp_{i,t}$		−0.001			0	
		(−0.48)			(0.12)	

续表

变量	(1)	(2)	(3)	(4)	(5)	(6)
	$|DAC|_{i,t}$			$|REM\_3|_{i,t}$		
	市县级国企			市县级国企		
$Donr_{i,t} \times Promoexp_{i,t}$			0.001* (1.78)			-0.002* (-1.94)
$DH_{i,t} \times Ydonr_{i,t} \times Promoexp_{i,t}$	0 (-0.26)			-0.001 (-0.34)		
$DH_{i,t} \times Ndonr_{i,t} \times Promoexp_{i,t}$		0 (-0.03)			0 (0.97)	
$DH_{i,t} \times Donr_{i,t} \times Promoexp_{i,t}$			0 (-1.21)			0 (-0.36)
$Big4_{i,t}$	-0.033*** (-3.06)	-0.033*** (-3.15)	-0.036*** (-2.92)	-0.031 (-0.88)	-0.029 (-0.84)	-0.032 (-0.92)
$Size_{i,t}$	0.018** (2.36)	0.018** (2.43)	0.018** (2.34)	0.013 (1.23)	0.015 (1.46)	0.013 (1.20)
$Leverage_{i,t}$	-0.017 (-0.48)	-0.018 (-0.53)	-0.013 (-0.39)	0.069 (1.32)	0.064 (1.25)	0.065 (1.26)
$Roa_{i,t}$	-0.04 (-0.62)	-0.039 (-0.60)	-0.034 (-0.52)	0.171** (2.41)	0.163** (2.29)	0.171** (2.34)
$Tobin'q_{i,t}$	0.086** (2.08)	0.085** (2.08)	0.089** (2.17)	-0.02 (-0.37)	-0.021 (-0.39)	-0.023 (-0.42)
$Fcf_{i,t}$	-0.045 (-0.77)	-0.044 (-0.75)	-0.052 (-0.87)	-0.300*** (-3.17)	-0.296*** (-3.12)	-0.295*** (-3.12)
$Adm_{i,t}$	-0.020*** (-2.81)	-0.019*** (-2.78)	-0.019*** (-2.76)	-0.023** (-2.51)	-0.024** (-2.53)	-0.023** (-2.41)
$Comp_{i,t}$	-0.001 (-0.08)	0 (-0.01)	-0.001 (-0.15)	-0.009 (-1.12)	-0.008 (-1.02)	-0.008 (-1.01)
$Board_{i,t}$	-0.050*** (-2.64)	-0.050*** (-2.65)	-0.050*** (-2.64)	-0.029 (-0.88)	-0.03 (-0.89)	-0.028 (-0.83)
$Indep_{i,t}$	-0.056 (-0.81)	-0.063 (-0.91)	-0.056 (-0.80)	-0.147 (-1.46)	-0.161 (-1.60)	-0.14 (-1.40)
$Bigsh_{i,t}$	0 (-0.03)	0 (-0.04)	0 (0.04)	0 (0.59)	0 (0.63)	0 (0.52)
公司层级效应	—	—	—	—	—	—
行业效应	控制	控制	控制	控制	控制	控制
年度效应	控制	控制	控制	控制	控制	控制
地区效应	控制	控制	控制	控制	控制	控制
_Cons	0.196* (1.73)	0.184* (1.68)	0.192* (1.77)	0.452*** (3.37)	0.442*** (3.27)	0.443*** (3.35)

变量	(1)	(2)	(3)	(4)	(5)	(6)
	$|DAC|_{i,t}$			$|REM\_3|_{i,t}$		
	市县级国企			市县级国企		
N	654	654	654	660	660	660
Adj-R^2	0.09	0.09	0.095	0.157	0.158	0.160
F 统计值	3.330***	3.308***	3.023***	6.301***	6.322***	6.332***

注：***、**、*分别表示在1%、5%、10%的水平上显著，OLS回归模型的括号内为T值，模型经过了稳健标准差调整。

表7-5~表7-11中，因变量$|DAC|_{i,t}$，衡量国有企业高管通过应计项目对会计利润的操纵程度，$|REM\_3|_{i,t}$度量高管对企业真实交易活动的操控程度，$|DAC|_{i,t}$与$|REM\_3|_{i,t}$的值越小，企业经营产出质量越高。表7-5与表7-6中，除市县级国企外，全样本、中央企业与省属国企回归结果中，$Promoexp_{i,t}$的回归系数在1%的统计水平上显著为负，即国有企业高管晋升期望越高，盈余操纵水平越低，国有企业经营产出的质量越高，表明当前晋升评价体系具有较好的激励效果。考虑高管的职业思量，在以应计盈余$|DAC|_{i,t}$为因变量的回归结果中，如表7-5中回归（2）与回归（3），表7-6中回归（1）~回归（3），$DH_{i,t} \times Promoexp_{i,t}$的系数统计为正，表明$DH_{i,t}$会降低$Promoexp_{i,t}$与$|DAC|_{i,t}$之间的敏感度，即较长的任职预期会降低晋升期望对国企高管经营努力水平的激励效果。然而，以真实盈余$|REM\_3|_{i,t}$为因变量的回归结果中，尽管$DH_{i,t} \times Promoexp_{i,t}$系数仍整体为正，但统计不显著。另外，$Gov \times Promoexp_{i,t}$与$Gov \times DH_{i,t} \times Promoexp_{i,t}$两项，仅$Gov \times Promoexp_{i,t}$在表7-5回归（6）中系数显著为负，与$Promoexp_{i,t}$的系数方向一致，表明晋升期望的激励效果在中央企业中表现得更强烈，系数差异检验支持了这一结果。

在表7-5与表7-6的基础上，表7-7~表7-11进一步列示了加入国有企业高管慈善捐赠变量后的回归结果。首先讨论表7-7，$Promoexp_{i,t}$的回归系数显著为负，与表7-5与表7-6的发现一致，交叉项$Ydonr_{i,t} \times Promoexp_{i,t}$与$Ndonr_{i,t} \times Promoexp_{i,t}$的回归系数不显著，$Donr_{i,t} \times Promoexp_{i,t}$在回归（3）中系数为0.002，在1%的统计水平上显著，说明总体上国有企业高管是否发生捐赠行为以及捐赠的频次不影响企业的正常经营，但大额捐赠会降低晋升期望与经营产出质量的敏感度，变为国有企业高管迎合政治任务抑或营造社会声誉的手段（郑志刚等，2012）。

然而，由于中央企业与地方国有企业考评主体与外部监管环境的差异，我们不能因此断定慈善捐赠是所有国有企业高管"形象工程"的行为表现。表7-8至表7-11因此进一步分类型区分确认慈善公益实践的性质。表7-10中，其他控制变量的回归结果整体符合预期，如$Big4_{i,t}$在回归（1）~回归（3）中显著为负，$Board_{i,t}$在回归（1）~回归（6）中显著为负，$Indep_{i,t}$在回归（4）~回归（6）中显著为负，说明被国际"四大"审计可以提高企业的盈余质量，国有企业董事会也在一定程度上可以发挥监督约束作用，这与金等（2012）的回归结果基本一致。

表7-8与表7-9分别列示了中央企业与地方国有企业样本的回归结果。表7-8与表7-9中，回归（1）~回归（6）中$Promoexp_{i,t}$的回归系数皆负，且整体显著，与表7-7中结果一致。不同的是，表7-8中，$Ydonr_{i,t} \times Promoexp_{i,t}$与$Ndonr_{i,t} \times Promoexp_{i,t}$的回归系数显著为负，表明尽管中央企业高管受职业晋升激励，积极参与慈善公益实践，但并未因此分散其经营努力，影响公司产出质量，侧面说明慈善捐赠是中央企业履行社会责任，践行"社会担当"的重要表现，并非"面子工程"，H_{7-5b}初步得到证明。

由于地方政府慈善摊派的普遍性（张建君和张志学，2005），地方国有企业高管捐赠的额度比"是否捐赠"及"捐赠频次"更具有信息传递作用，帮助高管快速获得上级关注，积累晋升优势。表7-9中，回归（1）~回归（3）中，$Ydonr_{i,t} \times Promoexp_{i,t}$与$Ndonr_{i,t} \times Promoexp_{i,t}$不显著，但$Donr_{i,t} \times Promoexp_{i,t}$显著为正，这说明大额捐赠行为会直接降低地方国有企业高管晋升期望与盈余质量之间的敏感度。可见，地方国有企业高管过多从事慈善公益，会损害企业经营效率，沦为"形象工程"，H_{3-1}得证（郑志刚等，2012）。表7-10与表7-11进一步区分地方国有企业类型，检测省属与市县级国有企业高管慈善捐赠行为的效率差异。表7-10与表7-11中，回归（1）~回归（3）的三个交叉项$Ydonr_{i,t} \times Promoexp_{i,t}$、$Ndonr_{i,t} \times Promoexp_{i,t}$及$Donr_{i,t} \times Promoexp_{i,t}$的回归结果与表7-9一致，不再赘述。另外，表7-8中央企业与表7-9地方国有企业、表7-10省属国有企业与表7-11

市县级国有企业中 $Promoexp_{i,t}$、$Ydonr_{i,t} \times Promoexp_{i,t}$、$Ndonr_{i,t} \times Promoexp_{i,t}$ 及 $Donr_{i,t} \times Promoexp_{i,t}$ 的回归系数差异检验结果统计显著，强化了 H_{7-5a} 与 H_{7-5b} 的结论。

值得注意，表 7-7 至表 7-9 中，回归（4）～回归（6）中 $Promoexp_{i,t}$ 的回归系数整体显著为负，说明无论是中央企业还是地方国有企业，晋升可能性大的国有企业高管进行真实盈余操纵的程度相对较低。$Ydonr_{i,t} \times Promoexp_{i,t}$、$Ndonr_{i,t} \times Promoexp_{i,t}$ 及 $Donr_{i,t} \times Promoexp_{i,t}$ 的回归结果尽管为正值，但均不显著，即慈善捐赠行为并未从统计上影响国有企业高管的真实盈余操纵水平（$|REM\_3|_{i,t}$）。结合表中应计盈余操纵的回归结果（$|DAC|_{i,t}$），可能的解释是真实盈余管理通常操作成本较高，企业会权衡选择盈余操纵方式（藏，2012；科恩和扎罗温，2010）。表 7-11 中，回归（6）中 $Donr_{i,t} \times Promoexp_{i,t}$ 的回归系数显著为负，由于慈善捐赠会占用公司资源，增加公司操纵交易活动调控利润的难度，这里负值也可以理解。

7.5　扩展性分析

7.5.1　内生性解释与进一步分析

由于国企高管的晋升期望与慈善捐赠决策存在时间上的先后关系，故本书首先排除互为因果的内生性顾虑。同时，还控制了其他不随时间变化的影响因素，例如企业层级、行业、时间及地区等，尽可能降低了遗漏变量带来的内生性干扰。

1. 考虑外生事件——2008 年汶川大地震

2008 年汶川大地震作为不可预期的外生冲击事件（山立威等，2008），为观察国有企业高管捐赠行为的变化，提供了有效研究窗口。表 7-12 引入虚拟变量 $Earth$，与 $Promoexp_{i,t}$ 及 $DH_{i,t} \times Promoexp_{i,t}$ 交乘，验证国有企业高管捐赠倾向与规模的变化。表 7-12 中，$Earth \times Promoexp_{i,t}$ 的系数在全样本、中央企业与地方国企样本中皆显著为正，并且后者大于前者（1.45 > 1.313；

5.419 > 4.261），即晋升期望高的国企高管，在 2008 年会自然扩大捐赠倾向与规模，积极表现，尤其是地方国企高管，但并未降低盈余质量。这些结果强化了晋升评价—激励机制与国有企业高管慈善决策行为及效率之间的因果关系。

表 7 – 12　　　国有企业高管晋升期望与慈善公益偏好：2008 年汶川地震冲击

变量	(1)	(2)	(3)	(4)	(5)	(6)	(7)	(8)
	$Ydonr_{i,t}$				$Donr_{i,t}$			
	全样本	全样本	中央企业	地方国企	全样本	全样本	中央企业	地方国企
$Promoexp_{i,t}$	0.177	− 0.42	− 1.23	0.221	2.435 *	0.034	1.428	− 0.522
	(0.28)	(− 0.64)	(− 1.17)	(0.26)	(1.77)	(0.02)	(0.90)	(− 0.26)
$DH_{i,t} \times$ $Promoexp_{i,t}$	0	0.006	0.04	− 0.023	0.005	0.031	0.012	0.043
	(0.01)	(0.35)	(1.48)	(− 0.95)	(0.12)	(0.82)	(0.23)	(0.80)
$Earth \times$ $Promoexp_{i,t}$		1.390 ***	1.313 ***	1.450 ***		4.918 ***	4.261 ***	5.419 ***
		(5.03)	(3.08)	(3.96)		(7.38)	(4.80)	(5.75)
$Earth \times DH_{i,t}$ $\times Promoexp_{i,t}$		0.013	0.011	0.017		0.013	− 0.031	0.056
		(0.28)	(0.15)	(0.29)		(0.12)	(− 0.19)	(0.38)
$Size_{i,t}$	0.122 **	0.141 **	0.051	0.193 ***	0.105	0.179	0.201	0.069
	(2.16)	(2.47)	(0.54)	(2.59)	(0.80)	(1.37)	(1.00)	(0.43)
$Leverage_{i,t}$	0.558 *	0.712 **	2.061 ***	− 0.034	− 2.681 ***	− 2.118 ***	− 0.281	− 3.300 ***
	(1.71)	(2.18)	(3.88)	(− 0.08)	(− 3.48)	(− 2.80)	(− 0.42)	(− 2.84)
$Roa_{i,t}$	2.365 ***	2.627 ***	3.000 ***	2.067 **	0.654	1.539	− 1.113	3.756
	(3.63)	(3.96)	(2.62)	(2.46)	(0.39)	(0.93)	(− 0.67)	(1.49)
$Tobin'q_{i,t}$	0.141	− 0.014	− 0.245	− 0.041	− 0.465	− 1.061	− 0.854	− 1.232
	(0.40)	(− 0.04)	(− 0.44)	(− 0.08)	(− 0.49)	(− 1.13)	(− 0.93)	(− 0.89)
$Fcf_{i,t}$	0.273	0.247	0.762	− 0.178	− 0.001	− 0.073	− 0.109	− 0.849
	(0.54)	(0.49)	(0.86)	(− 0.28)	(− 0.00)	(− 0.06)	(− 0.07)	(− 0.52)
$Adm_{i,t}$	0.263 ***	0.253 ***	0.273 ***	0.308 ***	− 0.067	− 0.112	− 0.329	0.089
	(5.20)	(4.97)	(3.14)	(4.49)	(− 0.55)	(− 0.91)	(− 1.58)	(0.60)
$Comp_{i,t}$	0.391 ***	0.393 ***	0.404 ***	0.365 ***	0.763 ***	0.756 ***	0.665 ***	0.663 ***
	(5.91)	(5.91)	(3.58)	(4.28)	(5.53)	(5.58)	(3.78)	(3.55)
$Board_{i,t}$	0.240	0.265	0.554	0.105	− 0.431	− 0.348	− 0.633	− 0.471
	(1.18)	(1.30)	(1.63)	(0.40)	(− 0.87)	(− 0.71)	(− 1.07)	(− 0.70)
$Indep_{i,t}$	− 2.475 ***	− 2.479 ***	− 3.303 **	− 2.099 **	0.830	0.926	− 3.431 *	3.154
	(− 3.00)	(− 2.98)	(− 2.33)	(− 1.98)	(0.51)	(0.58)	(− 1.76)	(1.41)
$Bigsh_{i,t}$	− 0.012 ***	− 0.012 ***	− 0.019 ***	− 0.010 ***	− 0.004	− 0.003	0.014	− 0.012
	(− 4.58)	(− 4.51)	(− 4.11)	(− 2.76)	(− 0.56)	(− 0.48)	(1.59)	(− 1.24)
公司层级效应	控制	控制	控制	—	控制	控制	控制	—
行业效应	控制	控制	控制	控制	控制	控制	控制	控制

续表

变量	(1)	(2)	(3)	(4)	(5)	(6)	(7)	(8)
	$Ydonr_{i,t}$				$Donr_{i,t}$			
	全样本	全样本	中央企业	地方国企	全样本	全样本	中央企业	地方国企
年度效应	控制	控制	控制	控制	控制	控制	控制	控制
地区效应	控制	控制	控制	控制	控制	控制	控制	控制
_Cons	-11.040***	-11.009***	-10.699***	-12.445***	-6.715***	-6.311***	-4.226*	-5.265*
	(-11.09)	(-11.01)	(-6.66)	(-8.92)	(-3.20)	(-3.03)	(-1.70)	(-1.69)
N	3 863	3 863	1 467	2 396	3 862	3 862	1 467	2 395
(Pseudo) Adj-R²	0.1105	0.0918	0.0974	0.0921	0.051	0.069	0.064	0.075
(卡方) F 统计值	265.47***	154.77***	417.04***	396.90***	8.320***	9.760***	4.254***	8.302***

注：***、**、* 分别表示在 1%、5%、10% 的水平上显著。Logit 回归模型的括号内为 Z 值，OLS 回归模型的括号内为 T 值，且模型经过了稳健标准差调整。

2. 滞后一期模型与固定效应模型

为进一步排除内生性干扰，本书还进行了如下回归：（1）控制变量滞后一期以降低变量之间的内生关系，详见表 7 - 13；（2）采用固定效应模型，尽可能降低无法观测因素的影响，增强回归结果的解释效力，详见表 7 - 14。

如表 7 - 13 所示，$Promoexp_{i,t}$、$Gov \times Promoexp_{i,t}$、$DH_{i,t} \times Promoexp_{i,t}$ 与 $Gov \times DH_{i,t} \times Promoexp_{i,t}$ 的回归系数结果基本与表 7 - 4 一致，H_{7-1}、H_{7-2} 结论不变。表 7 - 14 为控制高管个人层面固定效应的回归结果，限于篇幅，本书分样本列示了关键变量的回归结果。如表 7 - 14 所示，$Promoexp_{i,t}$ 的回归系数整体显著为负，但 $Ydonr_{i,t} \times Promoexp_{i,t}$、$Ndonr_{i,t} \times Promoexp_{i,t}$ 及 $Donr_{i,t} \times Promoexp_{i,t}$ 的回归系数仅在 Panel C - 1 省属国有企业中显著为正，说明省属国有企业高管的慈善捐赠行为会减弱晋升激励与经营产出质量之间的关系强度，沦为"形象工程"，H_{7-5a} 基本结论不变。表 7 - 14 中 Panel C - 1 中，$Ydonr_{i,t} \times Promoexp_{i,t}$、$Ndonr_{i,t} \times Promoexp_{i,t}$ 的回归系数总体不显著，值得注意的是 $Donr_{i,t} \times Promoexp_{i,t}$ 在回归（6）中系数为正，与表 7 - 6 的回归结果不完全一致，但结合其他稳健性检验，H_{7-5b} 中基本结论不变。

表 7 – 13　　　　　　国有企业高管晋升期望与慈善公益偏好：滞后项

变量	(1)	(2)	(3)	(4)	(5)	(6)
	$Ydonr_{i,t}$		$Ndonr_{i,t}$		$Donr_{i,t}$	
	全样本		全样本		全样本	
$Promoexp_{i,t}$	−0.635	−0.094	9.310***	10.436***	1.683	2.392
	(−0.94)	(−0.13)	(13.42)	(14.28)	(1.13)	(1.50)
$Gov \times Promoexp_{i,t}$		−1.100***		−2.397***		−2.300***
		(−6.78)		(−13.67)		(−6.06)
$DH_{i,t} \times Promoexp_{i,t}$	0.014	−0.008	−0.306***	−0.347***	0.011	0.009
	(0.79)	(−0.35)	(−16.00)	(−14.77)	(0.29)	(0.19)
$Gov \times DH_{i,t} \times Promoexp_{i,t}$		0.053*		0.101***		0.027
		(1.81)		(3.17)		(0.44)
$Size_{i,t-1}$	0.258***	0.250***	−0.005	−0.011	0.209**	0.183*
	(5.79)	(5.62)	(−0.11)	(−0.23)	(2.18)	(1.89)
$Leverage_{i,t-1}$	0.832**	0.911***	1.364***	1.492***	−2.862***	−2.609***
	(2.49)	(2.72)	(3.85)	(4.20)	(−2.93)	(−2.66)
$Roa_{i,t-1}$	2.391***	2.350***	2.397***	2.362***	6.208***	6.268***
	(3.47)	(3.42)	(3.50)	(3.44)	(3.91)	(3.93)
$Tobin'q_{i,t-1}$	−0.351	−0.397	−0.986**	−1.059***	0.839	0.679
	(−0.94)	(−1.06)	(−2.50)	(−2.65)	(0.74)	(0.59)
$Fcf_{i,t-1}$	0.932*	0.939*	1.444***	1.488***	0.611	0.688
	(1.83)	(1.84)	(2.68)	(2.76)	(0.46)	(0.52)
$Adm_{i,t-1}$	−0.856*	−0.895*	−1.544***	−1.606***	8.229***	8.040***
	(−1.77)	(−1.85)	(−3.22)	(−3.35)	(5.33)	(5.17)
$Comp_{i,t-1}$	0.450***	0.444***	0.534***	0.534***	0.611***	0.597***
	(6.80)	(6.70)	(7.26)	(7.28)	(4.53)	(4.43)
$Board_{i,t-1}$	0.26	0.274	0.198	0.242	−0.648	−0.579
	(1.28)	(1.36)	(0.91)	(1.12)	(−1.26)	(−1.12)
$Indep_{i,t-1}$	−2.568***	−2.493***	−2.541***	−2.397***	0.705	0.800
	(−3.07)	(−3.01)	(−3.08)	(−2.87)	(0.45)	(0.51)
$Bigsh_{i,t-1}$	−0.010***	−0.011***	−0.010***	−0.011***	−0.006	−0.008
	(−3.35)	(−3.79)	(−3.34)	(−3.97)	(−0.82)	(−1.22)
公司层级效应	控制	—	控制	—	控制	—
行业效应	控制	控制	控制	控制	控制	控制
年度效应	控制	控制	控制	控制	控制	控制
地区效应	控制	控制	控制	控制	控制	控制
_Cons	−9.191***	−9.510***	−5.823***	−6.659***	−8.856***	−9.218***
	(−9.11)	(−9.39)	(−5.53)	(−6.26)	(−3.92)	(−4.04)
N	3 618	3 618	3 618	3 618	3 618	3 618
(Pseudo) Adj-R^2	0.0836	0.0805	0.190	0.187	0.064	0.058
（卡方）F 统计值	336.36***	330.39***	46.59***	45.33***	8.357***	8.073***

注：***、**、* 分别表示在1%、5%、10%的水平上显著。Logit 回归模型的括号内为 Z 值，OLS 回归模型的括号内为 T 值，且模型经过了稳健标准差调整。

表 7 – 14　国有企业高管慈善公益行为的效率评价：高管个人层面固定效应模型

Panel A	(1)	(2)	(3)	(4)	(5)	(6)
变量	$\lvert DAC \rvert_{i,t}$			$\lvert REM\_3 \rvert_{i,t}$		
	全样本			全样本		
$Promoexp_{i,t}$	-0.442 ***	-0.404 ***	-0.445 ***	-0.090	-0.102	-0.101
	(-4.58)	(-2.98)	(-4.72)	(-0.72)	(-0.56)	(-0.83)
$Ydonr_{i,t} \times Promoexp_{i,t}$	0.01			-0.009		
	(1.00)			(-0.58)		
$Ndonr_{i,t} \times Promoexp_{i,t}$		-0.009			0	
		(-0.32)			(-0.00)	
$Donr_{i,t} \times Promoexp_{i,t}$			0.002			0.001
			(1.57)			(0.95)
$Gov \times Ydonr_{i,t} \times Promoexp_{i,t}$	-0.005			0.026		
	(-0.32)			(1.12)		
$Gov \times Ndonr_{i,t} \times Promoexp_{i,t}$		0.006			0.012	
		(0.73)			(0.75)	
$Gov \times Donr_{i,t} \times Promoexp_{i,t}$			-0.003			0.002
			(-0.98)			(0.72)
$DH \times Ydonr_{i,t} \times Promoexp_{i,t}$	0			0.001		
	(0.14)			(0.21)		
$DH_{i,t} \times Ndonr_{i,t} \times Promoexp_{i,t}$		0			0	
		(0.65)			(0.77)	
$DH_{i,t} \times Donr_{i,t} \times Promoexp_{i,t}$			0			-0.001 **
			(-0.57)			(-2.12)
$Gov \times DH_{i,t} \times Ydonr_{i,t} \times Promoexp_{i,t}$	0			-0.002		
	(-0.01)			(-0.50)		
$Gov \times DH_{i,t} \times Ndonr_{i,t} \times Promoexp_{i,t}$		0			0	
		(0.04)			(0.47)	
$Gov \times DH_{i,t} \times Donr_{i,t} \times Promoexp_{i,t}$			0			0.002 *
			(0.32)			(1.91)
控制变量$_{i,t}$	控制	控制	控制	控制	控制	控制
公司层级效应	—	—	—	—	—	—
行业/年度/地区效应	控制	控制	控制	控制	控制	控制
_Cons	-0.862 ***	-0.891 ***	-0.864 ***	-0.644 ***	-0.680 ***	-0.644 ***
	(-4.26)	(-4.32)	(-4.32)	(-2.84)	(-2.86)	(-2.77)
N	3 670	3 670	3 670	3 753	3 753	3 753
Adj-R^2	0.062	0.062	0.064	0.068	0.069	0.071
F 统计值	4.623 ***	4.672 ***	4.910 ***	6.474 ***	6.353 ***	6.543 ***

续表

Panel B	(1)	(2)	(3)	(4)	(5)	(6)
变量	$\mid DAC\mid_{i,t}$			$\mid REM\_3\mid_{i,t}$		
	中央企业			中央企业		
$Promoexp_{i,t}$	-0.517^{***}	-0.717^{***}	-0.523^{***}	-0.164	-0.451	-0.166
	(-3.15)	(-2.73)	(-3.17)	(-0.76)	(-1.61)	(-0.79)
$Ydonr_{i,t}\times Promoexp_{i,t}$	0.003			0.016		
	(0.22)			(0.81)		
$Ndonr_{i,t}\times Promoexp_{i,t}$		0.051			0.084	
		(1.07)			(1.64)	
$Donr_{i,t}\times Promoexp_{i,t}$			0			0.003^{*}
			(-0.09)			(1.78)
$DH_{i,t}\times Ydonr_{i,t}\times Promoexp_{i,t}$	0.002			0		
	(0.89)			(-0.11)		
$DH_{i,t}\times Ndonr_{i,t}\times Promoexp_{i,t}$		0.001			0.002^{*}	
		(1.32)			(1.83)	
$DH_{i,t}\times Donr_{i,t}\times Promoexp_{i,t}$			0			0
			(-1.02)			(0.78)
控制变量$_{i,t}$	控制	控制	控制	控制	控制	控制
公司层级效应	—	—	—	—	—	—
行业/年度/地区效应	控制	控制	控制	控制	控制	控制
_Cons	-1.593^{***}	-1.603^{***}	-1.554^{***}	-1.202^{***}	-1.296^{***}	-1.228^{***}
	(-4.91)	(-4.97)	(-4.83)	(-2.90)	(-3.01)	(-2.88)
N	1 356	1 356	1 356	1 397	1 397	1 397
Adj-R^2	0.113	0.116	0.113	0.090	0.098	0.092
F 统计值	3.388^{***}	3.482^{***}	3.452^{***}	3.435^{***}	3.870^{***}	3.646^{***}
Panel C	(1)	(2)	(3)	(4)	(5)	(6)
变量	$\mid DAC\mid_{i,t}$			$\mid REM\_3\mid_{i,t}$		
	地方国企			地方国企		
$Promoexp_{i,t}$	-0.394^{***}	-0.266^{*}	-0.409^{***}	-0.080	0.121	-0.092
	(-3.26)	(-1.75)	(-3.58)	(-0.50)	(0.49)	(-0.59)
$Ydonr_{i,t}\times Promoexp_{i,t}$	0.010			-0.004		
	(0.90)			(-0.25)		
$Ndonr_{i,t}\times Promoexp_{i,t}$		-0.029			-0.053	
		(-0.86)			(-0.99)	
$Donr_{i,t}\times Promoexp_{i,t}$			0.002			0.001
			(1.61)			(0.72)
$DH_{i,t}\times Ydonr_{i,t}\times Promoexp_{i,t}$	0			0		
	(-0.08)			(0.04)		
$DH_{i,t}\times Ndonr_{i,t}\times Promoexp_{i,t}$		0			0	
		(0.22)			(-0.09)	

续表

Panel C	(1)	(2)	(3)	(4)	(5)	(6)
变量	$\lvert DAC \rvert_{i,t}$			$\lvert REM\_3 \rvert_{i,t}$		
	地方国企			地方国企		
$DH_{i,t} \times Donr_{i,t} \times$ $Promoexp_{i,t}$			0 (-0.04)			-0.001** (-2.05)
控制变量$_{i,t}$	控制	控制	控制	控制	控制	控制
公司层级效应	—	—	—	—	—	—
行业/年度/地区效应	控制	控制	控制	控制	控制	控制
_Cons	-0.491** (-2.04)	-0.524** (-2.12)	-0.505** (-2.11)	-0.252 (-0.98)	-0.252 (-0.96)	-0.228 (-0.89)
N	2 314	2 314	2 314	2 356	2 356	2 356
Adj-R^2	0.052	0.052	0.054	0.074	0.075	0.077
F 统计值	3.710***	3.732***	3.994***	7.071***	7.027***	7.141***
Panel C-1	(1)	(2)	(3)	(4)	(5)	(6)
变量	$\lvert DAC \rvert_{i,t}$			$\lvert REM\_3 \rvert_{i,t}$		
	省属国企			省属国企		
$Promoexp_{i,t}$	-0.437*** (-3.23)	-0.344** (-2.09)	-0.453*** (-3.63)	-0.142 (-0.83)	-0.007 (-0.02)	-0.152 (-0.92)
$Ydonr_{i,t} \times Promoexp_{i,t}$	0.025** (2.00)			0 (-0.01)		
$Ndonr_{i,t} \times Promoexp_{i,t}$		-0.016 (-0.42)			-0.036 (-0.55)	
$Donr_{i,t} \times Promoexp_{i,t}$			0.003** (2.16)			0.002 (0.87)
$DH_{i,t} \times Ydonr_{i,t} \times$ $Promoexp_{i,t}$	0.002 (0.80)			0 (0.07)		
$DH_{i,t} \times Ndonr_{i,t} \times$ $Promoexp_{i,t}$		0.001 (1.12)			0 (0.31)	
$DH_{i,t} \times Donr_{i,t} \times$ $Promoexp_{i,t}$			0 (0.01)			-0.001*** (-2.59)
控制变量$_{i,t}$	控制	控制	控制	控制	控制	控制
公司层级效应	—	—	—	—	—	—
行业/年度/地区效应	控制	控制	控制	控制	控制	控制
_Cons	-0.259 (-0.92)	-0.359 (-1.23)	-0.279 (-0.99)	-0.251 (-0.90)	-0.281 (-0.96)	-0.220 (-0.81)
N	1 660	1 660	1 660	1 696	1 696	1 696
Adj-R^2	0.062	0.060	0.065	0.066	0.067	0.073
F 统计值	3.624***	3.626***	4.074***	4.954***	4.982***	5.111***

续表

Panel C - 2	(1)	(2)	(3)	(4)	(5)	(6)
变量	$|DAC|_{i,t}$			$|REM\_3|_{i,t}$		
	市县级国企			市县级国企		
$Promoexp_{i,t}$	-0.262 (-1.09)	-0.089 (-0.23)	-0.305 (-1.25)	0.129 (0.34)	0.505 (1.20)	0.101 (0.26)
$Ydonr_{i,t} \times Promoexp_{i,t}$	-0.025 (-1.30)			-0.014 (-0.44)		
$Ndonr_{i,t} \times Promoexp_{i,t}$		-0.055 (-0.76)			-0.102 (-1.28)	
$Donr_{i,t} \times Promoexp_{i,t}$			-0.001 (-0.36)			0 (0.05)
$DH_{i,t} \times Ydonr_{i,t} \times$ $Promoexp_{i,t}$	-0.004 (-1.29)			0.001 (0.21)		
$DH_{i,t} \times Ndonr_{i,t} \times$ $Promoexp_{i,t}$		-0.001 (-1.42)			0 (-0.01)	
$DH_{i,t} \times Donr_{i,t} \times$ $Promoexp_{i,t}$			0 (0.07)			0 (0.40)
控制变量$_{i,t}$	控制	控制	控制	控制	控制	控制
公司层级效应	—	—	—	—	—	—
行业/年度/地区效应	控制	控制	控制	控制	控制	控制
_Cons	-1.264*** (-3.63)	-1.204*** (-3.40)	-1.265*** (-3.59)	-0.447 (-0.75)	-0.424 (-0.70)	-0.431 (-0.71)
N	654	654	654	660	660	660
Adj-R^2	0.089	0.09	0.083	0.142	0.144	0.141
F 统计值	2.632***	2.808***	2.224***	4.605***	4.759***	4.676***

注：＊＊＊、＊＊、＊分别表示在1%、5%、10%的水平上显著，OLS 回归模型的括号内为 T 值，模型经过了稳健标准差调整。

7.5.2 稳健性测试

其他稳健性测试还包括：（1）将原有国企高管样本划分为晋升—降职样本或晋升—非晋升样本，使用二元 Logit 模型重新估算国企高管的晋升预期替代原有的解释变量；（2）由于国有企业高管慈善捐赠不可能产生负值，故采用受限 Tobit 模型对前述模型进行回归；（3）参照琼斯（1991）、卡萨瑞（2005）的应计盈余管理模型以及科恩和扎罗温（2010）的真实盈余管理模型，重新计算盈余裁量指标；（4）删除违法犯罪的降职样本重新回归；（5）与金等（2012）的模型保持一致，在"应计—捐赠—晋升"回归中控制真实盈余管理，"真实—捐赠—晋升"回归中控制应计盈余管理，基本结果保持不变。

7.6　结语

从制度视角出发，企业或管理层参与社会责任，是为满足外界利益相关者对企业社会担当的角色期望（斯旺森，1995；桑切斯，2000；张建君，2013）。作为国民经济的中坚力量，国有企业高管身兼经济、政治、社会等多重任务，参与公益慈善事业是国有企业回馈社会，塑造企业形象的必然选择。但由于内生激励与外在环境不同，中央与地方国有企业慈善公益实践差异明显。中国社科院企业社会责任研究中心等机构发布的《企业公益蓝皮书（2021）》报告了国有企业系统内部的这一差异。

本书立足国有企业高管晋升考评激励机制，旨在厘清中央与地方国有企业慈善公益行为的内在驱动与经济效益，回应公众对国有企业捐赠事实的认知偏误。研究发现，相较于中央企业，地方国有企业高管受晋升期望激励，捐赠倾向更强，规模更大；考虑任职预期，上述晋升激励与捐赠的敏感性关系减弱。

第 8 章
主要结论与政策建议

8.1 主要结论

在当前国有企业深化改革的现实背景下，围绕国有资产管理体制调整与国有企业分类管理改革实践，本书立足制度事实，试图厘清国有企业高管晋升评价激励机制对国企高管经营与非经营行为的治理效果，启发未来国有企业委托—代理问题的解决思路。

总体而言，国有企业高管职位晋升激励现象广泛存在，但晋升评估体系在中央企业与地方省属、市县级国有企业，垄断行业国有企业与竞争行业国有企业中被差异化执行，评价效率依赖国有资产被监管的独立性（政府干预程度）以及外部竞争信息环境。国有企业高管作为理性经济人，会自我评估形成晋升期望与职业思量，动态调整任职期内的经营与非经营行为，晋升期望越高，国有企业高管越有较强的动机积极作为，加强个人竞争优势，且企业产出质量水平也整体较高，较大程度上实现了激励相容，但受不确定任职预期影响，上述关系会变弱。此外，晋升评价体系的激励效果在监管独立性较高的中央企业中更强。得益于充分的外部竞争信息，竞争行业国有企业中，晋升考评的执行效率要更高，但与垄断行业国有企业相比，激烈的行业竞争也意味着经营风险较大，竞争行业国有企业高管的"冒险"经营行为可能会损失效率，减弱激励效果。

通过手工收集 2003~2014 年国有上市公司高管离职去向及职位升降数据，基于国企高管晋升评价激励机制设定与实践，本书构建晋升期望与职业思量治理指标，以国企高管投资决策与社会公益实践为观察视角，讨论该激励机制在央企与地方国企，竞争行业国企与垄断行业国企中差异化激励后果。

本书分别从经济事实、执行效率与激励后果三方面，阐明实证研究发现。

首先，国有企业高管职位晋升激励的经济事实：（1）国企高管的离任去向集中于国企系统，以单一国企集团内的同级和上级企业单位为主，呈现出"体制内流动，集团内流动"的特点。（2）国企高管"升多降少，政治晋升是少数人的胜利"，行政级别越高的国企高管，被降职的概率越小；同时，基于我国金字塔式的官员管理体制及"同级调动"原则，"政商互通"在低级别的国有企业——市县级国企中相对常见。（3）从任期结构上看，非常规离任者居多，国企高管的任职预期不确定性程度较高。

其次，研究国有企业高管职业晋升评价的实际执行效果发现：中央企业高管晋升依赖高管的业绩表现及个人能力；地方省属和市县级国企高管在政治锦标赛的激励背景下，依赖非业绩的政治关系资源或政策性负担的承担获得晋升，晋升评价体系在央企和地方国企被差异化执行。此外，相较于市场化程度较低的垄断性国有企业，竞争性国有企业高管的晋升评价相对有效。

再次，本书激励机制关于投资决策的激励效果如下：（1）总体上，晋升期望高的国企高管会加大任职内投资水平，积极扩张以强化竞争优势，其任中内生投资水平与并购投资水平更高，实施并购的概率更大，次数更多。（2）但考虑到晋升可能耗费的时间成本（职业思量），任职预期越长，投资冲动越缓和。（3）高晋升预期的国企高管同时采用内生投资与并购投资扩张的可能性更大，但前者投资规模普遍高于后者，国企高管偏好内生投资为主的稳健型扩张，而职业思量对该投资偏好进行了负向调节。（4）央企高管的内生投资与并购投资扩张行为比地方国企高管审慎，上述（1）、（2）、（3）在中央企业中表现得更缓和；受限于外部竞争条件，垄断行业国企高管表现出更强的内生投资冲动，而竞争行业国企高管相对偏爱并购投资。(5) 央企高管的投资决策质量整体高于地方国企高管，表现为过度投资程度较弱，投资机会敏感性更强；而竞争行业国企高管受限于严峻的外部生存环境，投资决策质量不显著高于垄断行业国企高管。

最后，本书激励机制关于社会公益实践的激励效果如下：(1) 受职业晋升期望激励，中央企业与地方省属及市县级国有企业高管有较强的偏好进行慈善捐赠以强化个人晋升优势，捐赠的概率、频次与规模整体较高。(2) 受任职预期与职业生涯的时间成本约束，前述晋升期望与慈善捐赠的敏感性关系会减弱。(3) 结论 (1) 与 (2) 在地方国有企业中表现得更明显。(4) 结合企业经营产出质量进一步发现，中央企业与地方省属、市县级国有企业慈善公益的实践效率也不同，前者表现为"社会担当"，后者主要是积累晋升资本的"形象工程"。

总的来说，国有企业高管晋升评价体系的执行效率，以及激励体系对国企高管投资行为与慈善公益行为的治理效果，依赖于监管主体的独立性及外部竞争信息环境；国有企业高管会评估内外部监控环境，对现有国有企业高管晋升评价激励机制作出应激反应，相机调整经营与非经营行为，强化晋升优势。

8.2 政策启示

本书首次大样本实证分析了国有企业高管任免治理的具体实施过程及执行效果，从微观公司治理层面列示了国有企业改革的经验证据，对未来改进国有企业高管考评方法与激励支付方式有重要的政策启示。

第一，重新配置企业组织与行政组织的激励资源，继续推进国有企业"去行政化"改革。(1) 改进当前国有企业高管的委任制度，尽量稳定国有资产代理人的职业预期，降低任职考核地的不确定性，引导国企高管合理评估个人实力，科学规划职业生涯，实现高管个人效用与国有资产保值增值目标的相容。(2) 立足国有企业混合所有制与分类管理改革的现实，减少并解除政府组织对国有企业人事资源调配的干预，发展经理人市场并推进经理人的职业化进程，才能进一步从微观层面上重塑国有企业成为真正的市场竞争主体。

第二，明确不同类型国有企业的微观治理思路。国有企业存在内部结构性差异及与外部经营环境差异，如垄断行业与非垄断行业、不同实际控制人控制背景的差异（央企、省属国企及市县级国企）、各地区政府干预程度的不同，导致显性激励与隐性激励发挥的功效各有差异，不同类型国有企业呈现出的激励模式也不同，进而企业经营行为也迥异。因此，国有企业系统"完善制度、调整结构、加强监管、调节水平、规范待遇"的改革切忌"一刀切"，需立足企业行业、经营管理实情以及外部环境，在基本激励原则不变的前提下，丰富考核评价指标体系，灵活调整央企、省属国企及市县级国企的激励政策，并考虑高管不同任职阶段需求偏好的差异建立动态化的激励考评体系，实现更好的激励相容；同时，增强国有企业监管主体的独立性立场并加快各地区的市场化进程显得十分必要，通过减少地方政府对国企的行政干预和国企的政策性负担进一步增强高管经营绩效与努力程度之间的关联关系，提高国有企业高管晋升激励机制的效率。

第三，国有企业高管的绩效考评应重"实质"而非"数量"，评价指标应"综合"而非"单一"，主次有序，平衡好"有质量"的资产增值目标与"有意义"的社会责任追求之间的关系，激励高管追求经营绩效的同时，不忘道德初心。各级国资委应鼓励国有企业因时、因地，自愿无偿地参与社会责任事业。国有企业决策层根据企业经营实际，兼顾国有资产保值增值目标，自愿自主决策，决定参与时机、方式及规模。政府主管部门应减少直接行政干预，避免社会责任活动沦为政府官员抑或国有企业高管完成政治任务，营造个人形象，提升个人社会声望的谋利工具。除慈善公益外，环境保护、产品与服务质量、健康的劳资关系及合法有序的市场竞争环境也是国有企业社会责任的内在要求，国有企业高管应统筹兼顾，不能"非此即彼"，因噎废食。

8.3 研究局限性与未来研究方向

本书围绕国有企业高管职位升降，首次完整刻画了我国国有企业高管晋升评价激励机制的具体实施过程，并进一步探究了这一基础隐性激励契约在国有企业公司治理过程中发挥的治理效应，从晋升期望与职业思量两个维度检验了该激励制度对国企高管任职期间投资决策、社会公益实践及会计政策选择的影响。研究发现，国有企业高管会主观评估个人晋升期望，并考虑可能的机会成本，"相机"动态调整自己的任职表现。由于资产监管体制与外部竞争信息环境存在差异，中央企业高管与其他地方国有企业高管，垄断性国有企业高管与竞争性国有企业高管的行为偏好不同。但总体而言，国有企业高管表现出短期的机会主义导向，注重个人即期在职业绩表现，忽略企业的长期价值创造。本研究补充和扩展了国有企业高管激励契约的研究框架，具有重要的理论与政策启发。然而，受限于主客观条件，本书还存在一定的研究局限性，而这些不足也为未来研究提供了可能的发展空间。

第一，国有企业高管晋升评价激励机制植根于中国国有资产管理与国有企业经营现实，本书主要从国有企业代理问题的角度探究该激励机制的治理效果，并发现其具有一定消极后果。鲍莫尔（1996）指出经理人作出生产性行为、非生产性行为或破坏性行为选择取决于社会对这些行为的回报规则。实际上，由于多层次委托代理关系的客观存在以及外部经理人市场不活跃的原因，以晋升激励为核心的锦标赛机制成为国有企业主要的激励契约安排，帮助激发国有企业经营活力，并实现国有资产保值增值。本书研究结论一定程度上容易引发读者以偏概全，产生误解，这需要慎重。

第二，国有企业的代理问题存在多种可能的表现形式，除投融资决策、公益性捐赠实践、会计政策选择外，还有过量媒体宣传报告（郑志刚等，2012）、超额雇佣（刘磊等，2004；张敏等，2013）以及税收激进（卢洪友和张楠，2016）等管理者行为。受限于数据收集与研究时间的限制，本书并未探究国企高管任免激励机制对高管其他经营管理行为的治理作用。因此，进一步探索任免激励对其他代理行为的影响也是未来研究可供参考的方向之一。

第三，国有企业高管的激励是个系统工程，包括货币激励和非货币激励。基于以往研究（陈冬华等，2005，2010），本书同样设定国有企业高管存在薪酬管制与股权激励形式主义的事实，研究以国有企业高管职位变更激励为核心的非货币激励契约的公司治理作用。尽管本书研究主题与主体集中，但亦不可忽视其他激励契约安排的治理影响。后续可以在统筹国企高管各种激励契约安排的基础之上，并结合国有企业高管风险偏好与经营管理实践，综合评判实际的治理后果。

第四，本书采用回归模型估算晋升激励强度，相对于过往研究，虽有较大的进步，但也存在一定的问题。例如，国有企业高管职位升降需要参照标准进行主观判定，尽管评判程序严格严谨，但仍然无法避免判定偏误；此外，影响国有企业高管职位变动的因素很多，计量模型中无法穷尽，故指标的选择与构建也尚有不足之处。同样，国有企业高管任职预期变量的设计也仅包含主要的任期与年龄维度，后续还有可扩展的空间。此外，未来也可以拓展除晋升期望与职业思量之外的其他方面探究国有企业高管的任免激励机制及其相应的经济后果。

第五，2015 年 8 月中共中央、国务院印发《关于深化国有企业改革的指导意见》，随着新一轮国企改革深入开展，国有企业的内外部经营环境了发生重大变化，如国有企业混合所有制以及分类改革的推进。例如，国有企业区分为公益类与商业竞争类，这对原有国有企业高管变更将产生怎样的影响？并进一步影响国有企业的公司治理？再以混合所有制改革为例，引入外部的民营股东，国有企业原有的公司治理结构因此改变，这一改变将会对国有企业现有激励机制的公司治理效应产生怎样的影响，还有待进一步研究。而 2017 年《关于进一步完善国有企业法人治理结构的指导意见》强调"党管干部原则与董事会选聘经营管理人员有机结合"，这一要求又会给国有企业高管人事管理制度带来哪些变化？本书考虑这些政策调整，借助自然改革实验，可以向后拓展本文样本区间，分阶段比较国企高管激励机制与公司治理的差异以及变化。

另外，后续研究也可以突破现有研究方法上的局限，向其他学科借鉴好的思想与方法，例如管理学、心理学与行为学等方面，了解国有企业高管的个人特质、经营风格等个体层面的差异，以更好地理解国企高管的风险偏好与行为倾向。

参考文献

［1］白俊，连立帅. 国企过度投资溯因：政府干预抑或管理层自利？
［J］. 会计研究，2014（2）：41 - 48.

［2］薄仙慧，吴联生. 国有控股与机构投资者的治理效应：盈余管理
视角［J］. 经济研究，2009（2）：81 - 91.

［3］步丹璐，王晓艳. 政府补助、软约束与薪酬差距［J］. 南开管理
评论，2014（2）：23 - 91.

［4］步丹璐，张晨宇，林腾. 晋升预期降低了国有企业薪酬差距吗？
［J］. 会计研究，2017（1）：82 - 88.

［5］曹春方，马连福，沈小秀. 财政压力、晋升压力、官员任期与地
方国企过度投资［J］. 经济学：季刊，2014，13（3）：1415 - 1436.

［6］曾庆生，陈信元. 国家控股，超额雇员与劳动力成本［J］. 经济
研究，2006，5（6）：74 - 86.

［7］陈冬华，陈世敏，梁上坤. 政治级别能激励高管吗？［D］. 南
京：南京大学商学院工作论文，2011.

［8］陈冬华，陈信元，万华林. 国有企业中的薪酬管制与在职消费
［J］. 经济研究，2005（2）：92 - 101.

［9］陈冬华，梁上坤，蒋德权. 不同市场化进程下高管激励契约的成
本与选择：货币薪酬与在职消费［J］. 会计研究，2010（11）：56 - 64.

［10］陈冬华，章铁生，李翔. 法律环境、政府管制与隐性契约［J］.
经济研究，2008（3）：60 - 72.

［11］陈林，朱卫平. 创新竞争与垄断内生——兼议中国反垄断法的

根本性裁判准则 [J]. 中国工业经济, 2011 (6): 5 – 15.

[12] 陈仕华, 等. 国企高管政治晋升对企业并购行为的影响——基于企业成长压力理论的实证研究 [J]. 管理世界, 2015 (9): 125 – 136.

[13] 陈潭, 刘兴云. 锦标赛体制、晋升博弈与地方剧场政治 [J]. 公共管理学报, 2011, 8 (2): 21 – 33.

[14] 陈信元, 等. 地区差异、薪酬管制与高管腐败 [J]. 管理世界, 2009 (11): 130 – 143.

[15] 程锐, 贺琛, 倪恒旺. 基于真实盈余管理的慈善捐赠的公司治理效应分析 [J]. 统计与决策, 2015 (23): 173 – 176.

[16] 程仲鸣, 夏新平, 余明桂. 政府干预、金字塔结构与地方国有上市公司投资 [J]. 管理世界, 2008 (9): 37 – 47.

[17] 戴亦一, 潘越, 冯舒. 中国企业的慈善捐赠是一种"政治献金"吗? ——来自市委书记更替的证据 [J]. 经济研究, 2014 (2): 74 – 86.

[18] 丁友刚, 宋献中. 政府控制、高管更换与公司业绩 [J]. 会计研究, 2011 (6): 70 – 76.

[19] 杜兴强, 曾泉, 吴洁雯. 官员历练、经济增长与政治擢升——基于1978~2008年中国省级官员的经验证据 [J]. 金融研究, 2012 (2): 30 – 47.

[20] 方军雄. 我国上市公司高管的薪酬存在粘性吗? [J]. 经济研究, 2009 (3): 110 – 124.

[21] 方军雄. 高管权力与企业薪酬变动的非对称性 [J]. 经济研究, 2011 (4): 107 – 120.

[22] 费方域. 控制内部人控制: 国企改革中的治理机制研究 [J]. 经济研究, 1996 (6): 31 – 39.

[23] 冯芸, 吴冲锋. 中国官员晋升中的经济因素重要吗? [J]. 管理科学学报, 2013 (11): 55 – 68.

[24] 傅颀, 汪祥耀. 所有权性质、高管货币薪酬与在职消费——基于管理层权力的视角 [J]. 中国工业经济, 2013 (12): 104 – 116.

[25] 高勇强, 陈亚静, 张云均. "红领巾"还是"绿领巾": 民营企

业慈善捐赠动机研究 ［J］．管理世界，2012（8）：106-114.

［26］高勇强，何晓斌，李路路．民营企业家社会身份、经济条件与企业慈善捐赠 ［J］．经济研究，2011（12）：111-123.

［27］龚启辉，吴联生，王亚平．两类盈余管理之间的部分替代 ［J］．经济研究，2015（6）：175-188.

［28］黄海杰，吕长江，Edward Lee．"四万亿投资"政策对企业投资效率的影响 ［J］．会计研究，2016（2）：51-57.

［29］黄群慧．控制权作为企业家的激励约束因素：理论分析及现实解释意义 ［J］．经济研究，2000（1）：41-47.

［30］黄速建，余菁．国有企业的性质、目标与社会责任 ［J］．中国工业经济，2006（2）：68-76.

［31］黄再胜．国有企业隐性激励"双重缺位"问题探析 ［J］．当代经济科学，2003（5）：88-91.

［32］纪志宏，等．地方官员晋升激励与银行信贷——来自中国城市商业银行的经验证据 ［J］．金融研究，2014（1）：1-15.

［33］江轩宇，许年行．企业过度投资与股价崩盘风险 ［J］．金融研究，2015（8）：141-158.

［34］姜付秀，伊志宏，苏飞，等．管理者背景特征与企业过度投资行为 ［J］．管理世界，2009（1）：130-139.

［35］姜付秀，张敏，刘志彪．并购还是自行投资：中国上市公司扩张方式选择研究 ［J］．世界经济，2008，31（8）：77-84.

［36］姜付秀，朱冰，王运通．国有企业的经理激励契约更不看重绩效吗? ［J］．管理世界，2014（9）：143-159.

［37］蒋德权，姜国华，陈冬华．地方官员晋升与经济效率：基于政绩考核观和官员异质性视角的实证考察 ［J］．中国工业经济，2015（10）：21-36.

［38］金宇超，靳庆鲁，宣扬．"不作为"或"急于表现"：企业投资中的政治动机 ［J］．经济研究，2016（10）：126-139.

［39］黎文靖，胡玉明．国企内部薪酬差距激励了谁? ［J］．经济研

究，2012（12）：125 – 136.

[40] 李宝宝，黄寿昌. 国有企业管理层在职消费的估计模型及实证检验 [J]. 管理世界，2012（5）：184 – 185.

[41] 李增福，董志强，连玉君. 应计项目盈余管理还是真实活动盈余管理？——基于我国 2007 年所得税改革的研究 [J]. 管理世界，2011，208（1）：121 – 134.

[42] 李政，代栓平. 中国国企改革三十年的理论回顾与展望 [R]. 教育部文科重点研究基地联谊会 2008 年年会暨青年经济学者论坛2008：9.

[43] 厉以宁. 所有制改革和股份企业的管理 [J]. 中国经济体制改革，1986（12）：25 – 28.

[44] 梁建，陈爽英，盖庆恩. 民营企业的政治参与、治理结构与慈善捐赠 [J]. 管理世界，2010（7）：109 – 118.

[45] 廖冠民，沈红波. 国有企业的政策性负担：动因、后果及治理 [J]. 中国工业经济，2014（6）：96 – 108.

[46] 廖冠民，张广婷. 盈余管理与国有公司高管晋升效率 [J]. 中国工业经济，2012（4）：115 – 127.

[47] 廖理，廖冠民，沈红波. 经营风险、晋升激励与公司绩效 [J]. 中国工业经济，2009（8）：119 – 130.

[48] 林挺进. 中国地级市市长职位升迁的经济逻辑分析 [J]. 公共管理研究，2007（0）：45 – 168.

[49] 林毅夫，李志赟. 政策性负担、道德风险与预算软约束 [J]. 经济研究，2004（2）：17 – 27.

[50] 林毅夫，李周. 现代企业制度的内涵与国有企业改革方向 [J]. 经济研究，1997（3）：3 – 10.

[51] 林毅夫，刘明兴，章奇. 政策性负担与企业的预算软约束：来自中国的实证研究 [J]. 管理世界，2004（8）：81 – 89.

[52] 林毅夫，刘培林. 自生能力和国企改革 [J]. 经济研究，2001（9）：60 – 70.

［53］刘春，孙亮. 薪酬差距与企业绩效：来自国企上市公司的经验证据［J］. 南开管理评论，2010，13（2）：30 – 39.

［54］刘峰，史文. 经理人市场·产权理论与央企招聘［D］. 厦门：厦门大学管理学院工作论文，2015.

［55］刘佳，吴建南，马亮. 地方政府官员晋升与土地财政——基于中国地市级面板数据的实证分析［J］. 公共管理学报，2012，9（2）：11 – 23.

［56］刘磊，刘益，黄燕. 国有股比例、经营者选择及冗员间关系的经验证据与国有企业的治理失效［J］. 管理世界，2004（6）：97 – 105.

［57］刘青松，肖星. 败也业绩，成也业绩？——国企高管变更的实证研究［J］. 管理世界，2015（3）：151 – 163.

［58］刘芍佳，李骥. 超产权论与企业绩效［J］. 经济研究，1998（8）：3 – 12.

［59］卢洪友，张楠. 地方政府换届、税收征管与税收激进［J］. 经济管理，2016（2）：160 – 168.

［60］卢锐，魏明海，黎文靖. 管理层权力、在职消费与产权效率——来自中国上市公司的证据［J］. 南开管理评论，2008，11（5）：85 – 92.

［61］罗党论，佘国满. 地方官员变更与地方债发行［J］. 经济研究，2015（6）：131 – 146.

［62］罗宏，黄文华. 国企分红、在职消费与公司业绩［J］. 管理世界，2008，180（9）：139 – 148.

［63］吕长江，赵宇恒. 国有企业管理者激励效应研究——基于管理者权力的解释［J］. 管理世界，2008（11）：99 – 109.

［64］马连福，王元芳，沈小秀. 国有企业党组织治理、冗余雇员与高管薪酬契约［J］. 管理世界，2013（5）：100 – 115.

［65］马亮. 官员晋升激励与政府绩效目标设置——中国省级面板数据的实证研究［J］. 公共管理学报，2013（2）：28 – 40.

［66］缪文卿. 国有企业企业家激励制度的变迁——兼与周其仁商榷［J］. 改革，2006（11）：112 – 115.

[67] 潘红波，夏新平，余明桂. 政府干预、政治关联与地方国有企业并购 [J]. 经济研究，2008 (4)：41 - 52.

[68] 蒲丹琳，王善平. 官员晋升激励、经济责任审计与地方政府投融资平台债务 [J]. 会计研究，2014 (5)：88 - 93.

[69] 钱先航，曹廷求，李维安. 晋升压力、官员任期与城市商业银行的贷款行为 [J]. 经济研究，2011 (12)：72 - 85.

[70] 青木昌彦，钱颖一. 转轨经济中的公司治理结构 [M]. 北京：中国经济出版社，1995.

[71] 青木昌彦，张春霖. 对内部人控制的控制：转轨经济中公司治理的若干问题 [J]. 改革，1994 (6)：11 - 24.

[72] 权小锋，吴世农，文芳. 管理层权力、私有收益与薪酬操纵 [J]. 经济研究，2010 (11)：73 - 87.

[73] 山立威，甘犁，郑涛. 公司捐款与经济动机——汶川地震后中国上市公司捐款的实证研究 [J]. 经济研究，2008 (11)：51 - 61.

[74] 沈艺峰，李培功. 政府限薪令与国有企业高管薪酬、业绩和运气关系的研究 [J]. 中国工业经济，2010 (11)：130 - 139.

[75] 史思雨，孙静春. Logit 模型切割值选取对预测准确率的影响 [J]. 统计与决策，2017 (5)：85 - 89.

[76] 宋德舜，宋逢明. 国有控股、经营者变更和公司绩效 [J]. 南开管理评论，2005 (1)：10 - 15.

[77] 陶然，等. 经济增长能够带来晋升吗？——对晋升锦标竞赛理论的逻辑挑战与省级实证重估 [J]. 管理世界，2010 (12)：13 - 26.

[78] 王曾，等. 国有企业 CEO "政治晋升" 与 "在职消费" 关系研究 [J]. 管理世界，2014 (5)：157 - 171.

[79] 王珺. 双重博弈中的激励与行为——对转轨时期国有企业经理激励不足的一种新解释 [J]. 经济研究，2001 (8)：71 - 78.

[80] 王珺. 政企关系演变的实证逻辑——我国政企分开的三阶段假说 [J]. 经济研究，1999 (11)：69 - 76.

[81] 王珺. 国有企业改革的主线、阶段与步骤 [J]. 特区理论与实

践，1997（11）：5.

［82］王克敏，刘博. 公司控制权转移与盈余管理研究［J］. 管理世界，2014（7）：144 - 156.

［83］王贤彬，徐现祥. 地方官员来源、去向、任期与经济增长——来自中国省长省委书记的证据［J］. 管理世界，2008（3）：16 - 26.

［84］王贤彬，徐现祥，李郇. 地方官员更替与经济增长［J］. 经济学（季刊），2009（4）：1301 - 1328.

［85］王贤彬，徐现祥，周靖祥. 晋升激励与投资周期——来自中国省级官员的证据［J］. 中国工业经济，2010（12）：16 - 26.

［86］王雄元，等. 权力型国有企业高管支付了更高的职工薪酬吗？［J］. 会计研究，2014（1）：49 - 56.

［87］王永钦，等. 中国的大国发展道路——论分权式改革的得失［J］. 经济研究，2007（1）：4 - 16.

［88］魏明海，柳建华. 国企分红、治理因素与过度投资［J］. 管理世界，2007（4）：88 - 95.

［89］吴育辉，吴世农. 高管薪酬：激励还是自利？——来自中国上市公司的证据［J］. 会计研究，2010（11）：40 - 48.

［90］夏立军. 盈余管理计量模型在中国股票市场的应用研究［J］. 中国会计与财务研究，2003（2）：94 - 154.

［91］夏立军，陈信元. 市场化进程、国企改革策略与公司治理结构的内生决定［J］. 经济研究，2007（7）：82 - 95.

［92］辛清泉，林斌，王彦超. 政府控制、经理薪酬与资本投资［J］. 经济研究，2007（8）：110 - 122.

［93］辛宇，吕长江. 激励、福利还是奖励：薪酬管制背景下国有企业股权激励的定位困境——基于泸州老窖的案例分析［J］. 会计研究，2012（6）：67 - 75.

［94］徐莉萍，辛宇，祝继高. 媒体关注与上市公司社会责任之履行——基于汶川地震捐款的实证研究［J］. 管理世界，2011（3）：135 - 143.

［95］徐现祥，李郇，王美今. 区域一体化、经济增长与政治晋升

［J］．经济学（季刊），2007（4）：1075－1096.

［96］徐现祥，舒元．中国省区经济增长分布的演进（1978—1998）［J］．经济学（季刊），2004（2）：619－638.

［97］徐现祥，王贤彬．晋升激励与经济增长：来自中国省级官员的证据［J］．世界经济，2010（2）：15－36.

［98］徐现祥，王贤彬．任命制下的官员经济增长行为［J］．经济学（季刊），2010（4）：1447－1466.

［99］徐现祥，王贤彬，舒元．地方官员与经济增长——来自中国省长、省委书记交流的证据［J］．经济研究，2007（9）：18－31.

［100］许年行，李哲．高管贫困经历与企业慈善捐赠［J］．经济研究，2016（12）：133－146.

［101］薛云奎，白云霞．国家所有权、冗余雇员与公司业绩［J］．管理世界，2008（10）：96－105.

［102］闫伟．国有企业经理道德风险程度的决定因素［J］．经济研究，1999（2）：3－12.

［103］杨瑞龙，王元，聂辉华．"准官员"的晋升机制：来自中国央企的证据［J］．管理世界，2013（3）：23－33.

［104］岳希明，李实，史泰丽．垄断行业高收入问题探讨［J］．中国社会科学，2010（3）：77－93＋221－222.

［105］张洪辉，王宗军．政府干预、政府目标与国有上市公司的过度投资［J］．南开管理评论，2010，13（3）：101－108.

［106］张建君．竞争—承诺—服从：中国企业慈善捐款的动机［J］．管理世界，2013（9）：118－129.

［107］张建君，张志学．中国民营企业家的政治战略［J］．管理世界，2005（7）：94－105.

［108］张军，高远．官员任期、异地交流与经济增长——来自省级经验的证据［J］．经济研究，2007（11）：第91－103.

［109］张莉，王贤彬，徐现祥．财政激励、晋升激励与地方官员的土地出让行为［J］．中国工业经济，2011（4）：35－43.

［110］张霖琳，刘峰，蔡贵龙. 监管独立性、市场化进程与国企高管晋升机制的执行效果——基于 2003 ~ 2012 年国企高管职位变更的数据［J］. 管理世界，2015（10）：117 - 131.

［111］张敏，王成方，刘慧龙. 冗员负担与国有企业的高管激励［J］. 金融研究，2013（5）：140 - 151.

［112］张维迎. 所有制、治理结构及委托—代理关系——兼评崔之元和周其仁的一些观点［J］. 经济研究，1996（9）：3 - 15.

［113］张维迎. 控制权损失的不可补偿性与国有企业兼并中的产权障碍［J］. 经济研究，1998（7）：4 - 15.

［114］张维迎，吴有昌，马捷. 公有制经济中的委托人—代理人关系：理论分析和政策含义［J］. 经济研究，1995（4）：10 - 20.

［115］张兆国. 管理者任期、晋升激励与研发投资［J］. 会计研究，2014（9）：81 - 88.

［116］郑红亮. 公司治理理论与中国国有企业改革［J］. 经济研究，1998（10）：21 - 28.

［117］郑志刚，等. 国企高管的政治晋升与形象工程——基于 N 省 A 公司的案例研究［J］. 管理世界，2012（10）：146 - 156.

［118］周黎安. 中国地方官员的晋升锦标赛模式研究［J］. 经济研究，2007（7）：36 - 50.

［119］周黎安. 晋升博弈中政府官员的激励与合作——兼论我国地方保护主义和重复建设问题长期存在的原因［J］. 经济研究，2004（6）：33 - 40.

［120］周黎安，陶婧. 官员晋升竞争与边界效应：以省区交界地带的经济发展为例［J］. 金融研究，2011（3）：15 - 26.

［121］周铭山，张倩倩. "面子工程"还是"真才实干"？——基于政治晋升激励下的国有企业创新研究［J］. 管理世界，2016（12）：116 - 132.

［122］周其仁. 市场里的企业：一个人力资本与非人力资本的特别合约［J］. 经济研究，1996（6）：71 - 80.

［123］周权雄，朱卫平. 国企锦标赛激励效应与制约因素研究［J］.

经济学：季刊，2010，9（2）：571 – 596.

　　［124］周雪光. "逆向软预算约束"：一个政府行为的组织分析［J］. 中国社会科学，2005（2）：132 – 143.

　　［125］陆正飞，王雄元，张鹏. 国有企业支付了更高的职工工资吗？［J］. 经济研究，2012（3）：28 – 39.

　　［126］辛清泉，谭伟强. 市场化改革、企业业绩与国有企业经理薪酬［J］. 经济研究，2009（11）：68 – 81.

　　［127］周叔莲，吴敬琏，汪海波. 关于社会主义全民所有制经济的几个问题［J］. 求索，1981（4）：8 – 18.

　　［128］Akerlof, G. A.. The market for "lemons"：Quality uncertainty and the market mechanism［J］. The Quarterly Journal of Economics，1970：488 – 500.

　　［129］Albuquerque, A.. Peer firms in relative performance evaluation［J］. Journal of Accounting and Economics，2009，48（1）：69 – 89.

　　［130］Alchian, A. A. and H. Demsetz. Production, Information Costs, and Economic Organization［J］. American Economic Review，1972，62（14）：386 – 388.

　　［131］Andersen, O.. Internationalization and Market Entry Mode：A Review of Theories and Conceptual Frameworks［J］. Mir Management International Review，1997，37：27 – 42.

　　［132］Antia, M., C. Pantzalis and J. C. Park. CEO decision horizon and firm performance：An empirical investigation［J］. Journal of Corporate Finance，2010，16（3）：288 – 301.

　　［133］Arye Bebchuk, L. and J. M. Fried. Executive compensation as an agency problem［J］. The Journal of Economic Perspectives，2003，17（3）：71 – 92.

　　［134］Bai, C. E. and Z. Tao. The Multitask Theory of State Enterprise Reform：Empirical Evidence from China［J］. American Economic Review，2006，96（2）：353 – 357.

　　［135］Bai, C., et al.. A multitask theory of state enterprise reform［J］. Journal of Comparative Economics，2000，28（4）：716 – 738.

[136] Baker, M. , J. C. Stein and J. Wurgler. When does the market matter? Stock prices and the investment of equity-dependent firms [J]. The Quarterly Journal of Economics, 2003, 118 (3): 969 –1005.

[137] Baumol, W. J. . Entrepreneurship: Productive, unproductive, and destructive [J]. Journal of Business Venturing, 1996, 11 (1): 3 –22.

[138] Bebchuk, L. A. , F. J. M. . Executive Compensation as an Agency Problem [J]. Journal of Economic Perspectives, 2003, 17 (3): 71 –92.

[139] Becker, B. E. and M. A. Huselid. The Incentive Effects of Tournament Compensation Systems [J]. Administrative Science Quarterly, 1992, 37 (2): 336 –350.

[140] Becker, C. L. , et al. . The effect of audit quality on earnings management [J]. Contemporary Accounting Research, 1998, 15 (1): 1 –24.

[141] Beneish, M. D. and M. E. Vargus. Insider trading, earnings quality, and accrual mispricing [J]. The Accounting Review, 2002, 77 (4): 755 –791.

[142] Bergstresser, D. and T. Philippon. CEO incentives and earnings management [J]. Journal of Financial Economics, 2006, 80 (3): 511 –529.

[143] Berle, A. and G. Means. The Modern Corporation and Private Property Macmillan [M] . New York, 1932.

[144] Bernheim, B. D. and M. D. Whinston. Common Marketing Agency as a Device for Facilitating Collusion [J]. Rand Journal of Economics, 1985, 16 (2): 269 –281.

[145] Bernheim, B. D. and M. D. Whinston. Common agency [J]. Econometrica: Journal of the Econometric Society, 1986 : 923 –942.

[146] Bertrand, M. and A. Schoar. Managing with Style: The Effect of Managers on Firm Policies [J]. Quarterly Journal of Economics, 2003, 118 (4): 1169 –1208.

[147] Brickley, J. A. . Empirical research on CEO turnover and firm-performance: a discussion [J]. Journal of Accounting & Economics, 2003,

36 (1－3): 227－233.

[148] Buchanan, J. M.. An economic theory of clubs [J]. Economica, 1965, 32 (125): 1－14.

[149] Burns, N. and S. Kedia. The impact of performance-based compensation on misreporting [J]. Journal of Financial Economics, 2006, 79 (1): 35－67.

[150] Campbell, J. L.. Why Would Corporations Behave in Socially Responsible Ways? An Institutional Theory of Corporate Social Responsibility [J]. Academy of Management Review, 2007, 32 (3): 946－967.

[151] Carroll, A. B.. A Three-Dimensional Conceptual Model of Corporate Performance [J]. Academy of Management Review, 1979, 4 (4): 497－505.

[152] Carroll, A. B.. The pyramid of corporate social responsibility: Toward the moral management of organizational stakeholders [J]. Business Horizons, 1991, 34 (4): 39－48.

[153] Carter, M. E., C. D. Ittner and S. L. Zechman. Explicit relative performance evaluation in performance-vested equity grants [J]. Review of Accounting Studies, 2009, 14 (2－3): 269－306.

[154] Chang, E. C. and S. M. L. Wong. Governance with multiple objectives: Evidence from top executive turnover in China [J]. Journal of Corporate Finance, 2009, 15 (2): 230－244.

[155] Che, J., K. S. Chung and Y. K. Lu. Decentralization and political career concerns [J]. Journal of Public Economics, 2017, 145: 201－210.

[156] Chen Z, G. Y. K. B.. Are Stock Option Grants to Directors of State-Controlled Chinese Firms Listed in Hong Kong Genuine Compensation? [J]. The Accounting Review, 2013, 88 (5): 1547－1574.

[157] Cheung, S. N.. The contractual nature of the firm [J]. The Journal of Law and Economics, 1983, 26 (1): 1－21.

[158] Cichello, M. S.. The impact of firm size on pay-performance sensitivities [J]. Journal of Corporate Finance, 2005, 11 (4): 609－627.

[159] Coase, R. H.. The nature of the firm [J]. Economica, 1937, 4

(16): 386 – 405.

[160] Cohen, D. A. and P. Zarowin. Accrual-based and real earnings management activities around seasoned equity offerings [J]. Journal of Accounting and Economics, 2010, 50 (1): 2 – 19.

[161] Coles, J. L. , N. D. Daniel and L. Naveen. Managerial incentives and risk-taking [J]. Journal of Financial Economics, 2006, 79 (2): 431 – 468.

[162] Core, J. E. , W. Guay and D. F. Larcker. The power of the pen and executive compensation [J]. Journal of Financial Economics, 2008, 88 (1): 1 – 25.

[163] Core, J. and W. Guay. The use of equity grants to manage optimal equity incentive levels [J]. Journal of Accounting and Economics, 1999, 28 (2): 151 – 184.

[164] Coughlan, A. T. and R. M. Schmidt. Executive compensation, management turnover, and firm performance: An empirical investigation [J]. Journal of Accounting and Economics, 1985, 7 (1 – 3): 43 – 66.

[165] Davidson, W. N. , et al. . The influence of executive age, career horizon and incentives on pre-turnover earnings management [J]. Journal of Management & Governance, 2007, 11 (1): 45 – 60.

[166] Dechow, P. M. , A. P. Hutton and R. G. Sloan. Economic consequences of accounting for stock-based compensation [J]. Journal of Accounting Research, 1996, 34: 1 – 20.

[167] Dechow, P. M. and R. G. Sloan. Executive incentives and the horizon problem: An empirical investigation [J]. Journal of Accounting & Economics, 1991, 14 (1): 51 – 89.

[168] Dechow, P. M. , R. G. Sloan and A. P. Sweeney. Detecting Earnings Management [J]. Accounting Review, 1995, 70 (2): 193 – 225.

[169] Defond, M. L. and M. Hung. Investor Protection and Corporate Governance: Evidence from Worldwide CEO Turnover [J]. Journal of Accounting Research, 2004, 42 (2): 269 – 312.

［170］ Defond, M. L. and C. W. Park. The effect of competition on CEO turnover 1 ［J］. Journal of Accounting & Economics, 1999, 27 (1): 35 –56.

［171］ Doeringer, P. B. and M. J. Piore. Internal labor markets and manpower adjustment ［M］. New York: DC Heath and Company, 1971: 344.

［172］ Dutta, S.. Managerial expertise, private information, and pay-performance sensitivity ［J］. Management Science, 2008, 54 (3): 429 –442.

［173］ Ehrenberg, R. G. and M. L. Bognanno. Do Tournaments Have Incentive Effects? ［J］. Journal of Political Economy, 1990, 98 (6): 1307 – 1324.

［174］ Eriksson, T.. Executive compensation and tournament theory: Empirical tests on Danish data ［J］. Journal of Labor Economics, 1999, 17 (2): 262 –280.

［175］ Fama, E. F.. Agency problems and the theory of the firm ［J］. Journal of Political Economy, 1980, 88 (2): 288 –307.

［176］ Fama, E. F. and M. C. Jensen. Agency Problems and Residual Claims ［J］. Journal of Law & Economics, 1983, 26 (2): 327 –349.

［177］ Faulkender, M. and J. Yang. Inside the black box: The role and composition of compensation peer groups ［J］. Journal of Financial Economics, 2010, 96 (2): 257 –270.

［178］ Firth, M. , P. M. Y. Fung and O. M. Rui. Corporate performance and CEO compensation in China ［J］. Journal of Corporate Finance, 2006, 12 (4): 693 –714.

［179］ Fraja, G. D.. Incentive Contracts for Public Firms ［J］. Journal of Comparative Economics, 1993, 17 (3): 581 –599.

［180］ Franckx, L. , A. D Amato and I. Brose. Multitask rank order tournaments ［J］. Economics Bulletin, 2004, 10 (10): 1 – 10.

［181］ Friedman, M.. Corporate ethics and corporate governance ［M］. The social responsibility of business is to increase its profits, 1970: 173 – 178.

［182］ Friedmann, W. G. and J. F. Garner. Government enterprise: a comparative study ［R］. 1970.

[183] Gao, H. and K. Li. A comparison of CEO pay-performance sensitivity in privately-held and public firms [J]. Journal of Corporate Finance, 2015, 35: 370 – 388.

[184] Garriga, E. and D. Melé. Corporate social responsibility theories: Mapping the territory [J]. Journal of Business Ethics, 2004, 53 (1): 51 – 71.

[185] Gerhart, B. and G. T. Milkovich. Organizational differences in managerial compensation and financial performance [J]. Academy of Management Journal, 1990, 33 (4): 663 – 691.

[186] Gibbons, R. and K. J. Murphy. Optimal Incentive Contracts in the Presence of Career Concerns: Theory and Evidence [J]. Journal of Political Economy, 1992, 100 (3): 468 – 505.

[187] Goel, A. M. and A. V. Thako.. Overconfidence, CEO Selection, and Corporate Governance [J]. Journal of Finance, 2008, 63 (6): 2737 – 2784.

[188] Gong, G., L. Y. Li and J. Y. Shin. Relative performance evaluation and related peer groups in executive compensation contracts [J]. The Accounting Review, 2011, 86 (3): 1007 – 1043.

[189] Graham, J. R., C. R. Harvey and M. Puri. Capital allocation and delegation of decision-making authority within firms [J]. Journal of Financial Economics, 2015, 115 (3): 449 – 470.

[190] Graham, J. R., C. R. Harvey and M. Puri. Managerial attitudes and corporate actions [J]. Journal of Financial Economics, 2013, 109 (1) : 103 – 121.

[191] Green, J. R. and N. L. Stokey. A two-person game of information transmission [J]. Journal of Economic Theory, 2007, 135 (1): 90 – 104.

[192] Grossman, S. J. and O. D. Hart. The Costs and Benefits of Ownership: A Theory of Vertical and Lateral Integration [J]. Journal of Political Economy, 1986, 94 (4): 691 – 719.

[193] Guay, W. R.. The sensitivity of CEO wealth to equity risk: an analysis of the magnitude and determinants [J]. Journal of Financial Economics, 1999, 53 (1): 43 – 71.

[194] Guidry, F., A. J. Leone and S. Rock. Earnings-based bonus plans and earnings management by business-unit managers [J]. Journal of Accounting and Economics, 1999, 26 (1): 113 – 142.

[195] Hall, B. J. and J. B. Liebman. Are CEOs really paid like bureaucrats? [J]. The Quarterly Journal of Economics, 1998, 113 (3): 653 – 691.

[196] Hansen, A. H.. Economic policy and full employment. 1962: Eurasia Publishing house (Pvt.) Ltd.; New Delhi.

[197] Hanson, A. H.. Public enterprise and economic development. 1965: Routledge and Kegan Paul.

[198] Hardin, G.. The tragedy of the commons. 1976.

[199] Harris, M. and A. Raviv. Corporate governance: Voting rights and majority rules [J]. Journal of Financial Economics, 1988, (20): 203 – 235.

[200] Hart, O. D.. The market mechanism as an incentive scheme [J]. The Bell Journal of Economics, 1983: 366 – 382.

[201] Hart, O. and J. Moore. Property Rights and the Nature of the Firm [J]. Journal of Political Economy, 1990, 98 (6): 1119 – 1158.

[202] Haubrich, J. G.. Risk aversion, performance pay, and the principal-agent problem [J]. Journal of Political Economy, 1994, 102 (2): 258 – 276.

[203] Healy, P. M.. The effect of bonus schemes on accounting decisions [J]. Journal of Accounting and Economics, 1985, 7 (1 – 3): 85 – 107.

[204] Healy, P. M., S. Kang and K. G. Palepu. The effect of accounting procedure changes on CEOs' cash salary and bonus compensation [J]. Journal of Accounting and Economics, 1987, 9 (1): 7 – 34.

[205] Hemingway, C. A. and P. W. Maclagan. Managers' Personal Values as Drivers of Corporate Social Responsibility [J]. Journal of Business Ethics, 2004, 50 (1): 33 – 44.

[206] Holmstrom, B.. Design of incentive schemes and the new Soviet incentive model [J]. European Economic Review, 1982, 17 (2): 127 – 148.

[207] Holmstrom, B.. On the theory of delegation [R]. Northwestern

University, 1982.

[208] Holmstrom, B.. Moral hazard in teams [J]. The Bell Journal of Economics, 1982: 324 – 340.

[209] Holmstrom, B.. Managerial Incentives and Capital Management [J]. Quarterly Journal of Economics, 1986, 101 (4) : 835 – 860.

[210] Holmström, B.. Managerial Incentive Problems: A Dynamic Perspective [J]. Review of Economic Studies, 1999, 66 (1): 169 – 182.

[211] Hölmstrom, B.. Moral hazard and observability [J]. The Bell Journal of Economics, 1979: 74 – 91.

[212] Holmstrom, B. and P. Milgrom. Multitask Principal-Agent Analyses: Incentive Contracts, Asset Ownership, and Job Design [J]. Journal of Law Economics & Organization, 1991, 7 (7): 24 – 52.

[213] Holmstrom, B. and P. Milgrom. The Firm as an Incentive System [J]. American Economic Review, 1994, 84 (4): 972 – 991.

[214] Holthausen, R. W. , D. F. Larcker and R. G. Sloan. Annual bonus schemes and the manipulation of earnings [J]. Journal of Accounting and Economics, 1995, 19 (1): 29 – 74.

[215] Huson, M. R. , R. Parrino and L. T. Starks. Internal Monitoring Mechanisms and CEO Turnover: A Long-Term Perspective [J]. Journal of Finance, 2001, 56 (6): 2265 – 2297.

[216] Jacobsen, B.. Is Earnings Quality Associated with Corporate Social Responsibility? [J]. Social and Environmental Accountability Journal, 2013, 33 (3): 177 – 177.

[217] Jensen, M. C.. Agency costs of free cash flow, corporate finance, and takeovers [J]. The American Economic Review, 1986, 76 (2): 323 – 329.

[218] Jensen, M. C. and W. H. Meckling. Theory of the firm: Managerial behavior, agency costs and ownership structure [J]. Journal of Financial Economics, 1976, 3 (4): 305 – 360.

[219] Jensen, M. C. and K. J. Murphy. Performance pay and top-management

incentives [J]. Journal of Political Economy, 1990, 98 (2): 225 –264.

[220] Jenter, D. and F. Kanaan. CEO turnover and relative performance evaluation [J]. The Journal of Finance, 2015, 70 (5): 2155 –2184.

[221] John, T. A. and K. John. Top-management compensation and capital structure [J]. The Journal of Finance, 1993, 48 (3): 949 –974.

[222] Jones, J. J. . Earnings Management During Import Relief Investigations [J]. Journal of Accounting Research, 1991, 29 (2): 193 –228.

[223] Jones, L. P. . Public enterprise and economic development The Korean case [J]. KDI studies in economics, 1975.

[224] Jones, T. M. . Instrumental stakeholder theory: A synthesis of ethics and economics [J]. Academy of Management Review, 1995, 20 (2): 404 –437.

[225] Kaldor, N. 1 Public or Private Enterprise—the. 1980: Springer.

[226] Kale, J. R. , E. Reis and A. Venkateswaran. Rank-Order Tournaments and Incentive Alignment: The Effect on Firm Performance [J]. Journal of Finance, 2009, 64 (3): 1479 –1512.

[227] Kalyta, P. . Accounting discretion, horizon problem, and CEO retirement benefits [J]. The Accounting Review, 2009, 84 (5): 1553 –1573.

[228] Kato, T. and C. Long. Executive Turnover and Firm Performance in China [J]. American Economic Review, 2006, 96 (2): 363 –367.

[229] Kato, T. and C. Long. CEO turnover, irm performance, and enterprise reform in China: Evidence from micro data [J]. Journal of Comparative Economics, 2006, 34 (4): 796 –817.

[230] Keynes, J. M. . The general theory of employment [J]. The Quarterly Journal of Economics, 1937, 51 (2): 209 –223.

[231] Kim, J. , J. Haleblian and S. Finkelstein. When firms are desperate to grow via acquisition: The effect of growth patterns and acquisition experience on acquisition premiums [J]. Administrative Science Quarterly, 2011, 56 (1): 26 –60.

[232] Kim, Y. , M. S. Park and B. Wier. Is earnings quality associated

with corporate social responsibility? [J]. The Accounting Review, 2012, 87 (3): 761 –796.

[233] Kini, O. and R. Williams. Tournament incentives, firm risk, and corporate policies [J]. Journal of Financial Economics, 2012, 103 (2): 350 – 376.

[234] Knight, F. H.. Risk, uncertainty and profit [M]. Houghton Mifflin Company, 1921: 682 –690.

[235] Kornai, J.. The economics of shortage, 2 vols [M]. Amsterdam: Eisevier-North Holland, 1980.

[236] Kothari, S. P. , A. J. Leone and C. E. Wasley. Performance matched discretionary accrual measures [J]. Journal of Accounting and Economics, 2005, 39 (1): 163 –197.

[237] Lazear, E. P.. Incentives in basic research [J]. Journal of Labor Economics, 1997, 15 (1, Part 2): S167 –S197.

[238] Lazear, E. P. and S. Rosen. Rank-Order Tournaments as Optimum Labor Contracts [J]. Journal of Political Economy, 1981, 89 (5): 841 –864.

[239] Lev, B. , C. Petrovits and S. Radhakrishnan. Is doing good for you? How corporate charitable contributions enhance revenue growth [J]. Strategic Management Journal, 2010, 31 (2): 182 –200.

[240] Li, H. and L. Zhou. Political turnover and economic performance: the incentive role of personnel control in China [J]. Journal of Public Economics, 2005, 89 (9 –10): 1743 –1762.

[241] Lin, J. Y. and Z. Li. Policy burden, privatization and soft budget constraint [J]. Journal of Comparative Economics, 2008, 36 (1): 90 –102.

[242] Lin, J. Y. and Z. Li. Competition, Policy Burdens, and State-Owned Enterprise Reform [J]. American Economic Review, 1998, 88 (2): 422 –427.

[243] Lin, J. Y. and G. Tan. Policy Burdens, Accountability, and the Soft Budget Constraint [J]. American Economic Review, 1999, 89 (2): 426 –431.

[244] Low, A.. Managerial risk-taking behavior and equity-based compensation

[J]. Journal of Financial Economics, 2009, 92 (3): 470 – 490.

[245] Mackey, A., T. B. Mackey and J. B. Barney. Corporate social responsibility and firm performance: Investor preferences and corporate strategies [J]. Academy of Management Review, 2007, 32 (3): 817 – 835.

[246] Macleod, W. B. and J. M. Malcomson. Reputation and Hierarchy in Dynamic Models of Employment [J]. Journal of Political Economy, 1988, 96 (4): 832 – 854.

[247] Matta, E. and P. W. Beamish. The accentuated CEO career horizon problem: Evidence from international acquisitions [J]. Strategic Management Journal, 2008, 29 (7): 683 – 700.

[248] McLean, R. D. , T. Zhang and M. Zhao. Why does the law matter? Investor protection and its effects on investment, finance, and growth [J]. The Journal of Finance, 2012, 67 (1): 313 – 350.

[249] Mcwilliams, A. , D. S. Siegel and P. M. Wright. Corporate Social Responsibility: International Perspectives [J]. Journal of Business Strategies, 2006 (1) .

[250] Mehran, H.. Executive compensation structure, ownership, and firm performance [J]. Journal of Financial Economics, 1995, 38 (2): 163 – 184.

[251] Milbourn, T. T. , R. L. Shockley and A. V. Thakor. Managerial Career Concerns and Investments in Information [J]. Rand Journal of Economics, 2001, 32 (2): 334 – 351.

[252] Milgrom, P. and J. Roberts. Economics, Organization and Management [J]. Prentice-Hall, 1992: 491 – 497.

[253] Miller, J. S. , R. M. Wiseman and L. R. Gomez-Mejia. The Fit between CEO Compensation Design and Firm Risk [J]. Academy of Management Journal, 2002, 45 (4): 745 – 756.

[254] Murphy, K. J.. Executive compensation [J]. Handbook of labor Economics, 1999, 3: 2485 – 2563.

[255] Nalebuff, B. J. and J. E. Stiglitz. Information, competition, and

markets [J]. The American Economic Review, 1983, 73 (2): 278 – 283.

[256] Naughton, B.. Chinese Institutional Innovation and Privatization from Below [J]. American Economic Review, 1994, 84 (2): 266 – 270.

[257] Nohel, T. and S. Todd. Compensation for managers with career concerns: the role of stock options in optimal contracts [J]. Journal of Corporate Finance, 2005, 11 (1): 229 – 251.

[258] North, D. C.. Institutions, institutional change, and economic performance [J]. Cambridge University Press, 1990: 151 – 155.

[259] Ofek, E. and D. Yermack. Taking stock: Equity-based compensation and the evolution of managerial ownership [J]. The Journal of Finance, 2000, 55 (3): 1367 – 1384.

[260] Parrino, R. , R. W. Sias and L. T. Starks. Voting with their feet: institutional ownership changes around forced CEO turnover [J]. Journal of Financial Economics, 2003, 68 (1): 3 – 46.

[261] Petrovits, C. M.. Corporate-sponsored foundations and earnings management [J]. Journal of Accounting & Economics, 2006, 41 (3): 335 – 362.

[262] Porter, M. E. and M. R. Kramer. The competitive advantage of corporate philanthropy [J]. Harvard Business Review, 2002, 80 (12): 56 – 68.

[263] Qian, Y. and R. Gérard. Federalism and the soft budget constraint [J]. The American Economic Review, 1998, 88 (5): 1143 – 1162.

[264] Rajan, R. G. and J. Wulf. Are perks purely managerial excess? [J]. Journal of Financial Economics, 2006, 79 (1): 1 – 33.

[265] Rajan, R. G. and L. Zingales. Power in a Theory of the Firm [J]. The Quarterly Journal of Economics, 1998, 113 (2): 387 – 432.

[266] Rajgopal, S. and T. Shevlin. Empirical evidence on the relation between stock option compensation and risk taking [J]. Journal of Accounting & Economics, 2002, 33 (2): 145 – 171.

[267] Rosen, S.. The Theory of Equalizing Differences [J]. Handbook

of Labor Economics, 1987, 1: 641 – 692.

[268] Ross, S. A.. The Economic Theory of Agency: The Principal's Problem [J]. American Economic Review, 1973, 63 (2): 134 – 139.

[269] Roychowdhury, S.. Earnings management through real activities manipulation [J]. Journal of Accounting and Economics, 2006, 42 (3): 335 – 370.

[270] Sánchez, C. M.. Motives for corporate philanthropy in El Salvador: Altruism and political legitimacy [J]. Journal of Business Ethics, 2000, 27 (4): 363 – 375.

[271] Sanders, W. G. and D. C. Hambrick. Swinging for the Fences: The Effectsof CEO Stock Options on Company Risk Taking and Performance [J]. Academy of Management Journal, 2007, 50 (5): 1055 – 1078.

[272] Schaefer, S.. The Dependence of pay—Performance Sensitivity on the Size of the Firm [J]. Review of Economics & Statistics, 2006, 80 (3): 436 – 443.

[273] Shi, W., Y. Zhang and R. E. Hoskisson. Ripple effects of CEO awards: Investigating the acquisition activities of superstar CEOs'competitors [J]. Strategic Management Journal, 2017.

[274] Shleifer, A. and R. W. Vishny. Management entrenchment: The case of manager-specific investments [J]. Journal of Financial Economics, 1989, 25 (1): 123 – 139.

[275] Shrieves, R. E. and P. Gao. Earnings management and executive compensation: a case of overdose of option and underdose of salary [R]. 2002.

[276] Simon, H. A.. A Behavioral Model of Rational Choice [J]. Quarterly Journal of Economics, 1955, 69 (1): 99 – 118.

[277] Simon, H. A.. The sciences of the artificial [J]. Journal of the Operational Research Society, 1969, 20 (4): 509 – 510.

[278] Simon, H. A.. The New Science of Management Decision [M]. Prentice Hall PTR, 1977: 661 – 676.

[279] Smith, A.. An Inquiry into the Nature and Cause of the Wealth of Nations [M]. London: W. Strahan, T. Cadell, 1776.

[280] Song, F. and A. V. Thakor. Information Control, Career Concerns, and Corporate Governance [J]. Journal of Finance, 2006, 61 (4): 1845 – 1896.

[281] Spence, M. and R. Zeckhauser. Insurance, information, and individual action [J]. The American Economic Review, 1971, 61 (2): 380 – 387.

[282] Stiglitz, J. E.. Economics of the public sector [M]. WW Norton, 1988.

[283] Stiglitz, J. E. and A. Weiss. Credit rationing in markets with imperfect information [J]. The American Economic Review, 1981, 71 (3): 393 – 410.

[284] Stulz, R.. Managerial discretion and optimal financing policies [J]. Journal of Financial Economics, 1990, 26 (1): 3 – 27.

[285] Swanson, D. L.. Addressing a Theoretical Problem by Reorienting the Corporate Social Performance Model [J]. Academy of Management Review, 1995, 20 (1): 43 – 64.

[286] Taylor, B. A. and J. G. Trogdon. Losing to Win: Tournament Incentives in the National Basketball Association [J]. Journal of Labor Economics, 2002, 20 (1): 23 – 41.

[287] Tosi, H. L., et al.. How much does performance matter? A meta-analysis of CEO pay studies [J]. Journal of Management, 2000, 26 (2): 301 – 339.

[288] Tuzzolino, F. and B. R. Armandi. A need-hierarchy framework for assessing corporate social responsibility [J]. Academy of Management Review, 1981, 6 (1): 21 – 28.

[289] Van Beurden, P. and T. Gössling. The worth of values-a literature review on the relation between corporate social and financial performance [J]. Journal of Business Ethics, 2008, 82 (2): 407 – 424.

[290] Vernon, R. and Y. Aharoni. State-Owned Enterprises in the Western [R]. J1981.

[291] Watts, R. L. and J. L. Zimmerman. The demand for and supply of

accounting theories: the market for excuses [J]. Accounting Review, 1979: 273 – 305.

[292] Weisbach, M. S.. Outside directors and CEO turnover [J]. Journal of Financial Economics, 1988, 20 (88): 431 – 460.

[293] Weisbach, M. S.. CEO turnover and the firm's investment decisions [J]. Journal of Financial Economics, 1995, 37 (2): 159 – 188.

[294] Williams, R. J.. Women on Corporate Boards of Directors and their Influence on Corporate Philanthropy [J]. Journal of Business Ethics, 2003, 42 (1): 1 – 10.

[295] Williamson, O. E.. The economics of organization: The transaction cost approach [J]. American Journal of Sociology, 1981, 87 (3): 548 – 577.

[296] Williamson, O. E.. The theory of the firm as governance structure: from choice to contract [J]. The Journal of Economic Perspectives, 2002, 16 (3): 171 – 195.

[297] Williamson, O. E.. Managerial discretion and business behavior [J]. The American Economic Review, 1963, 53 (5): 1032 – 1057.

[298] Wiseman, R. M. and L. R. Gomez-Mejia. A Behavioral Agency Model of Managerial Risk Taking [J]. Academy of Management Review, 1998, 23 (1): 133 – 153.

[299] Xu, L.. Types of large shareholders, corporate governance, and firm performance: evidence from China's listed companies [J]. Hong Kong Polytechnic University, 2004.

[300] Yermack, D.. Flights of fancy: Corporate jets, CEO perquisites, and inferior shareholder returns [J]. Journal of Financial Economics, 2006, 80 (1): 211 – 242.

[301] Yermack, D. L.. Do corporations award CEO stock options effectively? [J]. Journal of Financial Economics, 1995, 39 (2): 237 – 269.

[302] Young, G. J., Y. Stedham and R. I. Beekun. Boards of directors and the adoption of a CEO performance evaluation process: Agency—and

institutional—Theory perspectives [J]. Journal of Management Studies, 2000, 37 (2): 277 - 296.

[303] Zang, A. Y.. Evidence on the trade-off between real activities manipulation and accrual-based earnings management [J]. The Accounting Review, 2011, 87 (2): 675 - 703.

[304] Zhang, W. Y. and W. Y. Zhang. China's SOE reform: a Corporate Governance Perspective [J]. Corporate Ownership & Control, 2006, 3 (4).